U0653867

休闲研究系列·高等院校休闲与旅游专业规划教材

旅游市场调研与数据分析方法

主　　编　　王国栋　　侯小红

编委成员　　朱　炯　　徐清萍

　　　　　　陆　凯　　陈志伟

上海交通大学出版社

SHANGHAI JIAO TONG UNIVERSITY PRESS

内容提要

数据分析已经成为数据时代各行各业提升自我发展的有效手段,旅游业更是如此。

本书基于旅游数据,介绍了旅游数据调研的基础理论内容,分析了旅游数据的基本统计操作,共 5 章。主要内容有:旅游数据的概念及应用,旅游数据的获取,旅游数据的加工、处理、分析、呈现方法,最终分析报告的撰写,以及旅游大数据的分析方法简介等。

全书注重实践操作,尤其是对于想要学习旅游数据分析的学生或读者,借助本书可实现旅游数据分析的快速入门,提升数据分析的相关技能。

图书在版编目(CIP)数据

旅游市场调研与数据分析方法／王国栋,侯小红主编.
—上海:上海交通大学出版社,2019(2023重印)
ISBN 978－7－313－21704－2

Ⅰ. ①旅⋯   Ⅱ. ①王⋯②侯⋯   Ⅲ. ①旅游市场一市场调研②旅游市场一数据处理   Ⅳ. ①F590.8

中国版本图书馆 CIP 数据核字(2019)第 158197 号

旅游市场调研与数据分析方法

主　　编	王国栋　侯小红			
出版发行	上海交通大学出版社	地　　址	上海市番禺路 951 号
邮政编码	200030	电　　话	021－64071208
印　　制	浙江天地海印刷有限公司	经　　销	全国新华书店
开　　本	787 mm×1092 mm　1/16	印　　张	11.5
字　　数	276 千字		
版　　次	2019 年 8 月第 1 版	印　　次	2023 年 12 月第 3 次印刷
书　　号	ISBN 978－7－313－21704－2		
定　　价	58.00 元		

版权所有　侵权必究
告读者:如发现本书有印装质量问题请与印刷厂质量科联系
联系电话:0573-85509555

前　　言

在这个信息爆炸的时代，我们每天都在产生数据，这些数据也在影响着我们的生活和工作。对于旅游从业人员来说，对于旅游市场现状的调查、旅游行业发展趋势的预测、公司运营决策的制定和实施等，都更要基于游客的意愿加以调查和分析，来为旅游行业决策提供可靠的数据来源。

虽然大数据时代发展迅速，但对于具体旅游数据的调研和分析仍存有缺口。为了让更多的旅游从业者了解什么是旅游数据调研和分析，我们依照数据分析的过程和思路，精心编写了此书。

本书侧重于实践方面的讲述，通过获取旅游实际案例一步一步展开分析，让读者快速精通旅游数据分析的各个环节。本书包含大量的图片、表格及图示，详细讲解数据分析方法的步骤，以使读者熟练的掌握数据分析的技术。

本书按照旅游数据的概念及应用——旅游数据的获取——数据处理与分析——数据报告——旅游大数据简介的条理，为读者详细呈现了旅游数据分析的完整流程以及整个数据分析工作中涉及到的方法。运用 SPSS 及 Matlab 软件，分别介绍数据处理的具体操作步骤。

全书共分为 5 章，主要内容有 3 个部分：

第 1-3 章，主要讲解旅游数据的概念及应用，离散型旅游数据的获取途径，数据处理与分析方法以及数据分析报告的撰写。通过问卷星软件进行旅游调研，得到旅游数据；再应用 SPSS 软件对获取的数据进行处理与分析，并将结果可视化。

第 4 章，主要讲解通过 Matlab 软件来处理和分析旅游数据。每种方法都配有代码及结果图，以供大家实践。

第 5 章，主要简述旅游大数据的具体处理方法及应用。通过不同的编程语言讲述旅游大数据的获取及挖掘，并配有不同的实例。

本书由王国栋、侯小红主编，参与本书编写人员有朱炯、徐清萍，在此感谢大家的辛勤工作！由于编者经验有限，书中难免会有疏漏和不足之处，恳请专家和读者不吝赐教。

目　　录

第一章　旅游数据概论

世界那么大，来一场说走就走的旅行不容易。丰富多彩的旅游网站让一些玩客们出行有了更多自主选择的权利，但是海量的景点、酒店、线路等让他们犯上了选择障碍。同时，每一个出行者的出游方式、目的地和酒店偏好等都不尽相同，如何为爱玩客们提供个性化的良好体验，给企业带来更大范围的用户覆盖和预订消费等，成为旅游企业面临的难题，那有没有一套方案能够解决出行者和旅游企业的问题呢？

有的，那就是数据分析。

第一节　旅游数据分析方法概述

随着计算机科学和互联网技术的快速发展，工作生活中随处可见的数据使我们眼花缭乱。那么，什么是数据呢？我们刚刚提到的数据分析又是什么呢？为什么旅游业会和数据有关联呢？本书将一一为大家解答。

首先，什么是数据？数据是指对客观事件进行记录并可以鉴别的符号，是对客观事物的性质、状态以及相互关系等进行记载的物理符号或这些物理符号的组合。它是可识别的、抽象的符号。它不仅指狭义上的数字，还可以是具有一定意义的文字、字母、数字符号的组合、图形、图像、视频、音频等，也是客观事物的属性、数量、位置及其相互关系的抽象表示。简单来说，数字"0、1、2……"，文字"阴、雨、下降、气温"，"学生的档案记录、货物的运输情况"等都是数据，数据经过加工后就成为信息①。数据存在于任意地方，随着互联网的发展，每人每天都在消费流量浏览网页。于是，便有了各种各样的数据。

数据分析就是对数据的分析，指用适当的统计分析方法对收集来的大量数据进行分析，将它们加以汇总理解并消化，以求最大化地开发数据的功能，发挥数据的作用。

一、旅游数据背景

近年，旅游业在信息技术方面蓬勃发展，庞大的旅游信息库可以为研究人员、管理人员和政策制定者提供数字分析和预测的基础。旅游数据的多样性为人类活动和行为的预测提供了可能性，这将使客户或者旅游公司受益匪浅②。

当游客在使用移动互联网时，就会留下痕迹，研究人员可通过每位游客留下的信息，获得大量关于游客不同旅行阶段的数据。此类数据大多数属于基础零散数据，例如，微博或其他社交网络的信息形式，因此还需要一定的技术分析手段以了解数据内部的一些信息。如果您是计划旅行的潜在客户，当您想要寻找购票、预订住宿或研究景点信息时，您就可以从互联网获得更多的帮助。越来越多地旅游业参与者开始转向数据分析，通过数据分析技术发现、改善、

---

① 崔伟群.大数据时代的计量与计量的大数据时代[J].中国计量,2017(9)：10-13.
② Fuchs M, Höpken W, Lexhagen M. Big data analytics for knowledge generation in tourism destinations — A case from Sweden[J]. Journal of Destination Marketing & Management, 2014, 3(4)：198-209.

提高旅游信息收集以及决策的新方法①。

旅游业的信息技术发展经历了三个阶段。

第一阶段的发展大致发生在1991年至2000年之间,当时旅游业的领导者开始意识到信息的重要性,互联网使他们能够与现有和潜在的客户进行轻松有效的沟通。在此期间,互联网基本上被视为一种交流工具。旅游业内的许多人为了满足该市场信息需求设计了一种新的方法,其中就包括用网站取代景点的旅游手册,更有甚者会将旅行相关的服务逐步推广到互联网中②。

第二阶段大约是2000年至2010年,旅游业的领导者开始意识到游客可以通过查看其他人旅行体验信息来决定是否消费,即旅游的商业模式发生了变化。随着这种新观点的产生,旅游业面临着一种挑战,管理者认识到"新消费者"需要高度个性化的体验,并且其他旅行者的观点在很大程度上"控制和影响"了这一点。传统的旅行社被新成立的在线公司摧毁;航空公司和酒店等大型旅游供应商可以直接与潜在客户建立联系;Google等搜索引擎因其提供了网站即时访问功能而占据主导地位。

第三阶段的发展始于2010年左右,可被称为智慧旅游。其中搜索引擎、社交媒体、物联网和移动技术等领域的进步使得旅游业被迫进一步转型。智能手机,包括通信、GPS和摄影各种技术的移动计算系统的出现进一步丰富了社交环境,使得游客能够自主地控制他们的旅行体验。仪表化IT基础设施(即传感器测量环境和旅游资产的使用和条件的能力)和互联系统(例如智能手机、云计算、物联网、RFID网络)的组合使游客可以对旅游目的地进行自主的信息收集、整合、分析,并最终决定是否消费。

在此阶段,智能旅游系统可通过以下方式为游客提供支持。

(1)根据各种因素预测用户需求,并针对特定情景下消费活动的选择提出建议,如游客兴趣点、餐饮和娱乐。

(2)通过提供其他游客留下的丰富信息,增强旅行者的现场体验。

(3)让游客分享他们的经验,帮助有需求的另一批游客,并逐渐完善游客的经验分享。

二、旅游数据分类

1. 数据分类

(1)数据的分类有很多,按性质可以分为以下几类。

① 定位的:各种坐标数据。

② 定性的:表示事物属性的数据,如居民地、河流、道路等。

③ 定量的:反映事物数量特征的数据,如长度、面积、体积等几何量或重量、速度等物理量。

④ 定时的:反映事物时间特性的数据,如年、月、日、时、分、秒等。

(2)按表现形式分为以下两类。

① 数字数据:如各种统计或量测数据。数字数据在某个区间内是离散的值。

① Irudeen R, Samaraweera S. Big data solution for Sri Lankan development: A case study from travel and tourism Advances in ICT for Emerging Regions (ICTer), 2013 International Conference on. IEEE[C]. 2013: 207-216.

② Gretzel U, Fesenmaier D R. Experience-based internet marketing: An exploratory study of sensory experiences associated with pleasure travel to the Midwest United States[M]. 2003.

② 模拟数据：由连续函数组成，是指在某个区间连续变化的物理量，又可以分为图形数据（如点、线、面）、符号数据、文字数据和图像数据等，如声音的大小和温度的变化等。

按记录方式分为：地图、表格、影像、磁带、纸带。按数字化方式分为矢量数据、格网数据等。在地理信息系统中，数据的选择、类型、数量、采集方法、详细程度、可信度等，取决于系统应用目标、功能、结构，和数据处理、管理与分析的要求。

2. 主要数据来源

对于旅游数据来说，即在旅游的"吃住行游购娱"六要素领域所产生的数量巨大、传播迅速、类型多样且相关、富有价值的数据集合。根据统计数据分析，旅游数据主要来源于三个方面。

（1）由用户主动提供的在线文本数据或在线照片数据①；
（2）通过设备被动收集的 GPS、移动漫游等②；
（3）通过网络产生的搜索数据、访问数据、预订数据及所有的在线操作数据③。

（一）用户数据

在数字时代，网络和社交媒体的蓬勃发展极大地改变了旅行方式，为旅客提供了一个分享用户数据的宽敞平台，用户数据中超过60%的内容是与旅游相关的。它主要分为两种类型。

（1）文本数据。在线文本数据主要包括旅游评论和其他用户的旅游体验分享。在互联网的蓬勃发展中，越来越多的游客愿意在网络上表达对景点的满意度及看法，他们可以在社交媒体或博客中分享自己的体验及观点，这样的话就会为潜在的游客提供有价值的信息。

评论数据主要表达了游客对旅游产品及景点的态度，用于衡量游客的满意程度。具体的热门话题包括探索游客满意度的属性④、游客满意度与其他相关因素（如客户体验和竞争地位）之间的关系⑤，其他因素也包含了游客对酒店、餐馆的满意度。

博客数据记录了旅行的故事的感受，主要涉及游客对景点的推荐程度以及情绪分析。

（2）在线照片数据。除文本数据外，其他用户数据也会在社交媒体上发布和传播，尤其是照片。游客上传的照片包含有关用户、地点和时间的丰富有用信息，为研究旅游行为、旅游推荐（例如旅游景点和旅游计划）和旅游营销提供了新视角。

在旅游业的研究中，照片数据对于分析旅游行为发挥了最大的作用。通过旅游行为，分析者可以标记游客喜欢的地理位置；可以探索旅游目的地、旅游线路和旅游持续的时间。

（二）设备数据

随着物联网的蓬勃发展，各种设备（或传感器）已被开发和应用，用以跟踪游客的运动，为旅游管理提供大量高质量的数据，如 GPS 数据、移动漫游数据、RFID 数据和 WIFI 数据。此外，考虑到天气是旅游业的一个重要因素，自动气象站传感器收集了丰富的气象数据，以服务

① Xiang Z, Du Q, Ma Y, et al. A comparative analysis of major online review platforms: Implications for social media analytics in hospitality and tourism[J]. Tourism Management, 2017, 58: 51－65.

② Shoval N, Ahas R. The use of tracking technologies in tourism research: the first decade[J]. Tourism Geographies, 2016, 18(5): 587－606.

③ Pan B, Xiang Z, Law R, et al. The dynamics of search engine marketing for tourist destinations[J]. Journal of Travel Research, 2011, 50(4): 365－377.

④ Guo Y, Barnes S J, Jia Q. Mining meaning from online ratings and reviews: Tourist satisfaction analysis using latent dirichlet allocation[J]. Tourism Management, 2017, 59: 467－483.

⑤ Crotts J C, Mason P R, Davis B. Measuring guest satisfaction and competitive position in the hospitality and tourism industry: An application of stance-shift analysis to travel blog narratives[J]. Journal of Travel Research, 2009, 48(2): 139－151.

于旅行决策,这里只介绍 GPS 数据。

GPS 是跟踪旅行者特殊动作的工具,它具有全球性及准确性的优势。GPS 数据主要可以研究游客的空间行为、时间行为和时空行为,研究者可以采用 GPS 跟踪数据来了解游客如何在城市中移动。更高级别的,研究者可以利用 GPS 数据进行旅游推荐;可通过数据预测游客的下一个目的地。

但是 GPS 数据的获得需要志愿者携带 GPS 记录器或者在智能手机中的安装支持 GPS 的移动应用程序,并且招募志愿者来携带 GPS 记录器需要很高的研究成本(包括设备和劳动力成本),有一定的技术要求。

(三) 交易数据

交易数据是旅游研究的另一种有价值的数据类型,记录旅游相关业务(或旅游市场中的交易、活动和事件),如网络搜索、网页访问、在线预订和购买等,这里主要介绍网络搜索数据。

搜索引擎是旅游研究数据分析的新兴来源,允许和记录旅游相关内容的网络搜索操作。游客通过搜索引擎查寻旅游信息,在网站上留下搜索痕迹。相应地,这些痕迹被网络记录和处理,形成有价值的搜索数据,直接反映公众对旅游项目的关注,从而有助于研究者了解旅游市场。

网络搜索数据在捕捉旅游行为和预测相关决策方面表现出色,通过网络数据研究者可以很好地预测客流量、酒店需求量等。其中,谷歌和百度是旅游研究中最受欢迎的网络搜索数据。

三、旅游数据分析过程

我们前面已经讲过数据分析的概念,它就是为了提取有用信息和形成结论而对数据加以详细研究和概括总结的过程。它的目的就是把隐藏在一大批看似杂乱无章的数据背后的信息集中提炼出来,总结它们的内在规律。那么,我们如何开始数据分析? 数据分析的一般步骤都有哪些呢?

旅游数据分析过程与数据分析过程相似,主要包括 6 个既相对独立又互有联系的阶段。分别为:明确分析目的、数据收集、数据处理、数据分析、数据展示与报告撰写等。

1. 明确分析目的

做任何事情都要有目标,旅游数据分析也不例外,我们应先明确分析目的,然后梳理分析思路,并搭建分析框架,把分析目的分解成若干个不同的分析要点,即如何具体开展数据分析,需要从哪几个角度进行分析,采用哪些分析指标(各类分析指标需合理搭配使用),同时,确保分析框架的体系化和逻辑性。

2. 数据收集

数据收集是按照确定的数据分析框架,收集相关数据的过程,它为数据分析提供了素材和依据。那么数据应该从什么地方来呢? 归纳起来主要 4 个来源,分别是数据库、公开出版物、互联网及市场调查。

(1) 数据库,指旅游公司自己的数据库,存放从公司成立以来产生的相关业务数据,包括游客信息,旅游目的地信息以及旅游路线和费用等信息。充分利用这些数据信息,可以分析出公司过往的发展情况及客户的发展情况,从而更好地把握未来。

(2) 公开出版物,如"中国统计年鉴""各地旅游统计年鉴""世界发展报告"等。

(3) 互联网,随着互联网的发展,从网络上获取公开的数据源越来越方便,网上发布的信息及数据也越来越多。通过搜索引擎可以帮助我们很快找到所需的数据。例如,国家及地方旅游统计局网站、旅游组织网站、政府机构网站、大型综合门户网站等都可能有我们需要的数据。

（4）市场调查,指运用科学的方法,有目的地系统搜集、记录和整理有关旅游的信息和资料,分析旅游市场情况,了解旅游市场现状及其发展趋势,熟知游客需求的增长等。通过这种方法得到的数据,目的性更强,得到的数据更准确,但缺点也是有的,进行市场调研所需的费用较高,要花费大量的人力物力。

3. 数据处理

数据处理是指对数据的挑选和加工,形成可用的数据,即数据的预处理,这一阶段是数据分析前必不可少的步骤。预处理主要包括数据清洗、数据转化、数据提取、数据计算等处理方法。

比如通过爬虫技术从旅游网站上收集上海外滩游客数据,包括重复数据、无效数据或残缺数据等,都需要经过相应方法删除或补齐,具体操作步骤将在后续章节一一说明。

4. 数据分析

数据分析是所有步骤中的重中之重,指用适当的分析方法及工具,对预处理过的数据进行分析,提取有价值的信息,形成有效的结论。一般我们会将数据分析划分为 3 种方式,如图 1-1 所示。

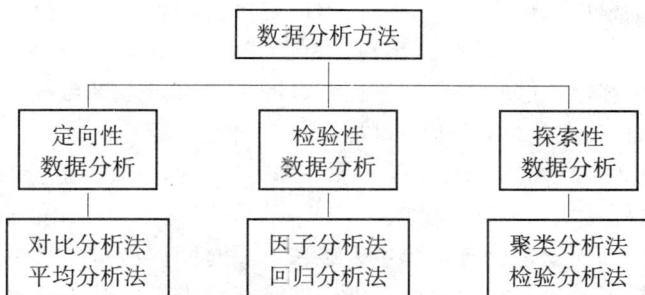

图 1-1　数据分析方法

数据分析多是通过软件来完成的,可以通过 Excel 完成,也有专业的数据分析软件,后续章节我们将着重介绍 IBM 公司的数据分析工具 SPSS Statistics。

我们现在常听到的数据挖掘其实是一种高级的数据分析方法,它从大量的数据中找出所需的信息,以满足用户的特定需求,其本质与数据分析相似,都是从数据中发现新的信息。一般它要解决四类数据分析的问题:分类、聚类、关联和预测、模式与规律。

5. 数据展示

数据的形态一般都比较枯燥乏味,因此,一般情况下,数据就通过表格和图形的方式来呈现。常用的数据图表类型包括饼图、柱形图、条形图、折线图等。并且,大多数情况下,人们更愿意接受图形这种展现方式,可以更加有效、直观地传递出分析者的观点。

6. 报告撰写

数据分析报告是对整个数据分析过程的总结,是数据分析的最后一步。要做到图文并茂地阐述数据现象,条理清晰地展现出有价值的结论,能让读者快速、轻松地了解报告中的核心内容。

第二节　旅游数据应用

旅游数据分析正在改变各行各业,不仅仅是通常的零售、物流和高科技行业,它还改变了酒店和旅游的运行。

旅游业中数据分析的潜力巨大,旅游组织不应低估其重要性。通过正确的方法,统计者可以得到很多关于消费者偏好的信息,并利用这些信息和关键词与潜在客户建立联系,能够在合适的时间为游客提供合适的服务或产品是至关重要的。

一、消费者行为

在消费者层面,旅游业发展的重点是在及时、全面了解旅游体验的基础上提供智能支持。在这方面,旅游大数据旨在更加丰富,更具动态,并且更能反映实时情况。

1. 旅游线路、景点的个性化定制与推荐

对用户的旅游网站浏览、搜索记录及点击等信息进行收集,对其兴趣爱好进行分析,提取出对用户最具吸引力的旅游项目、旅游目的地及旅游路线等信息;同时,旅游管理部门可结合数据分析结果对旅游信息网站进行优化设计,并对信息进行定期更新,从而保证网站信息和游客需求能够高度吻合,为用户提供更为个性化的服务,最终确保旅游服务的全面与优质。

旅游景点推荐,主要根据用户的历史信息和偏好进行推荐。个性化旅游景点推荐的主要目的有:一是从众多景点中发现热门且用户偏好的景点,二是对用户可能感兴趣的陌生景点做出评价,三是根据游客出行的时间推荐适宜游览的旅游景点。景点推荐内容主要包括景区的地理位置、类型等级、门票价格、开放时间及社会文化等因素[1]。

旅游路线推荐是为用户提供一条或者多条符合用户兴趣并适宜游览的旅游路线。旅游路线的推荐包括整个出行计划和在某一个旅游景点的最佳游览方式。比如旅游者在选定旅游目的地之后,想知道自己如何安排旅游路线才能够在最短时间内游览更多的或者自己感兴趣的旅游景点,或在某一景区的最适宜的游览路线。旅游路线推荐的基本信息主要包括用户特征(如性别、年龄),个体还是团队、群体出行方式(家庭、朋友、情侣)、计划天数、交通方式、出行的起始地点和终止地点、预期花费、游客兴趣点等。

2. 吃穿住行等旅游产品的个性化推荐

根据用户口味和当地的有名小吃、口碑餐厅进行推荐,比如用户不喜欢尝鲜,可能就直接进行合乎口味的推荐;用户喜欢逛当地小吃,就可以进行小吃推荐。不仅如此,"吃"完全可以与"住"和"行"进行无缝衔接,根据用户的住处和行程路线进行各种方案推荐,并提供在线交易。"穿"要结合当地的气温变化、风土人情和用户身材进行各种穿着搭配推荐,做到个性化与风土人情的有效结合。同时,因为现在拍照也是旅游不可缺少的一部分,穿着与拍照相结合,告诉用户穿某件衣服以什么样的姿势拍照最好看,并推荐最佳的拍照地点,这都是可以开发利用的。

二、旅游公司行为

在商业层面,旅游公司可依赖大量免费信息转化为有用的商业价值。在大数据的背景下,

① 尹书华,傅城州.基于百科大数据的旅游景点推荐系统应用研究[J].旅游论坛,2017,10(3):107－115.

旅游业公司管理者要认识到商业价值不仅来自公司的所有权数据,而且越来越多地来自共享数据,以及对其他资源访问时记录的数据信息,这些信息可以更好地让公司挖掘潜在客户。

公司可根据大数据来分析游客的行为,理解游客行为的动机,从而为公司做出更有利于未来的策略与发展方向。旅游者行为分析是旅游研究的重要内容,在大数据时代,旅游者不断地创造和产生新的数据,比如地理位置、消费数据、评价数据等,通过分析这些数据,公司可以解读不同旅游者行为背后深层次的原因,并根据这一深入分析做出更好的商业决策。

例如,利用景区内游客移动的数据,可以分析游客在景区内移动的路径以及原因,发现一些空白区域或者重要的联结点,可以通过补充新的吸引物,从而丰富整个旅游景区的体验。对于企业来说,可以通过大量的数据输入,去分析新的酒店、餐厅应该开设在哪一个地点会有更好的盈利,或者根据大数据对某一区位的地理特征进行匹配选择和分析等。

三、景区管理方面

在景区层面,智能旅游的本质是旅游场所(例如智慧城市)的转型,其中信息技术是旅游业经济活动和社会福祉创新的基石。智能旅游的最终目标是通过大规模协调的努力以及对技术基础设施的战略投资,使得旅游景区具有可支持移动性,可用性和资源的可分配性。为了实现这一目标,景区必须建立“信息结构”,鼓励消费者共享数据的主动性和创造性(例如,创建然后共享一个人的体验或隐含,通过传感器或可穿戴设备)。实现景区的实时导航、景区热点引导、游客流量的预测以及景区实时商业服务推荐等功能。

第二章　旅游市场调研

第一节　旅游市场调研的基础

一、旅游市场调研的概念

市场调研(marketing research),也被称为市场调查或市场研究。

市场调研是一种把消费者及公共部门和市场联系起来的特定活动——这些信息用以识别和界定市场营销机会和问题,产生、改进和评价营销活动,监控营销绩效,增进对营销过程的理解。市场调研实际上是一项寻求市场与企业之间"共谐"的过程①。

市场调研是指系统地、客观地收集、整理和分析市场营销活动的各种资料或数据,用以帮助营销管理人员制定有效的市场营销决策。市场调研是企业了解产品市场和把握顾客的重要手段,是帮助企业决策的重要工具②。

美国营销学会理事会定义市场调研:市场调研是营销者通过信息与消费者、顾客和公众联系的一种职能,这些信息用于识别和定义营销问题与机遇,制定、完善和评估营销活动,监测营销绩效,改进对营销过程的理解。市场调研确定解决问题所需的信息,设计信息收集方法,管理和实施数据收集过程,分析结果,就研究结果以其意义进行沟通③。

现代营销学之父菲利普·科特勒(Philip Kotler)认为:"市场调查是系统地设计、收集、分析和报告与公司所面临的具体市场形势有关的数据和发现的过程。"④

旅游市场是市场的有机组成部分,是一个特殊的服务市场,其市场调研也遵循市场调研的一般规律、理论和方法。到目前为止,尽管对旅游市场调研有许多不同的定义,但其内涵基本是一致的。旅游市场调研是以提高旅游绩效为目的,运用科学的方法和手段,利用多种渠道,有目的、有计划、系统地收集、整理各种旅游市场的相关信息,分析旅游供求双方的各种情报、信息和资源,把握发展趋势,为管理部门、旅游目的地和旅游企业提供决策依据,最终提出解决问题的建议的一种科学方法。旅游市场调研主要是以游客为中心的供需关系研究过程。

该定义充分表明旅游市场的调研必须采用科学的方法和手段,包括资料收集方法、资料整理方法和分析方法,以确保调研结果的客观性和可靠性。同时也应充分认识到旅游市场调研的目的性。任何调研本身不是目的,而都是围绕一定的调研目的设计进行的⑤。

---

① 郭毅.市场营销学原理[M].北京:电子工业出版社,2008.
② 王璐明.市场调研在营销企业中的作用[J].中国管理信息化,2011,14(2):59-60.
③ 纳雷希·K.马尔霍特拉.市场营销研究应用导向(第3版)[M].北京:电子工业出版社,2002.
④ 李君轶.旅游市场调查与预测[M].北京:科学出版社,2012.
⑤ 百度百科.旅游市场调研.[EB/OL]. https://baike.baidu.com/item/%E6%97%85%E6%B8%B8%E5%B8%82%E5%9C%BA%E8%B0%83%E7%A0%94/9874110.

二、旅游市场调研的特点

1. 整体性

旅游市场调研的过程是一个系统的、整体的过程，其影响因素也具有系统性，诸多因素互相作用构成一个整体，包括制定调研计划、设计问卷调查、抽取样本、收集和分析资料和撰写调研报告等。

2. 目的性

任何一项旅游市场调研都应有明确的目的，其最终目的是为旅游企业或旅游目的地进行旅游需求预测，为他们的管理决策提供科学的依据。

3. 综合性

旅游业是一个综合性行业，旅游业与餐饮、住宿、交通和娱乐等行业密切相关。随着经济和科技的发展，旅游已经进入大众休闲时代，这就决定了旅游市场调研的内容和范围涉及社会经济生活的各个方面。从调研主体和调研客体来看，调研的主体应该是具有扎实旅游知识的专业人员，调研的客体是具有丰富内涵的社会人。

4. 科学性

旅游市场调研是选择科学的调研方法，利用科学的技术方法，通过科学分析得出可靠结论的研究过程。

5. 动态性

旅游市场调研是一个需要调研客体参与才能实现的过程，随着旅游产品的多元化、旅游类型的复杂化，日新月异的旅游市场促使调研具有动态性。

三、旅游市场调研的内容

1. 旅游需求信息调研

旅游需求是在一定的时期内、一定的价格上，游客愿意而且能够购买的旅游产品的类别和数量，即游客对某一旅游目的地的需求数量。这种需求表现为有支付能力的需求，即通常所称的旅游购买力。旅游购买力是决定旅游市场大小的主要因素，是旅游市场需求调查的核心。

（1）旅游需求调研。旅游需求总量的调查主要是通过抽样调查来推算总体的购买数量。一般调查的主要内容包括以下两方面。

一是旅游购买力。旅游购买力是指在一定时期内，全社会在旅游市场上用于购买旅游产品的支付能力，尤其是居民旅游购买力，它是社会旅游购买力最重要的内容，历来是旅游市场需求调研的重点。

二是居民可供支配收入调查。收入是产生旅游需求的必要条件之一，尤其是可供支配的收入。了解游客的收入和旅游需求之间的联系，可以据此进行旅游需求的分析和预测。所以，居民可供支配收入的多少，是决定居民旅游购买力大小的最主要因素。可随意支配收入是收入中最活跃的部分，它所形成的需求伸缩性大、弹性强。

（2）潜在旅游需求调研。潜在旅游需求是旅游调查中重要的方面，因为潜在游客在通过外在的刺激或者内在的动机激发以后，会转变为现实的游客。潜在旅游需求调查主要包括两个方面：一方面是调查潜在游客，包括潜在游客的特征、数量、需求特点等；另一方面是调查潜在旅游需求趋势，为未来的旅游产品开发等提供依据。

（3）旅游需求趋向调研。旅游需求趋向调研是旅游产品设计的重要方面，也是供给方了解市场变动，满足市场需要的重要手段和途径。旅游需求的趋向就是了解游客将其旅游购买力用于何处，购买旅游产品的类别、购买的时间和出游的地区。对旅游趋向及其变动的调查，可为旅游目的地以及旅游企业加强市场预测，合理组织、开发适销对路旅游产品，开展有效营销活动和制定合理的产品价格等提供参考依据。

2. 游客人口学特征调研

某一国家（或地区）旅游购买力总量及人均旅游购买力水平的高低决定了该国（或地区）旅游需求的大小。在旅游购买力总量一定的情况下，人均购买力的大小直接受游客人口总数的影响。为研究人口状况对旅游市场需求的影响，便于进行旅游市场细分就应对人口情况进行调查。调查内容主要包括总人口、家庭及家庭平均人口、人口地理分布、年龄及性别构成、教育程度及民族传统习惯等。

（1）客源地域分布。人口地理分布与市场需求有密切关系。比如，沿海地区与内地、城市与农村，无论在消费、需求构成、购买习惯和行为等方面都存在许多差异。

（2）家庭结构。家庭是社会的细胞，随着散客化趋势的兴起，以家庭为基本单位来进行旅游消费所占比例越来越大。另外，在我国人口政策和生活观念的变革中，家庭结构也出现了由过去几代同堂的大家庭向三口之家的小家庭发展，这对旅游需求也产生了影响。

（3）年龄构成。不同年龄的游客对旅游产品和服务需求的数量和种类都有不同。如年轻人的消费观念比较超前，乐于一些享受性的服务，喜欢刺激、参与性强的旅游活动，而老年人则对旅游休闲度假、康体保健性的旅游产品比较热衷。当然，这也不是一概而论的，在不同的地区、不同的时期会有不同的特点，这都要通过市场调查去了解和把握。

（4）性别差异。不同性别的游客不但对旅游产品的需求有很大差别，其旅游行为也有很大差别。通常女性对旅游目的地的选择要求较多，其购买选择受外界影响较大，常需经过犹豫、反复挑选后方能下决心，而男性自主性强，旅游决策比较果断。

（5）职业构成。不同职业的游客对旅游需求的差异也是比较明显的。不同的职业对目的地和景区的选择差异很大。游客由于教育程度不同，会产生不同的旅游消费需要。

（6）教育程度。一般来说，教育程度较高的游客喜欢具有文化内涵的一些景区和景点，如博物馆、遗址遗迹类景区；另外，他们偏好购买某些具有文化内涵的特殊旅游商品，购买旅游商品时也显得较为理性。

3. 游客购买动机和行为调研

（1）游客旅游动机调研。所谓旅游动机，就是人们为满足一定的旅游需要，而产生购买行为的愿望和意念。人们的旅游动机常常是由需求触发的，旅游动机可以运用一些相应的手段诱发。游客旅游动机调查的目的主要是弄清旅游动机产生的各种原因，以便采取相应的激发措施。

（2）游客购买行为调研。游客购买行为的调查主要涉及不同群体游客的旅游偏好、旅游决策行为、旅游消费行为、旅游空间行为和旅游满意度等方面的调查。游客购买行为是游客购买动机在实际购买过程中的具体表现，游客购买行为调查就是对游客购买模式和习惯的调查。

一是旅游偏好调查。主要调查游客偏好哪一类的旅游目的地，是自然类还是文化类等，以及在外出中对于"吃、住、行、游、购、娱"各个要素的偏好情况。

二是旅游决策行为调查。影响旅游决策的因素很多,如价格、促销、服务质量、个人偏好、购买环境、服务提供商的知名度等,都影响着旅游者的最终购买决定,因此需调查影响旅游决策的主要因素。

三是旅游消费行为调查。主要调查旅游活动中,其各层面消费的总额以及消费的构成。

四是旅游空间行为调查。从不同的层面调查游客的旅游活动属于哪种空间尺度,在每个不同空间尺度上的旅游活动具有哪些空间特征和规律。

五是旅游满意度调查。调查游客对整个旅游活动的满意程度,也包括对各个旅游要素的满意程度。

六是旅游购买时间调查。游客在购物时间上存在着一定的习惯和规律,具有很强的季节性和区域性。如国内游客的旅游购买在我国的长假尤其突出,如十一和春节黄金周,而国外的游客有带薪的假期,其购买高峰期则有不同。对于短线游客而言,购买高峰期与双休日、清明和端午等假期有关。购买行为调查能为旅游企业提供许多有价值的信息,如了解到光临某旅游购物商店的旅客大多为年轻女性,就可着意营造一种能够吸引她们前来购物的氛围,并注意所经销旅游商品的颜色和包装等;如果以男性为主,则可增加特色商品或系列商品的陈列和销售。

4. 旅游市场竞争信息调研

主要调查同类产品、景区、旅游目的地的服务提供情况、市场占有率;现有旅游产品或服务有无新产品或其他服务来代替;竞争对手(同类型的旅游企业或旅游目的地等)的状况,它们的产品或服务的质量、数量、成本、价格、技术水平、发展潜力等。

5. 旅游营销信息调研

主要调查区域、企业、景区的旅游营销方式、营销渠道和营销效果。包括旅游景区、旅游企业、目的地的旅游营销商的经营能力,目前销量和潜在销量,采用哪种营销渠道效果最佳,广告媒体的选择等。

四、旅游市场调研的意义

旅游企业通过旅游市场调研可以直接、有效地了解旅游产品潜力,获得全面、可靠、真实的旅游者信息,了解旅游者的消费观念和对现有旅游产品的满意程度,从而预测旅游者的消费需求和潜在购买动机,为旅游产品的改进指明方向。

当前,旅游目的地面临的竞争日趋激烈,在旅游大数据的背景下,信息资源和商业情报成为旅游目的地竞争的重要因素。旅游市场调研可以使他们了解目标市场的情况,预测市场需求,明确市场定位,选择正确的销售渠道,合理定价,为旅游目的地的运营节约资源和成本,提升旅游目的地形象,增强旅游目的地知名度和竞争力。

旅游管理部门通过公开的大规模的旅游市场调研可以了解当地旅游业发展的情况,预测旅游未来发展趋势,为旅游政策的制定提供科学依据。

五、旅游市场调研的原则

1. 效用最大化原则

在时间、精力、经费等条件相同的情况下,实现旅游市场调研成果最大化,为旅游企业或旅游目的地决策提供科学依据。进行旅游市场调研需要投入人力、物力和财力等多方面的成本,而且这个过程中,有些方面是相互掣肘的。因此,旅游市场调研必须遵循综合成本最小化、调查成果效用最大化的基本原则。

　　2. 适用性原则

旅游企业或旅游目的地并非时时刻刻都要进行市场调研。旅游市场调研适用于对市场情况的应对,针对不同的旅游项目选择合适的方式进行调研,具有预测和对策的特征。一方面,旅游市场调研能够预测旅游企业或旅游目的地内将要发生的经济活动;另一方面,可以有效解决旅游企业或旅游目的地实际遇到的问题和困难。

六、我国旅游市场调研的研究动态

我国旅游市场调研起步较晚,而旅游市场调研理论与实践更鲜为人知,进入 1990 年后情况才发生变化。国家旅游局从 1993 年开始,每年委托国家统计局城市社会经济调查队进行城镇居民旅游情况的调查,并在 1997 年和 1998 年对农民出游情况进行调查。1998 年初国家旅游局出台《地方接待国内旅游者抽样调查实施方案》,下发各省市旅游局。据此方案,1998 年全国开展国内旅游市场问卷抽样调查的省、自治区、直辖市已经达到 25 个。一些旅游城市的旅游部门对城市公园进行了抽样调查,并发现西湖风景区各景点内绝大部分游客(95%)来自外地(鲁国明,1994)。与此同时,针对国内旅游业蓬勃发展的趋势,一些研究机构尝试采用抽样调查技术对居民的出游状况进行研究①。21 世纪初,学界和旅游企业纷纷认识到旅游市场调研的重要性,北京联合大学对北京市老字号食品企业旅游市场需求进行调研与分析。

由于中国市场调研业发展的相对落后,旅游市场调研工作目前还处于一个较低的层次。市场调研作为一种新生事物是在 80 年代中期才引进中国,而市场调查业真正走向市场并向产业方向发展的趋势是近几年才渐趋明显的。目前,国内旅游企业和市场调研公司所设计及开展的旅游市场调研项目往往存在很多不足之处。例如旅游市场调研报告侧重于对旅游市场的描述,但当涉及旅游企业应该如何做的时候却往往是无关紧要的空话,没有可以落地实施的有效建议。

第二节　旅游市场调研流程

有效的旅游市场调研通常分为三个阶段:调研准备阶段—调研实施阶段—调研总结阶段。

一、调研准备阶段

在准备阶段,必须明确一个或两个重要的旅游问题作为调研目标,旅游市场调研目标问题不能过多。针对调研客体和调研主体的情况,制定出切实可行的调研计划。具体步骤如下:

　　1. 明确问题和调研目标

明确问题和调研目标是市场调研的重要前提。良好的开端等于成功的一半。正式调研行动之前,必须弄清楚为什么调研,调研什么问题,解决什么问题,然后确立调研目标、调研对象、调研内容及调研方法。

并不是所有的调研主体或调研人员一开始就明白调研目标。这是因为每一个问题都存在

---

① 吴必虎,徐斌,邱扶东.中国国内旅游客源市场系统研究[M].上海:华东师范大学出版社,1999:108-142.

多方面的事情需要研究。所以调研人员必须明确问题的范围，并确定具体的调研目标，否则，会盲目行事，或者得到许多无效的信息，而且耗费大量的时间和费用。

在确定问题和目标时，对问题和目标的陈述不宜太宽或太窄，否则对目标细化不相宜。

2. 制定调研计划

制定调研计划的目的是使调研工作能够有秩序、有计划地进行，以保证调研目的的实现。这里包括：调研方案设计、组织机构设置、时间安排、费用预算等。

调研方案内容包括调研目的要求、调研对象、调研内容、调研地点和调研范围、调研提纲、调研时间、资料来源、调研方法、调研手段、抽样方案，以及提交报告的形式。资料收集应确定是收集第二手资料，还是第一手资料，还是两者兼顾。

机构的设置包括调研活动负责部门或人员的选择与配置，调研活动的主体的选择是利用外部市场调研机构还是由本单位进行调研。调研活动的人员选择和配置是市场调研活动成败的关键。计划方案的制定，整个调研活动的进行，都取决于市场调研组织的决策者和管理者，以及调研人员的素质。所以调研人员必须具备善于沟通的能力，敏锐的观察与感受能力，以及丰富的想象力、创造力、应变能力，而且调研人员还应具备基本的统计学、市场学、经济学、会计财务知识。

选择外部市场调研机构，首先由调研活动负责人或部门，对外部调研机构进行选择，选择的标准如下：

（1）调研机构能否能对调研问题进行符合目标的理解和解释。

（2）调研人员的构成，其中包括其资历、经验以及任务分工。

（3）调研方法是否有效，是否具有创造性。

（4）过去类似的调研经验、调研事项以及调研成果。

（5）调研时间及调研费用是否与本单位要求相符合。时间安排包括调研活动的起始时间，活动次数安排以及报告成果的最终完成和交接时间。费用预算包括调研活动费用的预算与计划。

二、调研实施阶段

这个阶段是整个市场调研过程中最关键的阶段，对调研工作能否满足准确，及时完整及节约等基本要求有直接的影响，这个阶段有 4 项内容。

1. 对调研人员进行培训

即让调研人员理解调研计划，掌握调研技术及与调研目标有关的基础知识和专业知识。

2. 进行探索性调研

这一阶段的重点是对课题进行初步研究，范围可小一些，方法可简单一些。目的是通过积累经验和辨别市场特征，为实地调研作铺垫。

3. 收集信息

调研计划确定之后，即开始系统地收集资料和信息。对于市场调研活动来说，收集信息通常是耗时最长，花费最大而且是最容易出差错的过程。整个调研活动的效果与准确性、误差大小均直接与这个过程有关。这个阶段的主要任务是系统地收集各种资料，包括一手资料与二手资料，有的调研仅需要二手资料或一手资料，但对大多数调研活动来说两者都是需要的。

（1）二手资料。调研人员开始调研时总是先收集二手资料。二手资料又称文案资料，它是指为其他目的已收集到的信息。通过二手资料可以从中判断分析调研问题是否能部分或全部解决。若能解决,则无须再去收集成本很高的一手资料。二手资料的主要来源包括以下几个方面。

一是内部来源。包括公司盈亏表、资产负债表、销售资料、销售预测报告,库存记录以及以前所做的报告。

二是政府出版物。包括政府的公开调研统计报告、年鉴、研究报告。

三是期刊和书籍。各种有关的书刊,特别是与开展业务关系密切的书刊。

四是商业性资料。有关市场调研公司等提供的调研资料。

获取二手资料的优点是收集成本低,而且可以立即使用。但二手资料中可能没有调研人员所需资料,或资料已明显过时、不准确、不完整或不可靠。这时就必须去收集更切题、更准确的第一手资料。

(2)一手资料。一手资料,又称原始资料或实地调研资料,是调研者为实现当前特定的调研目的专门收集的原始信息资料。所以大多数的市场调研项目都要求收集一手资料。常规的方法是先与某些人单独或成组交谈,以了解大致的想法,接着确定正式的调研方法,然后进行实地调研。

一手资料的主要来源是旅游者,其次是中间商和旅游企业内部资料信息。收集一手资料的调研方法有四种:观察、专题讨论、问卷调研和实验。这是我们进行市场调研的一般方法。一手资料的特点是有目的性,时效性强,特别适宜于分析那些变动频繁的、敏感性的要素。但耗费时间长和花费多。

在收集资料的过程中,会出现多方面的困难,可能会找不到被调研者,或者被调研者拒绝合作,或者回答带有偏见或不诚实的情况,使资料收集工作进展并不顺利。如果市场调研人员发现调研计划或调研有问题时,应尽快反馈信息,并立即进行调整。一切调研活动都依靠调研者的耐心、毅力和百折不挠的精神。

4. 分析信息

资料收集完成后,旅游市场调研人员应对资料进行整理、分析,从资料中提取与目标相关的信息。

信息分析主要有两种方法。一是统计分析方法,常用的是计算综合指标(绝对数、相对数以及平均数),时间数列分析、指数分析、相关和回归分析、因素分析等。二是模型分析法,模型是专门设计出来表达现实中真实的系统或过程的一组相互联系的变量及其关系。分析模型主要包括描述性模型和决策性模型。

描述性模型中常用的是马尔可夫过程模型和排队模型。马尔可夫过程模型可用来分析预测未来市场份额变化的程度和速度;排队模型用来预计顾客的消费决策与等候的关系。

决策性模型中常见的是最优化模型和启发式模型两种。最优化模型一般通过微分学、线性规划、统计决策理论以及博弈理论来辨别不同决策方案的价值,力求从中进行最优选择。启发式模型则应用启发性原则,排除部分决策方案,以缩短找寻合理方案所需的时间。

三、调研总结阶段

1. 撰写调研报告

市场调研人员对市场调查活动中面临的问题进行调研后,将调研的结果写成调研报告书面陈述。所以调研活动的最终结果的体现是调研报告。

在调研报告的编写过程中,应注意以使用者的需求为导向。调研报告主要应把与使用者关键决策的相关调查结果充分体现出来,以减少决策中的不确定性。而不是用资料对管理人员施加限制。表达方式(文字说明、资料、数学表达式)也应适应使用者的素质。

调研报告的编写力求观点正确、材料典型、中心明确、重点突出、结构合理。它一般包括以下的内容:

(1)前言。即说明本次市场调研应回答的问题、调研目标、调研方法、调研对象、调研时间、调研地点,以及调研人员的情况。

(2)正文。调研报告的主体,应包括对调研问题的研究结果及其分析,解释及其回答。

(3)结尾。可以提出建议,总结全文,指出本次活动的不足,以及对决策的作用。

(4)附录。包括附表、附图等补充内容。

2. 追踪与反馈

提出调查的结论和建议后,不能认为调查过程就此完结,而应继续了解其结论是否被重视和采纳、采纳的程度和采纳后的实际效果以及调查结论与市场发展是否一致等,以便积累经验,不断改进和提高调查工作的质量。

第三节　旅游市场调研的方法

一、旅游市场调研的方法

1. 文案调研法

文案调查是一种间接调查法,是通过查阅、检索、筛选、剪辑、购买、复制等多种手段和方式收集相关二手资料的调查方法。优点:资料收集过程比较简单,工作组织简便,二手资料获取比较容易,省时、省力、省钱。缺点:从目的来看,二手资料是为原来的目的收集整理的,不一定能满足调研者研究特定市场问题的数据需求;二手资料主要是历史性的数据和相关资料,往往缺乏当前的数据和情况,存在时效性缺陷;二手资料的准确性、相关性也可能存在一些问题。

2. 访问调研法

旅游市场访问调查法简称访问法或询问法,是指调查者以访谈询问为主要形式,结合电话访谈、邮寄问卷、留置问卷、小组座谈、个别访谈等多种形式,向被调查者搜集旅游市场调查资料的一种方法。该调查方法是获得有关人行为或态度信息最灵活、最直接的方法。按访问形式不同,分面谈访问(访谈)、电话询问、留置问卷访问、邮寄、Email 问卷访问等方法。按访问方式不同,分为直接访问和间接访问。直接访问包括面谈访问(小组座谈、个别访问)等;间接访问包括电话询问、邮寄问卷询问、留置问卷询问等。按访问内容不同分为标准化访问和非标准化访问。标准化访问是根据调查问卷或调查表向被调查者访问,主要用于定量研究。非标准化访问是根据粗略的提纲自由地向被调查者访问,主要用于定性研究。

3. 观察调研法

观察法(observational survey)是指调查者根据特定的研究目的,到现场利用感觉器官和其他科学手段(如借助录像机、录音笔等器材),有组织、有计划地对研究对象进行考察,直接或间接观察和记录正在发生的旅游市场行为或状况,以获取有关原始信息的一种实地调查法。

按观察的形式不同分为直接观察法、间接观察法。

4. 实验调研法

实验调查法（experiment survey）又称实验法，是指在既定条件下，通过实验设计和观测实验结果而获取有关信息，对市场现象中某些变量之间的因果关系及其发展变化过程加以观察分析的一种调查方法。即从影响调查问题的许多可变因素中，选出一个或两个因素，将它们置于同一条件下进行小规模实验，然后对实验观察的数据进行处理和分析，确定研究结果是否值得大规模推广。

5. 问卷调研法

问卷（questionnaire），又称为调查表、访谈表或者测量工具，它是由一连串题目组成的一种调查载体，其目的在于收集相关的数据和材料，了解调查对象对某些问题的看法。问卷在旅游市场研究中具有举足轻重的地位，是旅游市场调查中广泛使用的一种工具，可以用来提问、记录和编码，帮助旅游市场调查者获得关于市场情况的第一手数据，用于不同类型的旅游市场调查：既可用于入境市场，又可用于国内市场；既可用于旅游产品调查，又可以用于旅游营销调查、旅游服务调查等多个方面。问卷调查通俗易懂，便于实施，同时由于问卷调查的标准化，亦可以减少误差。

二、调研问卷设计

调查问卷的设计是统计调查中的关键环节，对调查数据的质量乃至分析结论都有重要的影响。调查问卷设计中的缺陷不仅会影响统计调查的其他环节的顺利展开，甚至可能导致整个调查研究项目的失败。科学、严谨、周密的问卷设计是保证统计调查工作取得成功，调查分析结论具有较高价值的重要基础。而要设计出一份优秀的问卷，设计者一方面需要具备广博的知识；另一方面还应注意遵循问卷设计的必要程序和原则，掌握问卷设计的一些基本技巧。

1. 问卷的基本类型

根据调查目的以及调查对象的不同，问卷可以采用不同形式，基本可以分为以下几种。

（1）自填式问卷和访问式问卷。

自填式问卷是通过面访、邮寄或网络途经，将问卷交给被调查者，由被调查者自行填写，自填式问卷和访问式问卷较能节省人力和时间，且有些被调查者不愿公开的内容，采取这种形式保密性较好。

访问式问卷则是通过面访或电话途径，询问被调查者，并且由调查人员记录调查结果，可保证调查问卷的质量，使内容规范、清楚、完整，但花费人力时间也较多。

（2）传统问卷和网络问卷。

传统问卷指以面访、邮寄或电话途径进行调查，其载体是纸质的书面问卷，仍然是目前比较常用的问卷形式。

网络问卷则是随着计算机以及互联网技术的普及而发展起来的新型调查问卷形式，是目前大量采用的一种问卷形式，用于网上调查，其优点是快捷、高效、针对性强，一般来说，还可降低调查成本，具备调查功能的网站很多，比如 OQSS、知己知彼网、调查派、问卷星等。

（3）结构型问卷和无结构型问卷。

结构型问卷中的问题要有一定数量，而且问卷的设计要有一定的结构，即要求按定的提问方式和顺序进行安排。调查者要绝对遵从要求提问,不能任意变动问题和字句,更不能删减或添加问题。此类问卷适用于大规模的调查项目。

无结构型问卷是指问卷中所提问题没有加以严格的设计与安排,只是围绕研究目的提出若干问题,一般采用调查提纲形式,此类问卷适用较小规模的深层次访谈调查。

2. 问卷的基本结构

调查问卷一般由五部分组成。

(1)问卷标题。标题即问卷的题目,是对问卷调查内容的概括,通过问卷的标题可以反映调查的主题。

(2)问卷开头。问卷的开头部分通常包括问候语、填表说明和问卷编号。问候语是为了引起被调查者的重视,消除其疑虑,激发他们的参与意识,争取得到他们的合作。例如:

随着人们生活水平的提高,旅游市场的不断发展,当今大学校园内,外出旅游已经成为大学生的一种时尚。为了解当今大学生业余时间的安排,旅游生活的情况,我们组织了这次调查活动。本问卷采取无记名形式,绝对保护您的隐私,希望能得到您的支持和配合。请您在百忙之中抽出一点时间填写这份调查表,非常感谢!

问候语应该语气亲切、诚恳、礼貌。简要说明为什么要进行此项调查,即交代清楚调查目的。必要时还应说明保密原则和奖励措施等。问候语不能拖沓冗长,以免引起被调查者的反感。总之,如果问候语内容和措辞得当,可以使被调查者易于接受和合作,从而降低拒访率,提高调查结果的可靠性和有效性。反之,如果内容或措辞不当,可能导致无回答率增高,增加调查成本,扩大调查偏差,影响调查结果的准确性。

填写说明是向被调查者提示填写时应注意的事项,解释某些指标或问题的含义等。填写说明可以帮助和规范被调查者对问卷的回答,尤其是自填式问卷。填写说明可以集中放在问卷前面,也可以分散到各有关问题之前。

问卷编号主要用于识别问卷、调查人员、被调查者地址等,可用于检查调查人员的工作,防止舞弊行为,便于校对检查、更正错误等。

(3)甄别部分。甄别也称为过滤,是在正式调查之前对被调查者进行过滤、筛选,剔除不合适的调查对象。一般而言,不合适的调查对象有两种情况,一种是与调查项目有直接利益关系的人群,为达到避嫌目的应剔除此类人群;另一种是不符合调查要求的人群,如在年龄、性别或其他方面不满足要求。甄别的目的是确保被调查者都是合格对象,提高调查工作的质量。

如某银发旅游产品的统计调查问卷,甄别部分为:

① 请问您或您的家人及亲朋好友是否有人购买过银发旅游产品: A. 有　B. 没有
B 终止访问,选 A 继续访问
② 请问您的年龄(周岁): A. 35 岁以下　B. 35~45 岁　C. 45~55 岁　D. 55~65 岁
E. 65~75 岁　F. 75 岁以上
选 AE 终止访问,选 BCD 继续访问
③ 请问您最近 6 个月内是否接受过旅游相关的市场研究访问: A. 是　B. 否
选 A 终止访问,选 B 继续访问

（4）问卷主体。即问卷的正文，也是问卷的核心内容。具体包括需要调查的全部内容，具体由问题和备选答案组成。问卷主体部分的设计，是问卷设计研究的重点，在后面将详细讨论。

（5）背景部分。是关于被调查者的基本情况的背景资料。如企业的名称、行业、职工人数等；又如个人的性别、年龄、职业、文化程度、婚姻状况、月收入等，以便对调查资料分组观察，比较分析。如果调查涉及个人隐私权，一般不要求被调查者填报姓名或工作单位。

3．设计步骤（思路）

（1）确定主题。根据调研目的确定需要调研的项目，并按照不同的分类方法对调研项目进行分层，如可以按照主题将项目分为基础项目、主体项目和相关项目[①]。

（2）决定形式。问卷一般可分为封闭式问卷、开放式问卷、半开放式问卷和非结构性问卷四种类型。一般的问卷调查多采用半开放式问卷，即大多为是非题或者选择题，最后可有一两个开放性题目。

问卷形式要依调研主题、调研方式、调研对象、分析方法而定。例如，较敏感主题可采取迂回方式调查，才容易得到被调查者的真实想法。此外，在决定问卷形式之前要先设想分析的方法，避免调查结束后发现所收集的资料无法进行分析。

（3）编制问卷。要根据研究问题拟出相关问句，问题可通过文献资料、小组讨论、专家研讨等方式获取。要特别注意问句的用语习惯及排列顺序，将属于同一研究主题的问句编入同一大题，亦可增加一些用来检查被调查者回答可信度的问句。一份完整问卷应该包括：问卷名称和编号、问卷使用说明和致谢、问句等。在编制问卷的时候，尽量搜集和参考前人对于相关问卷的研究，通过修改、增订等方式，可以起到事半功倍的效果。

（4）专家审稿。问卷初稿完成后，要邀请相关专家针对问卷进行研讨，充分发表意见。通过研讨可以发现许多课题研究者从未想到的问题，发挥集思广益的功能。最后，研究者依据专家们的意见修改，提高问卷的科学性、完整性和适用性。

（5）问卷预试。预试的目的在于发现问卷的内容、结构、逻辑、用语等各方面是否需要修正，有时也用来评估问卷的信度和效度。一般问卷预试采取面访方式，不仅可对某一特殊群体做预试（除非调查对象只有此一特殊群体），进行预试者要将受访者的状况详细记录，也可和受访者讨论题目，看看是否有遗漏或不易了解的地方。通常预试的次数为一至二次，但若问卷修改的幅度很大时，每修改一次就要进行一次预试工作。

（6）问卷定稿。当问卷经过预试并确定无误时，就可进入定稿阶段，研究者对这份问卷作最后一次修正，检视整份问卷的结构、内容、形式、空间安排和外观等，以及是否有错字；同时拟定问卷使用说明、最好在问句之后注明需要注意的事项，确定后即可印制。

4．设计原则

设计调研问卷的目的是为了能够把所要调研询问的问题正确地传达给被调研者，同时，设法得到对方的充分信任，让他们如实地、明白无误地针对问题做出回答，除了要正确地根据调研目的要求确定调研主题和调研项目之外，还要求我们在设计调研问卷时遵循以下原则：

（1）联系性原则。调研问卷中的每一个问题必须是和调研主题密切相关的，那些可有可无的问题或者与调研主题有着一定的关系但是被调研者无法回答或者不愿意回答的问题，都

① 王淑华.旅游市场调研重要性再议——市场调查还要被忽视到何时[J].商场现代化,2005(24)：66-67.

不宜列入调研问卷中。违背了这一点,再漂亮或精美的问卷都是无益的。而所谓问卷体现调研主题其实质是在问卷设计之初要找出与"调研主题相关的要素"①。

例如:"调研大学生旅游趋势"。这里并没有一个现成的选择要素的法则。但从问题出发,特别是结合一定的行业经验与专业知识,要素是能够被寻找出来的:一是旅游者(大学生)的基本情况(人口学特征:如性别、年龄、家庭情况等)、进行旅游活动的情况(是否进行旅游活动、旅游的时间、旅游的次数等);二是购买力和购买欲,包括大学生旅游费用的来源、可随意支配的费用、每年用于旅游的消费支出、旅游六要素支出所占的比重等;三是旅游需求情况(旅游目的、线路、方式、旅游体验评价等)……应该说,具有了这样几个要素对于调研主题的结果是有直接帮助的。被访问者也相对容易了解调研员的意图,从而予以配合。

(2)可接受性原则。调研问卷设计得要让被调研者容易接受。回答调研问卷中的问题对于被调研者来说是一种额外的负担,他们可以采取积极配合的态度来回答问题,也可以采取拒绝的方式回答问题或草率地、不真实地回答问题。所以,为了得到被调研者的配合,在设计调研问卷的时候,从文字到问题的编排都要考虑到能够吸引被调研者乐意参与。另外,问卷中的用词要亲切、温和、有礼貌和有趣味性,还要考虑到被调研者的身份、水平等。一般要采取一些物质奖励以获得被调研者的积极配合。问卷设计者也可以运用多种问题表达方式、与调研内容有关联的颜色或图片甚至是漫画等来增强调研问卷的趣味性,从而使被调研者更乐意配合。

(3)逻辑性原则。在设计调研问卷时,要注意调研问卷中问题的排列顺序。

一是先易后难。熟悉的、容易回答的问题排在前面,使被调研者有一种轻松的感觉,也会乐于继续合作。

二是轻松的、感兴趣的问题在前,紧张的、带敏感性的问题在后。

三是行为方面的问题在前,态度、观念方面的问题在后。一般来说,个人行为方面问题涉及的是客观事实,态度、意见、观点等涉及的是主观因素,前者容易回答,后者往往要有一个思考过程。

四是封闭式问题在前,开放式问题在后。在同一份问卷中,开放式问题是对封闭式问题的补充,所以要放在封闭式问题之后,排在问卷最后的位置,这样也有利于填答者集中精力思考,认真回答。

五是复杂、敏感、容易引起被调研者反感和厌烦的问题放在最后。

六是对于时间顺序的问题,应按时间序列依次排列,以免被调研者的记忆受到干扰。

七是注意渐进性问题的排列,要从易到难、由浅至深、由表及里,层层深入。

(4)简明性原则。调研内容要简单明了,调研问卷中的问题不要过多,如果调研内容过多,所花费的调研时间过长,就会使被调研者反感,影响调研效果简明性原则,主要体现在以下两个方面:

一是,调研内容要简明,没有价值或无关紧要的问题不要列入,同时要避免出现重复,力求以最少的项目设计必要的、完整的信息资料。

例如,在大学生旅游趋势调研问卷中,有这样一道题目:

---

① 冯花兰.市场调研与预测.[M].北京:中国铁道出版社,2013.

请问你认为目前旅游行业应当在哪些方面进行改进?

　　首先,对于非旅游专业的学生来说,旅游行业的情况都不甚了解,更不要说提出相关建议;其次,此题为开放式题目,调研对象的填写率极低,最终回收的答案并不具有参考价值;另外,此次调研的目的是了解大学生的旅游趋势,而不是对整个旅游行业进行调研。像这样的问题,在问卷设计时要注意避免。

　　二是调研时间要简短,问题和整个问卷篇幅都不宜过长。设计问卷时,不能单纯从调研者角度出发,而要为被调研者着想。调研内容过多,调研时间过长,都会招致被调研者的反感。通常调研的场合一般都在路上、店内或居民家中,应答者行色匆匆,或不愿让调研者在家中久留等,而有些问卷多达几十页,让被调研者望而生畏,一时勉强作答也只有草率应付。根据经验,一般问卷回答时间应控制在20分钟以内。

　　(5)便于统计分析原则。成功的问卷设计除了紧密结合调研主题与方便信息收集外,还要考虑到调研结果的容易得出和调研结果的说服力。这就需要涉及问卷在调研后的整理与分析工作。便于处理是指要使被调研者的回答便于进行检查、数据处理和分析。设计好的问卷在调研完成后,能够方便地对所采集的信息资料进行检查核对,以判别其正确性和实用性,也便于对调研结果进行整理和统计分析。首先,这要求调研指标是能够累加和便于累加的;其次,指标的累计与相对数的计算是有意义的;再次,能够通过数据清楚明了地说明所要调研的问题。如果不注意这点,很可能出现调研结束,信息资料获得很多,但是统计处理却无从着手的难堪局面。

　　(6)功能性原则。功能性原则是问卷设计最基本的原则,即实现满足问卷的基本功能,达到规范设计和满足调查需求的目的,这一原则具体表现为一致性、完整性、准确性和可行性等方面;如在问卷设计时充分考虑,方便后续的数据统计和分析工作,题目的设计必须是容易录入的,并且可以进行具体的数据分析,即使是主观性的问题也要进行量化,这样才能与后续的统计环节更好地衔接起来。

　　(7)可靠性原则。可靠性原则是指作为数据搜集工具的问卷,应使数据在一定条件下保持稳定性。具体来说,由于调查者、被调查者和调查环境不同,数据会产生波动,而好的问卷应属于稳健型,以减少这些干扰对数据质量的影响。

　　(8)效率原则。效率原则是指在满足调查要求,获得充足信息的前提下,应选择最简捷的调查方式,使问卷的长度、题量和难度最小,以节省调查费用,降低调查成本。即一方面要使问卷尽量获取全面准确、有效的信息;另一方面又要节省成本,避免浪费,不要询问与调查主题无关的问题或者可问可不问的问题。

　　(9)可维护性原则。问卷的设计不是一蹴而就的,一份优秀的问卷需要经过反复的修改和检验,不断提高,不断完善。一份便于修正的问卷应当结构清晰,层次分明。当某一问题需要调整时,基本不会影响其他内容。另外,要提高调查数据的价值,应注意问卷的标准化,以使数据口径一致,保证数据在时间和空间上具有可比性。

　　5. 问题与答案的设计

　　问题与答案是调查问卷的核心内容,包括调查所要了解的问题和回答问题的方式。因此这一环节设计的好坏、质量水平的高低对整个问卷调查工作都会产生重要而直接的影响。

　　(1)问题的类型。根据问题内容和调查目的的不同,问题与答案的设计可有多种形式,其中最基本的形式有开放式和封闭式两种①。

一是开放式问题,又称无结构的问答题。用这种形式的问题时,调查者只提出问题,不提供任何可供选择的标准答案,被调查者可自由回答。如:您想买什么样的旅游产品?您对旅游产品有何要求和建议?等等。优点是被调查者可以比较自由地发表意见,内容比较丰富,甚至可以收集到意料之外的信息;缺点是被调查者可能会答非所问,也容易产生偏见。另一方面,由于此类问卷填写比较麻烦,当被调查者不愿意花费时间来填写答卷时,就可能使问卷的回收率较低,对资料的整理、分类造成困难。因此,设计问题时应尽量避免使用开放式问题。

二是封闭式问题,又称有结构的问答题。它是在提出问题的同时给出标准答案,让被调查者根据自己的实际情况在几个答案中选择。封闭式问题的优点在于:能快速获取调查资料,便于统计分析数据;因为所提供的答案有助于理解题意,容易回答,这样可以避免被调查者在填写问卷时由于不理解题意而难以回答或拒绝回答的现象出现;填写方便而且规范,并且便于电子计算机汇总。封闭式问题的缺点是:由于提供选择答案本身限制了问题回答的范围和方式,得到的信息量有限,问卷难以对被调查者的态度做出详细、准确的判断,对所搜集资料的质量难免会产生一定的影响。但只要合理、全面、充分地考虑备选答案,尽量避免封闭式问题所带来的影响,还是尽可能采取封闭式提问为好。

(2)问卷设计中应注意的问题。问卷设计是一项十分复杂又需要耐心细致的工作,即使是很有经验的研究人员在进行这项工作时也要反复推敲,否则问卷结果就达不到调查的目的。因此,设计问卷必须注意下列问题。

一是要围绕调查目的来设定问题,并注意调查项目的可行性。可问可不问或过于敏感的项目,如关于个人收入和财产的问题,关于政治态度等如果不是十分必要,一般尽量避免涉及。

二是尽量避免需要大量回忆的问题,如"过去三年内你用于旅游的费用支出是多少?"诸如此类的问题即使得到答案,也是很不可靠的。

三是问题应明确和精确。例如不应询问"你有过几次旅游经历?"而应询问"你每年/每月进行几次旅游活动?"否则被调查者可能回答不统一。应避免会产生歧义的问题。

四是避免逻辑错误。即问题的备选答案应互相排斥并完全划分。如婚姻状况仅分为"已婚"和"未婚"两项备选答案就是不完全划分。应列出已婚、丧偶、离婚、分居、未婚五种备选答案。又如旅游方式只分为"自助游""跟团游"两种,则是不互相排斥的。应增加第三种备选答案"半自助游"。

五是提问的排列顺序一般是先易后难、由浅入深,敏感的问题放在后面。即询问项目应按人们的思维习惯、逻辑顺序排列,或按照被调查者的兴趣、问题的难易程度排列,使被调查者易于回答、有兴趣回答。

六是避免诱导性提问,即问题不应暗示着答案。例如:不应该直接问"您用于旅游消费的支出增加了多少?"而应该问"您用于旅游消费的支出增加了吗?"如回答"是",则填写附加项"增加了多少?"

七是问卷题目设计必须有针对性,对于不同层次的人群,应该在题目的选择上有的放矢,必须充分考虑受调查人群的文化水平、年龄层次和协调合作的可能性,除了在题目的难度和题

① 龚秀芳,杭爱明,康正发.统计学基础.[M].上海:立信会计出版社,2014.7.

目性质的选择上考虑上述因素,在语言措辞上也应该进行相应的调整,比如面对家庭主妇做的调查,在语言上就必须尽量通俗,而对于文化水平较高的城市白领,在题目和语言的选择上就可以提高一定的水准。只有在这样的综合考虑下,调查才能够顺利进行。但一般来说除专业性较强的专家咨询调查表以外,询问项目和备选答案应尽量通俗易懂,使各种层次的被调查者都能理解、接受。

八是调查项目数量(即提问的数目)应适宜。一份问卷中问题不宜定得过多,否则被调查者会产生厌烦情绪,从而影响问题回答的准确性;当然问题也不宜太少,这样机会和资源没有能得到充分的利用,不能满足调查要求。一般中小规模的调查,一份问卷中的问题在 20 个左右,答卷时间在 20 分钟以内为宜。

九是问卷中的问题及答案都要编码,便于计算机进行处理。尤其对调查资料中属于品质标志的项目要数量化,即编制量表。

(3)封闭式问题答案的设计。封闭式问题根据答案设计的方法不同有三种常见的类型。

一是二项选择设计。二项选择式问题是让被调查者在两个可能答案中选择一个,如"是"与"不是","有"与"没有"等。此类方法易于发问,也易于回答,且方便统计汇总,但提供的信息量较少。

例如,您经常浏览景区官网吗?
A. 是　 B. 否

二是多项选择设计。这种询问方法设置了多种答案供被调查者选择。一般设置三个以上的备选答案,让被调查者选择其中的一项或多项作答。这种方法能较全面地反映被调查者的看法,又易于统计和整理,但在设计时应注意备选答案不宜过多,只要能概括各种可能情况即可,一般不应超过 10 个。

例如,您是通过什么途径获取旅游信息的(　　　)
A. 旅行社咨询　　　 B. 同学介绍　　　 C. 宣传资料　　　 D. 上网查询

这样的问题给了被调查者较大的选择范围,便于对搜集的资料作较细的分类。

三是序列式设计。序列式问题是在多项选择的基础上,让被调查者对问题的答案按照自己认为的重要程度和喜欢程度的次序进行排列。顺位式一般分为两种:一种是预先给出多个答案,由被调查者定出先后顺序;另一种是不预先给出答案,而由被调查者按先后顺序自己填写。

例如,您外出旅游时最关心的问题是? (请按您认为的重要性□在中写上位序)
□价格　□时间　□服务　□同伴　□交通　□距离　□自己的喜好　□其他

(4)量表设计。在统计调查工作中,经常需要对被调查者的态度、意见或感觉等心理活动进行测定和判别,如消费者对某种新产品的喜欢程度,对商品价格变动的态度和评价,等等。等级式问题就是根据这样的问题,让被调查者回答其程度或者评价。等级式问题答案的设计也称为量表的设计。使用量表进行分析可以对被调查者回答的强度进行测量和区分,而且将被调查者的回答转化为数值以后,可以进行编码计算,便于进行深入的统计分析。在统计调查中使用的量表种类很多,根据测量的精确程度分类,量表可以分为定类量表和定序量表。

一是定类量表,又称名义变量、类别变量,用于测量定类数据,目的是辨识事物或将对象表、定序量表、等距量表和定距量表分类。

例如,受访者性别:① 男 ② 女
您是否有过旅游经历:① 是 ② 否

常用的定类量表有各种职业分类(职业:① 单位负责人 ② 专业技术人员 ③ 办事人员 ④ 商业、服务业人员 ⑤ 工人 ⑥ 农业人员 ⑦ 无业)、品牌编码等。定类量表的分类是互相排斥而且是完全包括的,即答案要详尽且无遗漏。定类量表的数字大小没有高低之分,只是说明性质不同而已。

二是定序量表,这是一种排序量表,用不同数字表示程度、等级或大小顺序,用于测量定序数据。

例如,请问您进入景区的交通情况:① 方便快捷 ② 一般顺畅 ③ 比较拥挤 ④ 非常拥挤

这里的数字表示程度、等级或大小顺序,并不表示绝对量。但在使用时,须注意排列的逻辑性、合理性。

例如,对旅游 APP 满意度调查问卷中,问:您对目前使用的携程 APP 进行评价:① 很满意 ② 不满意 ③ 满意

这种排列顺序显然不符合逻辑。

三是等距量表,不仅能表达顺序关系,还能表达、测量各顺序位置之间的距离,用于测量定距数据。

例如,请用 10 分制为扬州瘦西湖景区打分,1 分表示非常不满意,10 分表示非常满意
非常不满意 1 2 3 4 5 6 7 8 9 10 非常满意

虽然各相邻数值之间的距离是相等的,但要注意等距量表上没有真正的零点,因此不能说这里的 8 是 4 的 2 倍。例中的分数是一个定距数据,而且是离散的变量。如果定距数据是连续的变量,则可用定距量表来设计其答案。

四是定距量表。对于定距数据和定比数据,假如它们是连续的变量,而且要设计成一个封闭式问题的话,可用定距量表来设计其答案,即设置一些数值区间作为备选的答案。

例如,你的旅游学成绩是:① 60 分以下 ② 60~70 分 ③ 70~80 分 ④ 80~90 分 ⑤ 90~100 分

又如,您每月除了基本的生活必须费用外,还可以灵活支配的费用为:① 1 000 元以下　② 1 000~2 000 元　③ 2 000~3 000 元　④ 3 000~4 000 元　⑤ 4 000~5 000 元　⑥ 5 000 元以上

　　例中的成绩是定距数据,可灵活支配的费用是定比数据,但是通过对数据的分组后,把数据降为定序数据。当然,如果要确切地知道这些变量的具体数值,只能使用开放式问题,让被调查者自行填写。

　　6. 常见问题

　　问题设计中易出现的问题:在问题的设计过程中,由于受到专业、经验、对被调查者的了解程度等多方面因素影响,一般会有以下问题需要注意。

　　(1) 提问语言的不规范。问句的语言和语气对于问卷顺利实施有很大影响。在问卷调查中,根据调查对象的不同要选择合适的语言,如对于普通游客的调查,尽量使用一些口语化的语言,而避免使用学术化语言,更不能用官方语言;用常规口语化的词语,尽量少用含糊不清、模棱两可的词语,语言必须贴近被调查者的生活。如果用词不恰当,被访者可能会拒绝回答或回答不准确。

　　例如,请问您使用过旅游网站吗?
　　A. 使用过　　B. 未使用过

　　这里的旅游网站就是含糊不清的词语,旅游网站包括哪些网站,可对其进行简要的注释说明,修改为"请问您使用过旅游网站吗?(包括飞猪、携程、马蜂窝、驴妈妈等)"。

　　(2) 问题有明显的倾向性。问卷设计的问题必须保持中立性,不能在提问时就带有倾向性,在问卷中使用引导性问句是大忌,这样的问题容易诱导被调查者,导致回答偏误,从而得不到比较真实的答案。

　　(3) 问题引起回答者的焦虑。对于一些涉及隐私、有悖于道德或者是一些涉及法律的敏感性问题,往往是受查者所不愿回答的,这样的问题若直接发问容易引起回答者的焦虑和顾虑,要尽量避免这类问题的出现;如必须要出现,一定要采取一些隐晦的手法。

　　(4) 问题具有多义性。一个问句里只能提问一方面的情况,不要试图在一个问句中涉及两个或多个方面的问题,否则容易使回答者不知如何回答,而且搜集的信息无法使用。问题过于笼统时,有时会针对一个大的问题直接发问,这也是调查问卷中较多存在的问题,对被调查者而言不知是问什么,对于调查者而言,这样搜集的数据没有实际意义。

　　(5) 答案设计不合理。这包括设计的答案不穷尽、没有区分,或者问题相同、处于同一维度等。

　　例如:请问对于旅游,您最关注的是哪一方面?
　　A. 旅游价格　B. 旅游感受　C. 旅游路线　D. 旅游方式　E. 旅途长短　F. 住宿饮食　G. 其他_____

　　可以看出,此题的选项缺乏逻辑性,各答案处在不同的维度层次,B 选项旅游感受几乎涵盖了其他几个选项,而 C 旅游路线和 E 旅途长短在某种程度上有所重合,答案的设计明显存

在不合理之处。

以上是问卷设计中的一些比较突出的问题,当然还有很多其他问题存在,有些是问卷设计者难以预料的,这就要求设计者要反复斟酌,同时要征求他人的意见。

7. 抽样调查

(1)抽样调查的概念。抽样调查也是一种非全面调查,是根据随机原则从总体中抽取一定数量的单位(样本)进行调查,并以其结果来推断总体的一般情况。

(2)抽样调查的特点。抽样调查具有三个特点:

一是遵守随机原则,即要保证被调查总体的每一个单位都有同等被抽中的机会,而不是凭人的主观意图随意选择样本,要使样本具有代表性。

二是可以从数量上推算总体。例如,可以抽查统计部分居民的旅游支出以推算全体居民的平均旅游支出进而推算全体居民的旅游总支出。

三是抽样误差可以事先控制。用部分单位的指标数值去估计总体,当然会发生误差。但是,可以通过改善样本、增加抽样单位数等手段将误差控制在允许的范围内。

8. 问卷的发放与回收

(1)调查问卷的回收与登记。对于发放的问卷,应在计划规定的时间内及时回收。在回收过程中,应加强责任制,保证问卷的完整和安全。要做好问卷的登记和编号工作,不同调查点由不同调查人员交回的问卷,都要立即登记和编号。

一般事先需要专门设计登记表格,具体内容有以下几项。

一是调查地区及编号,调查人员姓名及编号。

二是调查实施的时间,问卷交付的日期。

三是问卷编号。

四是实发问卷、上交问卷、未答或拒答问卷、丢失问卷等应分别按照调查人员和不同地区或单位放置,醒目标明编号或注明调查人员和地区、单位,以方便整理和查找。

如果发现没有满足调查方案设计中对调查单位数的规定,应及时在正式的整理工作开始之前进行补充调查。

(2)调查问卷的审核与处理主要是调查问卷的审核和问题问卷的处理方法。

① 调查问卷的审核。调查资料是资料整理工作的基础,通过对原始资料进行审查核实,可以避免调查资料的遗漏、错误或重复,保证调查资料准确、真实、完整和一致,达到调查资料整理的目的和要求。因此,对于回收的问卷资料,不能马上进行数据录入处理,要对其进行完整性、准确性和及时性审核。

在进行完整性审核时,应注意问卷答案缺失的三种表现。第一种是全部不回答,第二种是部分不回答,第三种是隐含不回答,如对所有问题都选 A,或都回答"是"。第一种和第二种容易发现,对第三种情况应仔细辨别,谨慎处理,一旦确认,一般作为无效问卷,加以剔除。

在准确性审核时,可以通过上述讲过的逻辑检查、比较审查法和设置疑问框等方法进行审核,尤其要注意问卷前后答案逻辑上是否一致。如某位答卷者在某一问题中回答说自己最喜爱 A 品牌的产品,但在回答另一个问题时却说自己经常购买 B 品牌的同类产品。显然该被调查者的答案是前后矛盾的。对于这种情况,审核人员应决定是再向被调查者询问,还是将该份问卷作为无效问卷剔除。

在进行及时性审核时,要检查各调查单位的资料在时间上是否符合本次调查的要求,其中包括接受的资料是否延迟,填写的资料是否是最新的资料等,从而避免将失效、过时的信息资料用作决策的依据。

② 问题问卷的处理方法。对于审核检出的有问题的问卷,可以有三种处理方法。

一是退回原地重新调查。该方法适用于规模较小、被调查者容易找到的情形。但是,调查时间、调查地点和调查方式可能发生变化,从而影响二次调查的数据结果。

二是视为缺失数据。在无法退回问卷重新调查的情形下,可以将这些不满意的问卷数据作为缺失值处理。如果不满意的问卷数量较少而且这些问卷中令人不满意回答的比例也很小,涉及的变量不是关键变量,在此情况下,可采取此方法。

三是放弃不用。如果问卷关键变量的回答缺失比较严重,存在的一些错误又无法更正,则只能把这些问卷作为废卷处理。如果令人不满意回答的问卷数占问卷总数的比例较大,且不满意问卷与合格问卷的答卷者在人口特征、职业、收入等关键变量方面的分布没有显著差异,则可以放弃问卷,说明此次问卷调查无效。

9. 创建网络问卷调查

通过以上学习,我们已经掌握了旅游问卷的设计方法以及注意事项,接下来,我们通过使用问卷星来设计一份旅游调查问卷。

(1) 打开问卷星网站,注册后即可开始设计新问卷,如图 2 - 1 所示。

图 2 - 1   问卷星首页

(2) 点击"创建问卷",在问卷类型中,我们选择"调查",如图 2 - 2 所示。

(3) 为调查问卷起一个名字,我们就可编辑自己的问卷,在问卷调查中,最上面一栏为题目类型,包含单选、多选、填空、矩阵、文件等,如图 2 - 3 所示。点击任意类型题目,以单选为例,在下方标题处,输入第一题的问题。选项处填入可选择的选项,完成后,即可点击"完成编辑",如图 2 - 4 所示。

选择创建问卷类型

图 2-2 选择问卷类型

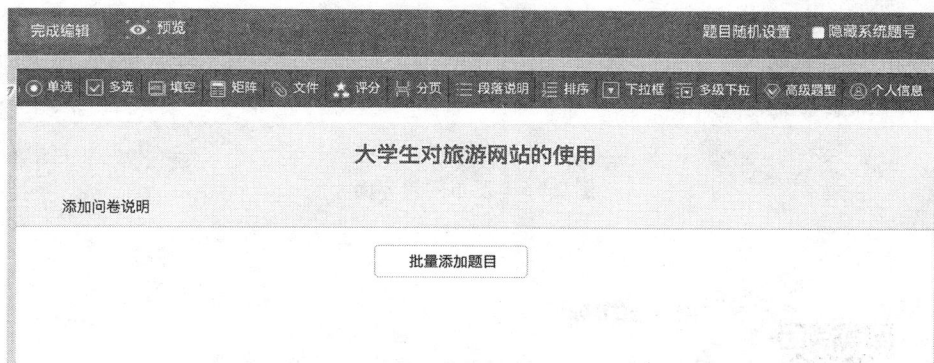

图 2-3 编辑界面

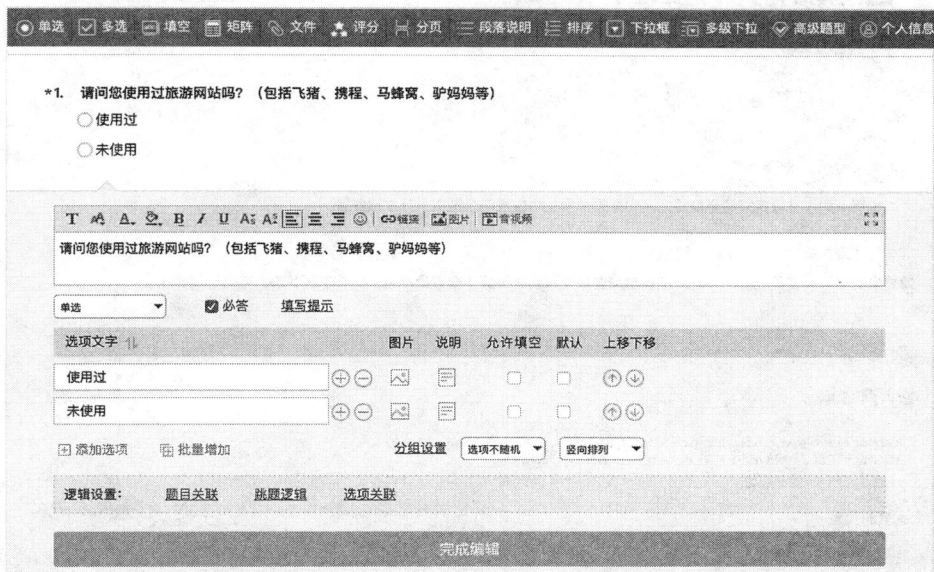

图 2-4 加入某一类型题目

（4）调查问卷设计完成后，点击左上角"完成编辑"，出现开始发布问卷的页面，如图2-5所示。点击发布之后，会出现此调查问卷的二维码以及网页地址，把连接或二维码发给需要填写的人，或者点击"微信发送"都可，如图2-6所示。

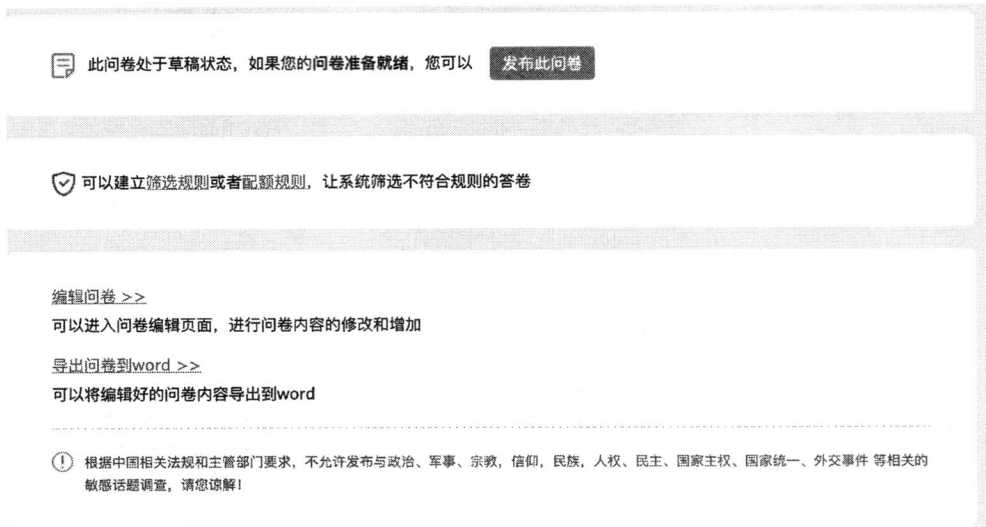

图2-5　发布问卷界面

图2-6　分享问卷

（5）查看问卷情况填写。发布问卷后,可以再次登陆账号查看问卷回答情况,点击"我的问卷",如图2-7所示。点击"统计分析",就会出现统计结果,在统计分析界面,点击"查看下载答卷",我们就可下载答卷数据,如图2-8所示。

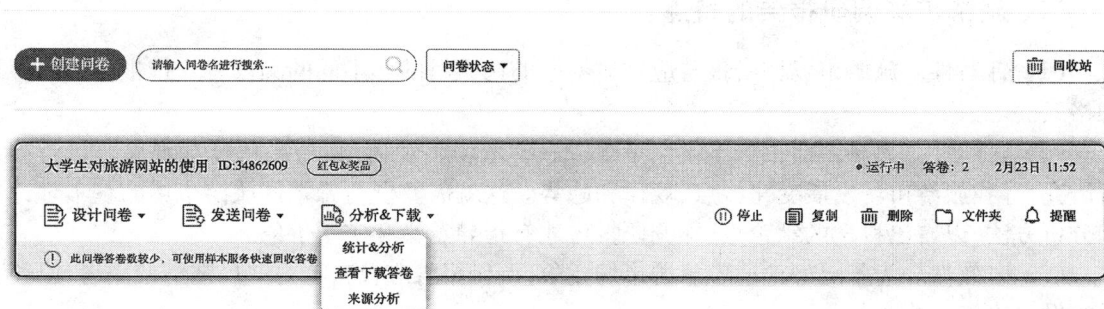

图2-7 "我的问卷"界面

图2-8 下载答卷数据

有问卷数据之后,我们就可对数据进行分析,通常使用的是SPSS软件,在第三章会充分介绍。

第四节 旅游市场调研报告撰写

一、旅游市场调研报告的概念

旅游市场调研报告是旅游市场调研活动的直接反映和结果,撰写调研报告是把旅游市场调研的结果利用文字、图表等方式表述出来,其目的在于展现旅游市场调研的成果,挖掘旅游市场信息内在规律、特点等,并将其传递给决策者和领导者,为管理决策提供依据。而报告的撰写是在对调研资料、数据进行科学整理、分析的基础上进行的。

在旅游市场的调研中,调研者或调研机构通过市场调研策划、外出实地调研,获取和采集相关的旅游市场信息,并对获取的资料(信息、数据、资料等)进行整理分析,得出科学的结论和判断,最终将以报告形式提交。市场调研报告有多种形式,它可以是书面形式、口头形式、电脑汇报软件的形式,或者同时使用几种形式。

二、旅游市场调研报告的特点

(1)针对性。旅游市场调研报告应针对不同的调研目的和不同的阅读者安排报告的内容和格式。

(2)科学性。市场调研报告不仅仅是报告旅游市场客观情况,还要通过对现象等进行分析研究,寻找旅游市场发展变化特点、规律和趋势。这就需要撰写者掌握旅游市场的基本理论和分析方法,以得出科学的结论,这样调研报告才有指导意义和实用价值。

(3)时效性。为了更好地适应旅游市场竞争,调研报告应及时撰写并反馈给使用者,以便适时做出决策。

(4)创新性。调研报告中应总结有创新性的观点、结论,以增强调研报告的使用价值,突出前瞻性,以便更好地指导区域旅游和企业等的发展。

三、旅游市场调研报告的作用

市场调研主体最为关心的就是调研报告,调研主体提出进行市场调研活动的直接目的,在某种程度上讲,就是为了获得市场调研报告(结论和建议)。这主要是因为市场调研报告具备以下一些主要作用。

1. 市场调研报告是决策依据

辅助决策是调研报告最主要的功能。决策者需要的不是市场调查采集的大量信息资料,而是这些市场信息资料所蕴含的内在信息(市场特征、规律和趋势需要挖掘才能凸显)。市场调研报告能在对信息资料分析的基础上形成决策者需要的结论和对策建议。调研报告的使命是作为决策者和领导者做出重大决策时的参考文献。调研报告包含了一系列意义重大的市场信息,决策者在研究问题时,往往要以调研报告作为参考。

2. 市场调研报告是调研的成果总结

调研报告应对已完成的市场调研做出完整而准确的表述。要能够详细地、完整地表达出市场调研中有关市场调研的目标,这就要求调研报告将背景信息、调研方法及评价等内容以文字、表格和形象化的方式来展示,以得出调研结果、调研结论和建议等内容。

3. 市场调研报告可衡量调研活动的质量

尽管市场调研活动的质量是体现在调研活动的策划、方法、技术、资料处理等整个过程之中的,但调研活动的结论和论断以及总结性的调研报告对衡量调研质量无疑也是重要的方面。

4. 市场调研报告具有历史价值

当一项市场营销调研活动完成之后,市场营销调研报告就成为该项目的历史记录和证据。作为历史资料,它有可能被重复使用,从而实现其使用效果的扩大。

四、旅游市场调研报告的基本要求

1. 正确简洁的表达

调研报告作为决策依据,主要的阅读对象是决策者,他们所关心的是市场调研的结果和结论。因此,通过调研报告,要将调研过程中所得结论清晰明了地表现出来。调研报告要求要有明确的主题,写作简明扼要、条理清晰,运用简洁的表现形式和手法进行。报告应该图文并茂,文字、图表等配合得当,制作精美,图表应该有标题,对计量单位应该清楚说明,对所有的数据资料应该明确注明来源。

2. 灵活的图表运用

在调研报告的正文中穿插图表是一种行之有效的方法。图表是一种较文字更直观的传递和表达信息的工具,但是应该注意,图表越复杂,传递信息的效果就会打折。在调研报告中注意一些常用图表的使用,如柱状图、条形图、饼状图、曲线图。而柱状图和饼状图是用得最多的类型。在用图表表达数据的同时,还要注意一些细节的处理,比如:使用柱状图和饼状图时,柱体之间的距离应小于柱体本身;在说明文字较多时,用饼状图表示更清晰,便于读者辨认,在使用饼状图时,应在标明数据的同时,突出数据的标志;对于一些较长、较宽的表格,可以附录形式表现。

3. 完整的主体内容

调研报告是对旅游市场调研的完整总结,从调研活动的策划设计开始,包括资料和数据的收集、资料数据的分析整理,以及所得结论和提出对应的对策和建议等。调研报告是旅游市场调研的具体体现,在报告中应该陈述调查的动机、目标、结果、结论和建议,但是完整并不是面面俱到,重点不清,而是在兼顾完整的同时,要简略得当,重点突出。

4. 多样的表现方式

在报告发布时可以采用多种形式,但是从目前来看,最常用的形式是文字报告,文字是传统的报告形式,是必不可少的形式。除了文字报告之外,为了方便讲解或浏览,也可利用PowerPoint、Flash等制作软件制作报告,可以明了、直观、动态地展示调研结果,在调研报告的汇报中常常用到。另外口头报告常常用于对调研活动的汇报。

五、旅游市场调研报告的结构

旅游市场调研报告的格式会因项目、阅读者和撰写者的不同而有所差异,但调研报告要把旅游市场信息传递给决策者的功能或要求是确定的。在长期的实践过程中逐渐形成了旅游市场调研报告的常规格式。当然许多调查机构在调研报告的撰写中都具有自己的特点。但一个完整的旅游市场调研报告一般包括四大部分:前文(标题、前言、目录摘要等)、正文、结论和建议以及附录。

1. 前文

(1)标题和扉页。标题是画龙点睛之笔。所以调研报告的标题必须能够准确揭示报告的主题思想,做到题文相符。标题要简单明了,高度概括,具有较强的吸引力。

标题页内容包括报告的标题或主题、副标题(即该份调研报告提供的具体材料)、报告的提交对象、报告的撰写者和发布(提供)的日期。对企业内部调研,报告的提交对象是企业某高层负责人或董事会,报告撰写者是内设调研机构。对于社会调研服务,报告的提交对象是调研项目的委托方,报告的撰写者是提供调研服务的调研咨询机构。特别正规的调研报告,在标题页之后还安排扉页,扉页一般包括旅游市场调研报告的标题、调查和报告日期、委托方(领导小组等)、调查方(调查组成员)等,见例1。

例1

游客对低碳旅游的认知——以上海奉贤海湾旅游区为例的调研报告

项目小组：上海师范大学数据项目一组

报告日期：2018 年 12 月 1 日

（2）前言。是该调研项目的简要介绍。前言部分的内容包括：调研报告的由来、调研报告的组织方式、人员配备、时间安排、市场调研范围、调研技术与技巧以及对支持本次调研活动的有关部门和人员的致谢等。

（3）目录。一般的调研报告都应该编写目录，以方便查阅。目录包含报告所分章节及其相应的起始页码，一般比较简单的调研报告目录编写到两个层次即可，比较复杂的调研报告可以到三至四个层次，但是一般目录不要多于四个层次，多于四个层次显得报告内容繁多，不能突出调研报告的层次性，需要注意的是，报告中的表格和图表最好都在目录中列明，见例2。

例2

游客对低碳旅游的认知——以上海奉贤海湾旅游区为例的调研报告

目 录

一、摘要

二、低碳旅游的研究目的和研究背景

   （一）调查目的

   （二）研究背景

三、文献综述

四、研究内容与研究方法

   （一）研究内容

   （二）研究方法

      1. 问卷调查法

      2. 文献资料法

      3. 数理统计法

五、问卷设计思路

六、调查问卷及分析

七、研究结论

八、研究建议

九、附录：游客对低碳旅游的认知——以上海奉贤海湾旅游区为例问卷

（4）图表目录。如果报告含有图和表，一般需要在目录中包含一个图表目录（图表索引目录），目的是为了帮助读者很快找到一些对应信息的形象解释。

（5）摘要。调研报告的摘要非常重要，一般而言决策者每天要处理很多的事情，没有时间和精力通读调研报告，许多决策者只是阅读摘要，因此摘要对决策者具有非常大的影响。摘要

一定要提纲挈领,重点突出,逻辑性强。摘要一般应该放在正文的前面。长度依据调研内容确定,但是最好不要超过两页。摘要一般包含四方面内容。首先要明确报告的目的和作用,包括调研的背景情况和具体目的;其次是此次调研的基本情况,包括调研范围、方法;再次是此次调研的结论,这是摘要最重要的部分,一般按照所得结论的重要程度顺序来写,也可按照结论的逻辑次序来写;最后是依据结果给出相应的对策和建议,如果对策和建议较多,则将最重要的建议和对策写出即可,见例3。

例3

在2009年5月世界经济论坛"走向低碳的旅行及旅游业"的报告中"低碳旅游"的概念第一次被提出,低碳旅游在旅游业尚属新生事物。国内外关于低碳旅游的理论研究处于起步阶段。为了了解奉贤区海湾镇的居民对低碳旅游的认知状况,我们对在海湾三校就读的205名大学生及其他居民进行了问卷调查,并采用spass统计软件对低碳旅游认知度影响因素进行了分析。结果发现大部分人对低碳旅游的认知度较低,他们主要通过网络媒体获取关于低碳旅游的信息,但大家都非常支持发展低碳旅游。本文是关于低碳旅游的初步探索,为未来进一步深入了解全社会对低碳旅游的认知及态度,提供了基础。

在以上的例子中,摘要做到了提纲挈领,重点突出,说明了报告的目的和作用。但是对于重要结论以及相应对策和建议并未重点讲述,有待改进。

2. 正文

一般正文中包括旅游市场调研方法、调研的结果、存在的局限性、所得结论和提出的对策建议。

(1)调研的技术路线。在撰写正文之前,要明确阐明此次调研活动的对象、目的、理论、方法和具体的流程等,可以通过文字描述的方法,但是最好是利用框图形式,能够更直观地表示,便于读者理解。

(2)调研方法。要明确说明调研方法,因为调研的方法直接影响调研结果,在这部分主要说明五个方面的问题。

一是调研设计。说明此次调研是属于哪种类型,是探索性调研,还是因果性调研,以及选择这一类型的原因。

二是资料采集方法。调研活动所收集的数据资料属于哪种类型,是初级资料,抑或是次级资料。调研结果的取得是通过调查法、观察法,还是实验法;所用调查问卷或观察记录表应以附录的形式出现。

三是抽样方法。调研目标的总体是什么,抽样框如何确定,是什么样的样本单位、它们如何被选取出来。对以上问题的回答根据及相应的运算须在附录中列明。

四是实地调研工作。起用了多少名、什么样的实地调研工作人员,对他们如何培训、如何监督管理,调研工作如何检查,能否保证调研质量。这一部分对于最终结果的准确程度十分重要。

五是分析方法。说明所使用的定量分析方法和理论分析方法。

(3)分析和结果。分析和结果在正文中占较大篇幅。这部分报告应按某种逻辑顺序提出调研的结论,同时紧扣调研目的。分析和结果可以以叙述形式表述,以使得项目更为可信。在讨论中可以配合一些总结性的表格和图像,这样可以更加形象化,研究结论的表述一般是先给出总体的、一般性的陈述,然后才是个别的和具体的细节陈述。详细和深入分析的图表宜放到附录中。

(4) 局限性分析。完美无缺的调研是难以做到的,所以必须指出调研报告的局限性。讨论调研报告局限性是为给正确评价调研成果以现实的基础。

3. 结论和建议

结论是基于调研结果的意见,一般包括市场存在的问题、基本特征、趋势导向。对策建议是在调研基础上对调研主题提出的相应行动。因此对策建议的描述应比较详细而且要对其进行较为详细的论证。

4. 附录

对于调研报告而言,一些技术性强或非常详细的材料都不宜出现在正文部分,而应该作为调研报告的辅助说明,因此这些都应该放到附录,以备阅读者在必要的时候查阅这些材料。附录通常包括的内容有:调查提纲、调查问卷和观察记录表、被访问人(机构单位)名单、复杂的抽样调查技术的说明、一些关键数据的计算、较为复杂的统计表和参考文献等。

例 4

大学生旅游市场调研报告

文章摘要:此调研报告以浙江大学本科生为调研对象,运用直接访谈法和调查问卷法进行随机调查并统计相关数据进行分析,为挖掘大学生旅游需求,开发大学生旅游市场提供可行建议。

关键词:大学生;旅游市场;调研

一、市场调研背景

随着社会发展,人们生活水平的提高,旅游消费逐渐成为人们的消费热点。中国的旅游人数在 1994 年到 2007 年间共增长了 2.56 倍,达 1 610 万;而且增长速度不断加大。在旅游市场中,大学生是整个旅游市场中重要而又独立的一部分。大学生作为社会的一个特殊群体,具有一定的经济独立能力和自我生活能力,有相对宽松的时间,具有更多的冒险精神和理想追求,这些因素促成了大学生的旅游热。随着我国高等教育规模的不断扩大,当今全国高校数量已达 2 000 多所,在校生人数超过 2 000 万人,可见中国的大学生旅游是一个巨大的市场。

同时,国内的旅行社达 1.6 万个,大学生旅游市场属于完全竞争的买方市场,竞争非常激烈;而大学生相对其他群体而言,较少选择通过旅行社途径旅游。此次调查以杭州浙江大学为调查对象,目的在于:为了解大学生旅游市场状况提供最直接、最有效的数据,为旅行社提供可行的建议,挖掘大学生潜在需求,开发大学生旅游市场。

二、研究内容与方法

1. 研究内容

采用问卷调查的方法,对浙江大学大一至大四学生进行了随机抽样调查,同时结合访谈法,内容涉及被调查者的个人基本情况、旅游时间、旅游动机、旅游产品偏好、出游方式等。共面对面访谈 1 名做过浙江大学校园旅游代理学生、3 名浙江大学韩国留学生和 3 名浙江大学本科生,其中包括 3 名女生和 4 名男生,涉及不同专业和年级,完成 1 份大学生旅游代理访谈报告和 5 份大学生旅游市场访谈报告。

调查共发放问卷 240 份,共回收问卷 236 份,回收率达 98.33%。其中有效问卷 234 份,占 97.5%。在本次调查中,受访在校大学生男生 125 人,占样本总数的 53.42%;女生人数 109 人,占样本总数的 46.58%。

2. 研究方法

采用文献资料、问卷调查、直接访谈法和数理统计的方法。

3. 调查问卷信度与效度分析

为了更好地设计出一份比较完善的调查问卷,在正式发放问卷前我们对已设计完毕的问卷进行了预调查工作,希望通过得出的初步的信度与效度的分析来适当完善问卷。

为了对问卷的信度进行分析,我们在浙江大学紫金港校区教学楼随机抽取 10 位同学,要求他们分两次填写同一份问卷,间隔时间为一周。根据问卷的填写结果,我们发现两次的填写结果几乎相同、误差很小,用克伦巴赫 α 信度系数法求得信度系数为 0.923 2,这反映了我们的原始问卷具有较高的信度。

为了对问卷的效度进行分析,我们讨论了原始问卷中的问题能否全面地代表我们所研究的主题。考虑到我组题目设置中仅有少量满意度调查的试题,因此我们选择用逻辑分析法进行效度研究,即由研究者评判所选题项是否“看上去”符合测量的目的和要求。

经过分析,做以下几点调整。

(1) 对于第 6 题,考虑选项的作用,游客尤为关注的要点很可能不仅仅只是其中的一点,因此可改为“按重要性大小依次选择 3 个你认为最重要的因素”。这样可以充分了解游客对旅游的真正需求而不至于遗漏关键点。

(2) 对于 15 题,我们的预调查中无人选择学习旅游,仅 1 人选了体育旅游,一定程度上是由于被调查者对这些名词的含义不了解所造成的;所以对于这些专业性术语我们将标明注解。

三、研究结果分析

1. 旅游时间分析

调查结果显示,每年至少出游一次的学生人数比例为 93.32%,每月大约出游一次的学生人数占总人数的 30.07%。说明大部分大学生有着强烈的旅游需求,出游频率较高。在停留时间方面,大学生在外停留两至三天的人数最多,占到 44.64%,其他停留时间依次是一日游的占 17.2%,四天至一周的占 25.00%,停留一周以上的占 12.50%。由此可推断,大学生中大部分人的停留时间都在四天以内,在访谈中很多学生也提到出于经济和学业因素的考虑,他们不愿意在外逗留时间太长,除非寒暑假和父母出游,选择的在外停留时间会在一周或一周以上。

2. 旅游目的地与景观选择分析

调查显示,在旅游目的地的选择上,占样本总数 42.69% 的 100 人偏向于全国各地;选择省内的有 69 人,占样本总数的 29.69%;选择市内的有 36 人,占样本总数的 15.19%。在旅游景观类型的选择上,大学生偏好于名山大川、园林景区、海滨沙滩等自然景观,探险与运动类项目也是大学生较感兴趣的。以上两方面说明,自然旅游资源在在校大学生旅游产品的开发设计中应该占据重要地位。对旅游目的地的选择数据表明大学生旅游已不再局限于市内,而拓宽到省内、全国游,反映出在校大学生的旅游需求与决策的变化趋势。

3. 旅游动机与产品偏好分析

调查结果表明,大学生旅游动机主要集中在丰富人文知识,陶冶情操,包括享受自然风光,了解异地的历史古迹,体验异地民俗民风,开阔眼界等,其次是娱乐放松、希望结识新的朋友等。在旅游产品偏好上,问卷中将旅游景点划分成若干类型,让学生选择,从而看出他们的旅游偏好。被调查学生的选择依次是:传统旅游(46.12%)、学习旅游(22.56%)、探险旅游(10.23%)、生态旅游(8.33%)、体育旅游(7.11%)、其他(5.65%)。这一结果表明,对于大学生而言,还是偏好传统的观光游。在进一步的访谈中发现,学生对学习旅游、探险旅游十分感兴趣,这也符合大学生求知欲望强烈,适应环境变化能力强,希望参加一些探险活动的特点。但是国内的关于学习旅游、探险旅游等旅游产品还做得不够完善,很多学生有过一次不满意的经历之后就不愿再购买。随着国内同类旅游产品的进一步推广和完善,学习旅游和探险旅游偏好正在稳步上升。

4. 旅游决策影响因素分析

调查结果显示,大学生对价格有较高的敏感性,价格成为影响大学生旅游决策的主要因素。81.53%的学生认为外出旅游,首先会考虑的就是价格,其次依次是时间、安全、交通等。在住宿方面,61.21%的大学生选择卫生、安全的住宿条件,30.90%的大学生选择经济性,6.98%的学生表示环境舒适性也是考虑的范围之一,只有极少数的学生选择豪华、完善的配套设施。在饮食方面,大部分大学生对饮食的要求并不高,干净卫生、价格适中是前提,其次是味道。如果旅游目的地有独特的风味小吃和饮食,则是他们的首选。另外,大学生在旅游途中最喜欢购买的是名特优产品,以下依次为旅游纪念品、高新科技产品和化妆品等。在访谈中,学生对国内的购物产品都很不满意,认为产品单一化,很少有特色的产品,对旅游购物服务也不满意。

5. 旅游方式分析

在出游方式上,51.50%的学生选择自助游,25.22%的学生选择跟随班级或社团组织出游,10.31%的学生选择旅行社包价旅游。可见,大学生是个特殊的群体,崇尚自由,自我意识较强,且时间充足,因此更喜欢灵活自主且经济实惠的自助游。大部分学生不喜欢随团旅游,一是因为受经济条件所限,二是因为旅行社提供的旅游产品在服务质量、服务水平上难以满足学生的需要,针对大学生这一消费群体的旅游项目极少。在出游同伴的选择上,75.01%的学生选择与同学和朋友结伴而行,愿意跟随父母家人出游的学生占14.00%,愿意单独出游的8.31%。这说明大学生出游具有明显的群体性,更希望与同龄人沟通,并要求摆脱家长束缚,进行独立的社会活动。

6. 旅游信息渠道分析

旅游是一个综合性行业,对信息的依赖性较强,表现之一就是旅游者在选择旅游目的地时,需参考许多旅游信息,包括旅游景区和景点、旅行社、旅游人数、交通工具、餐饮、住宿、气象等相关因素。调查结果显示,大学生获取旅游信息的主要渠道依次是:朋友推荐、电视、网络、报刊、旅行社、其他。大学生认为获取旅游信息受朋友推荐的影响最大,因为这样获取的信息可靠,准确,这说明口碑宣传是大学生获得旅游信息的主要渠道,而乐于接受新事物的特点也决定了大学生会将电视、互联网作为获取信息的另一渠道。但通过访谈可知,网络渠道仍存在旅游信息系统不完善,广告的虚假成分较多,信息的可信度不高等缺陷。

四、结论与建议

1. 大学生旅游市场特征

大学生旅游市场是旅游市场中的一个特殊细分市场,它具有较明显的消费群体特征雷同的特点,这使企业在开发的过程中易于降低开发成本。但同时它还有着区别于其他旅游细分市场的特征：

（1）注重价格，讲究性价比，相对更加重视旅游经历。根据调查显示，大学生对价格较为敏感，81.53%的学生认为外出旅游，首先会考虑的就是价格，其次依次是时间、安全、交通等。在旅游过程中对物质要求不高，讲究经济实惠，特别是吃、住方面只要得到基本满足即可。此外，大学生对外面的世界充满好奇，更加重视旅游过程中的经历和感受。调查显示，63.43%大学生旅游动机为丰富人文知识，陶冶情操；因此，体验型、学习型、探险性的旅游产品需要进一步开发。

（2）旅游目的地的选择以短期、自然风景类为主。根据调查结果，62.5%的大学生的外出旅游时间控制在四天以内，对于旅游景观类型的选择上，大学生偏好于名山大川、园林景区、海滨沙滩等自然景观。

（3）出游方式多以自组群体为主。大学生自我意识较强，更喜欢灵活自主且经济实惠的自助游；同时，大学生出游具有明显的群体性，更希望与同龄人沟通，并要求摆脱家长束缚，进行独立的社会活动。

（4）大学生从众心理显著，信息传递迅速。大学生旅游市场主要集中在高等院校。大学生作为一个集中的旅游群体，旅游决策易受同学或朋友等相关群体影响。再加上旅游信息不对称等原因，大学生旅游常常没有充分的前期准备，情绪易波动，从众心理显著；同时，由于市场集中，群体间联系广泛，旅游信息传递迅速。

2. 大学生旅游市场开发策略

对大学生旅游市场开发建议采取现有市场—新产品的产品开发策略，采用差异化市场策略，推出多种信息产品和服务，并配以多种宣传促销手段。

（1）提升传统旅游附加值，结合电子商务，形成大学生旅游的新模式。大学生对电子商务的运用有巨大的潜在需求，旅行社应针对大学生群体，推出电子商务模式，提升服务的附加值。同时，提出"大学生体验旅游"的概念，如社团主题活动与旅游的结合、校际交友与旅游的结合、假期社会实践与旅游的结合、对热点就业城市的考察与旅游的结合等，以此为切入点，亮出独有的模式，吸引大学生群体的试用与体验，从而形成使用电子商务的新习惯。

（2）推出多种符合大学生需求的旅游产品。推出多种有特色的旅游产品，满足大学生旅游者的需要，这是从根本上有效地开发大学生旅游市场的途径。基于大学生心理和生理的特点，以下旅游产品值得关注：修学旅游：许多大学生把闲暇时间作为增长知识、开阔视野的时机，他们出游常常带着一定的学习目的。旅行社可设计一些学习目的较强、能增进社会实践经验和开阔眼界的修学旅游，如英语学习的夏令营、革命根据地的考察游、少数民族地区的文化采风游等。体育旅游：大学生精力充沛，活泼好动，多数酷爱体育运动，可根据这一特点开展具有健身和娱乐性的旅游活动，如滑雪、游泳、冲浪、沙滩排球、真人 CS 等。探险旅游：大学生追求个性化，好奇心重，喜欢进行探险或令人惊心动魄的旅游活动。旅行社在安全有保障的条件下，可开展漂流、攀岩、探秘、户外野营等探险旅游活动，大学生可向旅行社租赁器材设备等。生态旅游：新时代的大学生环保意识很强，许多高校还成立了环保社团。旅行社针对大学生崇尚自然、保护环境的心态，设计生态旅游产品。

本 章 小 结

旅游市场研究一直是旅游研究的核心和热点之一。在市场经济时代，旅游市场受到众多因素的影响,呈现出不确定性、不稳定性等诸多特点。因此,客观地把握市场发展趋势对旅游目的地和旅游企业的发展至关重要,旅游市场调研也成了业界和学界共同关注的问题。同时,在信息极大丰富的时代,正确、及时地采集和分析市场信息、预测市场发展趋势,为旅游决策提供科学支撑也非常重要。本章突出全面性、前沿性和实践性。在本章中,编者力求比较全面地介绍旅游市场调研的基本理论和方法;同时对于一些目前比较前沿的分析、预测理论和方法进行介绍;重视操作性和实战性,通过众多的案例分析使读者在学习中能够理论联系实际,尽可能在学习完成后,能够独立从事旅游市场调研工作。本章分为四节,涵盖了旅游市场调研基础、调研流程、问卷设计、抽样设计、撰写旅游市场调研报告等。

第三章　问卷调查数据处理

本章主要介绍问卷调查设计及发放回收工作完成后,对问卷调查的数据的分析方法。对于数据的分析,我们可以用 Excel 软件来完成,相对来说会简单很多,但是作为专业的数据分析项目来说,还必须要掌握一个专业的数据分析软件。我们所使用的软件是 IBM 公司的 SPSS Statistics,即统计分析产品。

SPSS 即统计产品与服务解决方案,是 Statistical Product and Service Solutions 的缩写,是目前流行的综合统计分析软件。SPSS 为 IBM 公司推出的一系列用于统计学分析运算、数据挖掘、预测分析和决策支持任务的软件产品及相关服务的总称。

SPSS 是世界上最早采用图形菜单驱动界面的统计软件,最突出的特点就是操作界面极为友好,输出结果美观漂亮,几乎所有的功能都以统一、规范的界面展现出来,方便用户使用。

由于其操作简单,已经在我国的社会科学、自然科学的各个领域发挥了巨大作用。该软件还可以应用于经济学、数学、统计学、物流管理、生物学、心理学、地理学、医疗卫生等领域。

SPSS 旗下主要有 4 个产品:IBM SPSS Statistics(统计分析产品),IBM SPSS Modeler(数据挖掘产品),IBM SPSS Data Collection(数据采集产品),IBM SPSS Decision Management(企业应用服务),本章主要讲述统计分析产品。

SPSS Statistics 是一款由 16 个模块组成的产品,最主要的模块为 SPSS Statistics Base,其可以满足一般的问卷调查在统计分析时的基本需要,其他功能模块都是对 SPSS Statistics Base 的扩充,对于一般的社会调查,SPSS 的基础模块基本能够满足需要,全面地涵盖了数据分析的整个流程,提供了数据获取、数据管理与准备、数据分析、结果报告这样一个数据分析的完整过程。

本章主要讲解 SPSS 的基本应用及其在旅游数据方面的应用。

第一节　SPSS 操作环境及简单数据处理

一、SPSS 的安装

首先,从 SPSS 官方网站上下载 SPSS 22.0 软件的安装程序,现有 Windows 和 MAC OS X 等版本,按照自身操作系统版本下载支持的安装包。压缩包解压到任意盘中,系统会自动弹出 SPSS 22.0 的安装对话框,根据安装对话框提示即可完成安装。

二、SPSS 的操作环境

SPSS 的操作环境由 4 个窗口组成:数据编辑窗口(SPSS Data Editor)、结果输出窗口(SPSS Viewer)、程序编辑窗口(SPSS Syntax Editor)及脚本编辑窗口(Script)。一般我们掌握前两种窗口的使用就足够了。

1. 数据编辑窗口

数据编辑窗口负责输入和管理待进行统计分析的数据,是 SPSS 中最基本的界面。数据窗口有两个基本的窗口组成:数据视图(Data View)及变量视图(Variable View),组成结构由图3－1所示。

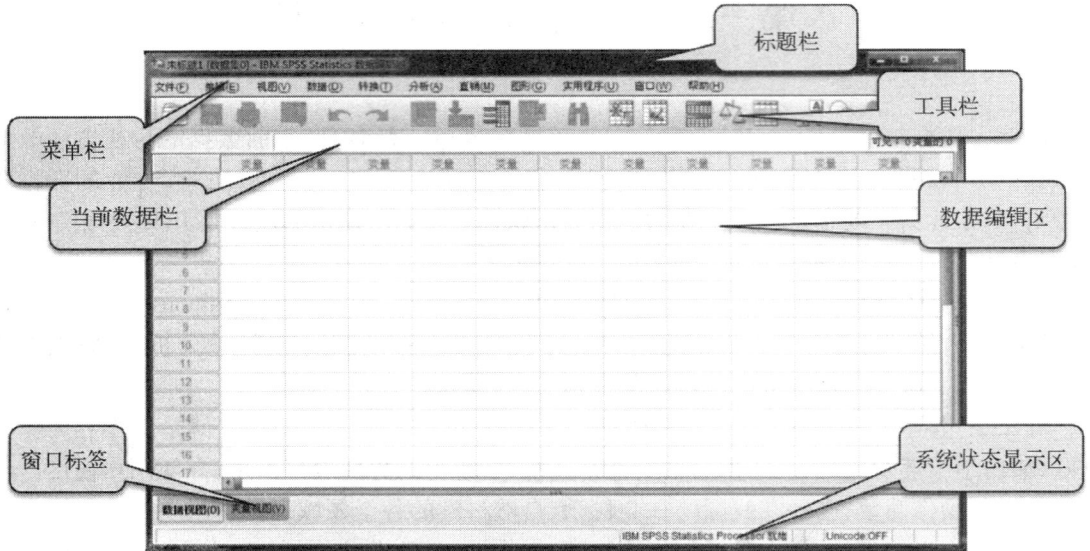

图3－1　SPSS 数据编辑窗口

启动打开 SPSS 后,将"IBM SPSS Statistics 22"初始对话框关闭,或者选中"不再显示此对话框",如图3－2所示,就可以进入到数据编辑窗口。在数据编辑窗口中,提供了一种类似电子表格的方法,用以产生和编辑 SPSS 数据文件。数据视图主要用于查看、录入和修改数据;变量视图用于定义和修改变量的定义。

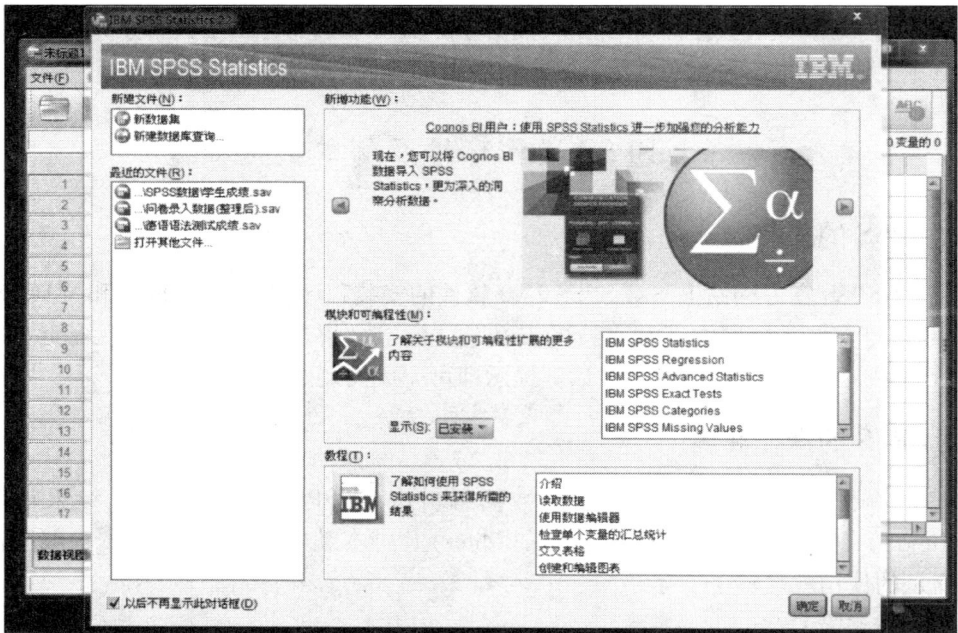

图3－2　SPSS 启动页面

在 SPSS 数据编辑窗口中,最上面的菜单栏含有多个菜单,包括"文件""编辑""视图""转换""数据""分析""直销""图形""实用程序""窗口""帮助",每个菜单所提供的功能,简单说明如下。

(1)文件菜单。主要用于打开、新建、保存、打印数据库窗口等功能,如图 3-3 所示。

(2)编辑菜单。主要用于编辑数据文件或者语法文件的内容,主要包括撤销、剪贴、复制、粘贴、插入变量等和其他应用软件类似的操作功能。如图 3-4 所示,插入变量功能即在数据文件中新增变量名称。

(3)数据菜单。主要是对数据文件的修改、整理和审核。如对变量属性的编辑、对文件的合并和拆分、对个案的操作等,如图 3-5 所示。合并文件和拆分文件为反操作,即将两个或多个文件合并、将一个文件拆分为两个或多个文件。

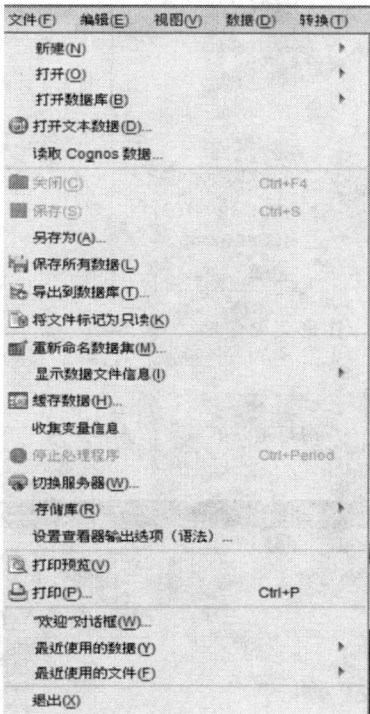

图 3-3　文件菜单　　　　　图 3-4　编辑菜单　　　　　图 3-5　数据菜单

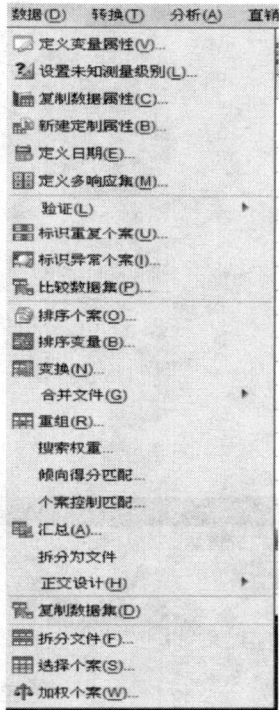

(4)分析菜单。分析菜单是 SPSS 统计分析的核心,主要用于选取不同的统计方法对数据进行分析,如图 3-6 所示。

(5)图形菜单。图形菜单主要用于绘制不同的统计图形,如我们常用的条形图、圆饼图、直方图、序列图等。其应用与 Excel 中的图表类似,如图 3-7 所示。其中,图形构建器是高级版本中的功能,打开后,读者可以自由构建想要表达的图表,变量与横纵坐标随意拖拽组合,达到想要的图表结果。

2.结果输出窗口

结果输出窗口负责接收和管理统计分析的结果,也称为结果视图或者结果浏览器。结果输出窗口左边是输出大纲视图,如图 3-8 所示,可以单击统计过程名称左边的"+"和"-"展开

图 3-6　分析菜单

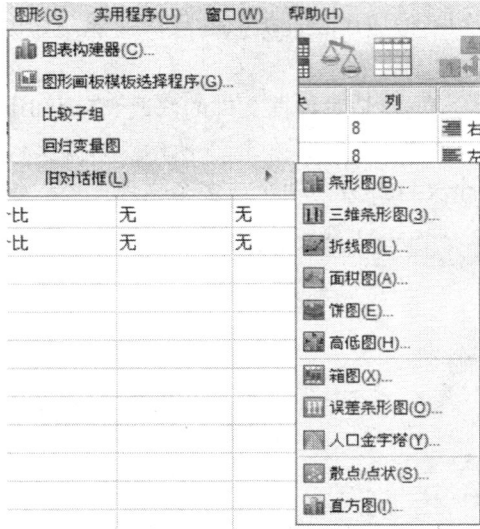

图 3-7　图形菜单

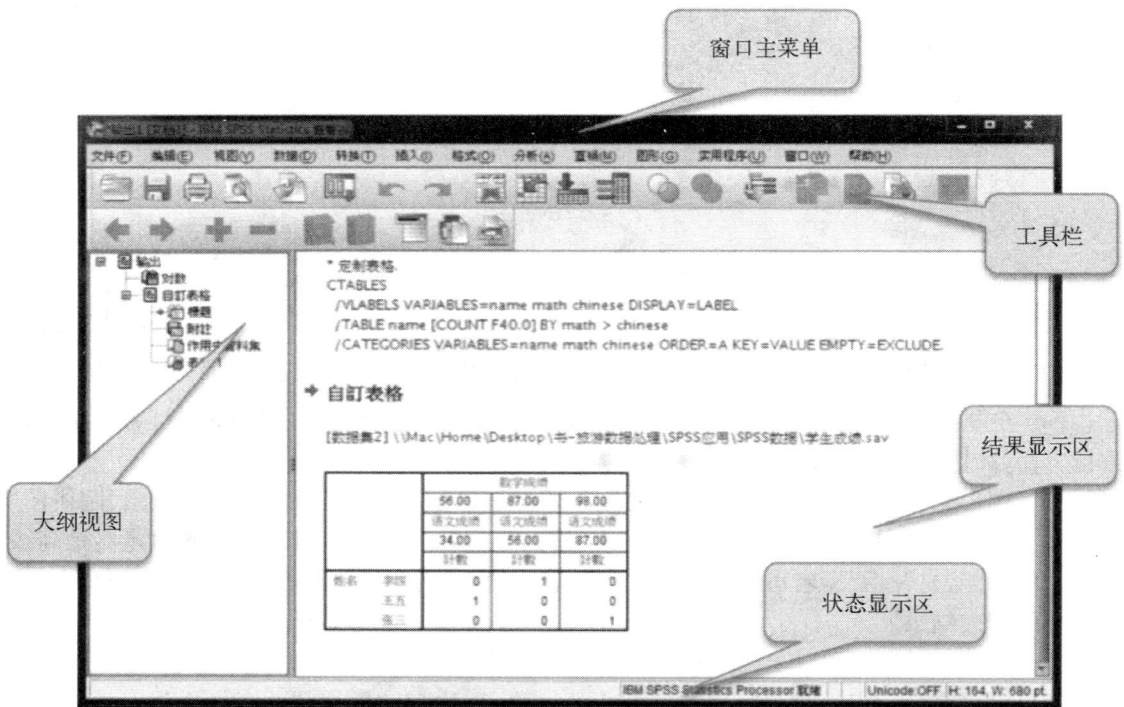

图 3-8　结果输出窗口

或收缩输出大纲,也可以拖动输出内容项目改变位置。右边则显示具体的输出内容,一般通过文字、表格、图形显示统计计算结果。

三、SPSS 基本数据录入

在要对 SPSS 进行基本的数据输入时,要先明白几个基本的概念。下面我们就通过具体的例子来详细介绍这些基本问题。

利用 SPSS 进行数据分析的前提是:数据是矩阵的表达形式。输入数据时我们将利用数据编辑器将待分析的数据输入到 SPSS 中,对应第一部分讲到的内容,变量视图用于定义和修改变量,那变量又是什么呢? 通过下面一张"2016 年来沪入境旅游外国人人数"表格,如表 3 - 1来详细介绍。

表 3 - 1　2016 年来沪入境旅游外国人人数

序　号	国　别	人数(人次)	所占比重(%)	比上年增长(%)
1	日　本	791 411	13.82	3.12
2	韩　国	750 157	13.10	13.08
3	美　国	696 127	12.16	9.39
4	菲律宾	310 218	5.42	1.43

1. 基本概念

在将待分析的数据输入到数据编辑器之前,有必要先定义重要的变量(这里指序号、国别、人数、所占比重、比上年增长)。在定义变量时我们应将数据编辑器切换到变量视图中,点击登记卡"变量视图"即可实现,如图 3 - 9 所示。

图 3 - 9　变量视图结构

在图 3 - 9 中,我们可以看到每个变量有名称、类型、宽度和对齐方式、缺失、值和数据标签等属性。我们通过具体数据例子,依次讲解每个属性代表的意义。

(1) 名称。即变量名,要赋予相应变量的名字。我们在此输入名字:序号、国别、人数、所占比重、比上年增长。如图 3 - 10 所示。

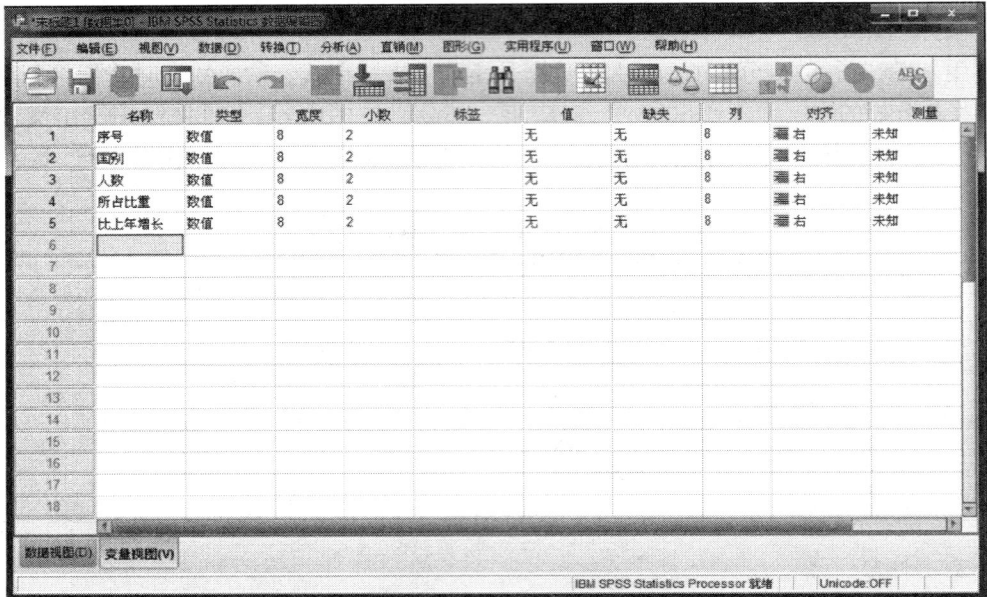

图 3 - 10　输入名称

对变量命名时需注意以下几点:① 变量名称是唯一的(同一文件中不能出现两次);② 变量名可以由字母、数字及一些特殊符号组成,不允许包括空格符。

(2) 变量类型。通过点击"类型"可以打开"变量类型"对话框,在该对话框中,可以对变量的类型进行详细说明,如图 3 - 11 所示,默认值是"数值型",根据不同类型还可以设置变量

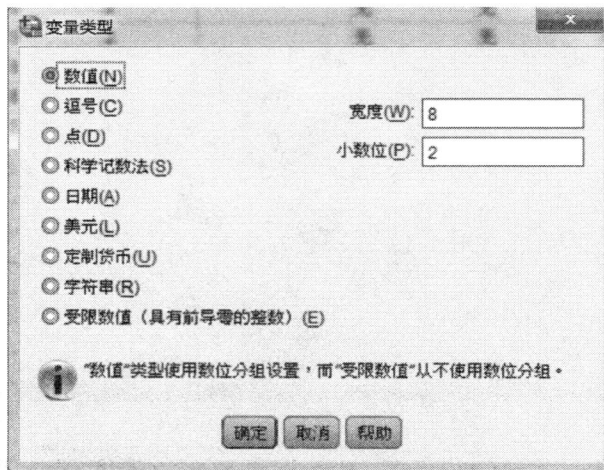

图 3 - 11　变量类型修改

的宽度及小数位数。在属性中,宽度和小数中亦可进行修改。

（3）变量标签。除了以上介绍的名称及类型外,为了描述变量还需要有一个变量标签,大小最多允许256个字符,同时也可包含空格符。可以理解为标签就是对变量名称的解释,如图3-12所示。

图3-12　变量标签描述

（4）值。当一个变量对应多个可重复值,我们就可以为变量中的单个值赋予其标签,即所谓的"值标签"。如,性别:1=男,2=女。和类型一样,值标签也有他自己的对话框,通过点击单元格标签,可以打开相应变量的"值标签"对话框。在本例子中,我们将国别中的每个值设置相应的值标签,如图3-13所示。

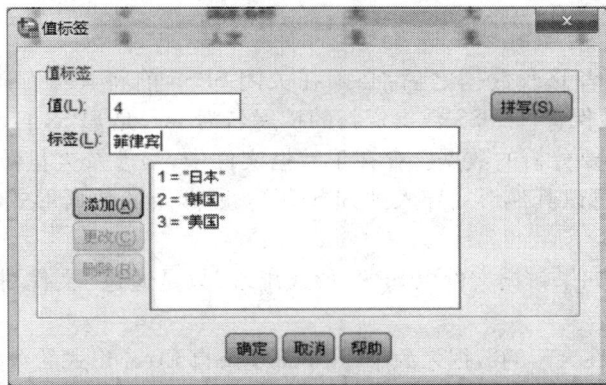

图3-13　添加数值标签

（5）缺失。缺失是在统计分析方法实际运用中经常出现的问题。即在受试者为作出回答时,研究者可自行键入的数据。例如,在涉及的变量值中,如果变量值由于超过了受访者可以回答的范围,或者根本没有给出变量值而形成了缺失值的问题。例如,一个人的体重为 0,那这个值是不正确的,为了避免不正确的值参与到之后的运算中对结果造成影响,用户可以通过"缺省值"通知 SPSS,体重为 0 则意味着缺失,在之后的计算中可以忽略这个值。

（6）测量。测量有三种选项,"度量""名义的""有序的"。为了便于统计分析,使用者可以针对变量测量的尺度,正确定义。一般以数值数据而言,如将测量变量设置为"度量",则变量清单中会以一支标尺来表示;设为"有序的",则会以长条图来表示;设为"名义的",则会以三个饼图来显示。

2. 简单数据录入与已有资料的导入

变量定义完成后,数据就可以直接输入到数据编辑器中了,在此同时,在数据视图中,也会显示出之前已经定义好的变量列,在每个单元格内输入具体内容,如图 3-14 所示。

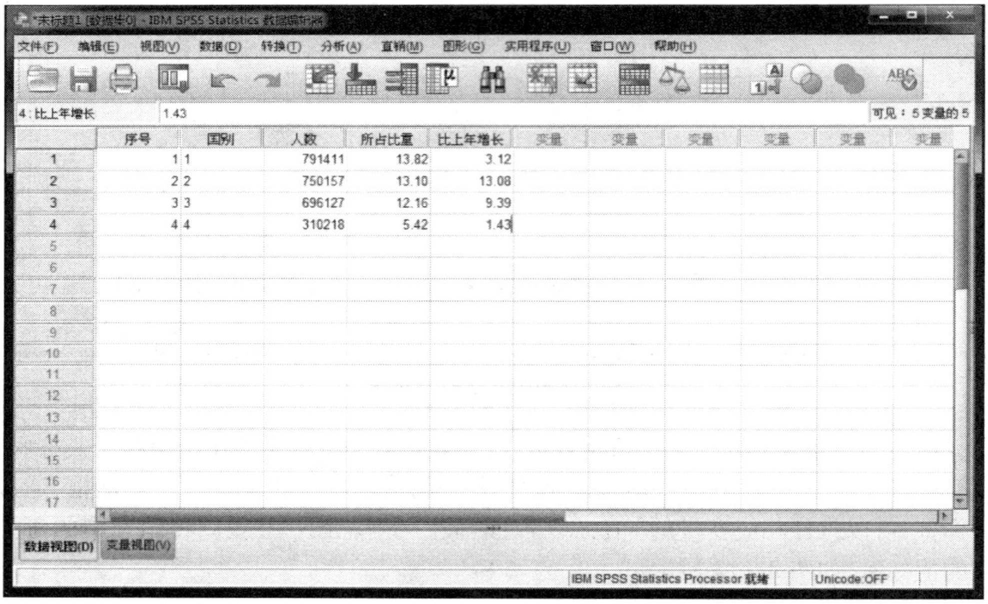

图 3-14　输入数据

数据输入完成,或者修改数据之后,必须在关闭 SPSS 前将其保存。可选择"文件/另存为"或"保存"就可以被保存。SPSS 数据资料的扩展名为.sav,是 SPSS 自动赋予的。

大部分情况下,需要分析的数据已存在于数据文件中,当涉及大量数据时,并不需要重新将其输入到 SPSS 中,可以其他形式导入到 SPSS 中。所涉及的数据形式有:SPSS 形式、Excel形式、数据库表格等。

（1）SPSS 形式。如果数据文件以 SPSS 形式出现,只是通过"文件/打开/数据"就可将数据文件打开。

（2）Excel 形式。在大量的数据来源中,几乎都是来自 Excel 形式的数据输入,如图 3-15 所示,将商品信息全部输入进 Excel 表格中,按照如下步骤,我们就可以将 Excel 形式的数据,引入到 SPSS 中进行计算。

——选择菜单"文件/打开/数据"。

——在对话框中,将文件类型选择为"Excel（*.xls）",如图 3-16 所示。

图 3 - 15　Excel 数据

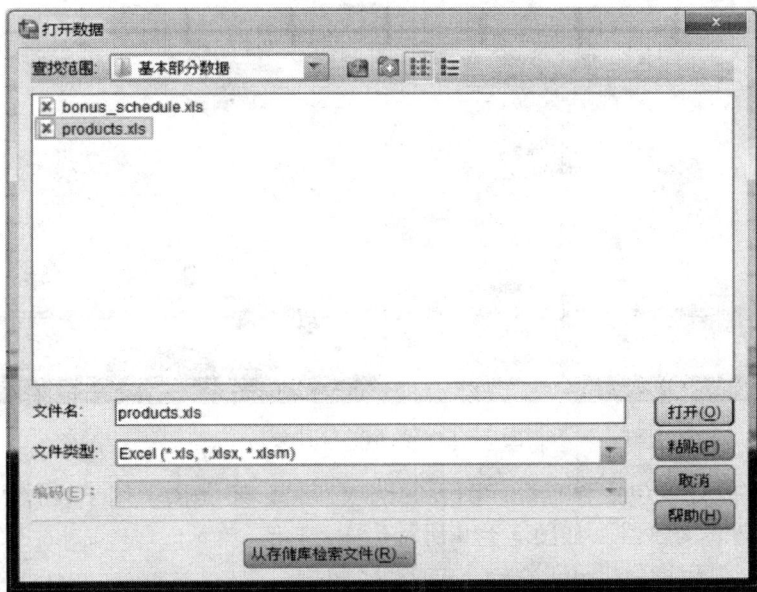

图 3 - 16　打开 Excel 数据

—点击打开。

—在对话框"Excel -数据来源的打开",如图 3 - 17 所示,选择数据在表格中的矩阵范围。

—选中"从第一行数据读取变量名"。

3. 简单的统计与图形分析

在数据编辑器中输入完成数据后,SPSS 提供了各种用于分析的方法,这些方法可以通过菜单"分析"调出,如图 3 - 18 所示。

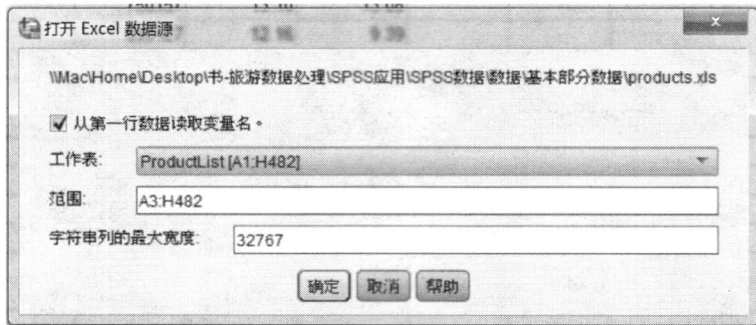

图 3 - 17　修改数据范围

图 3 - 18　数据的统计分析

SPSS 的许多统计量包括含有设计图表的选项,并且,还提供了用于设计表格的菜单"图表",单击菜单"图表构建器",如图 3 - 19 所示。

统计完成后,都会将分析显示在输出结果页面。

第二节　问卷数据录入与编码

问卷简例

在社会调查与市场研究中,绝大多数是采用发放问卷的形式采集原始数据的,之后再对反馈来的问卷数据统计编码。接下来,我们就通过一个具体的旅游问卷调查,详细讲解,如何输入问卷调查数据并且如何分析数据。表 3 - 2 是一位学生设计的关于"游客对低碳旅游认知"的调查问卷(只显示部分),如下表所示。

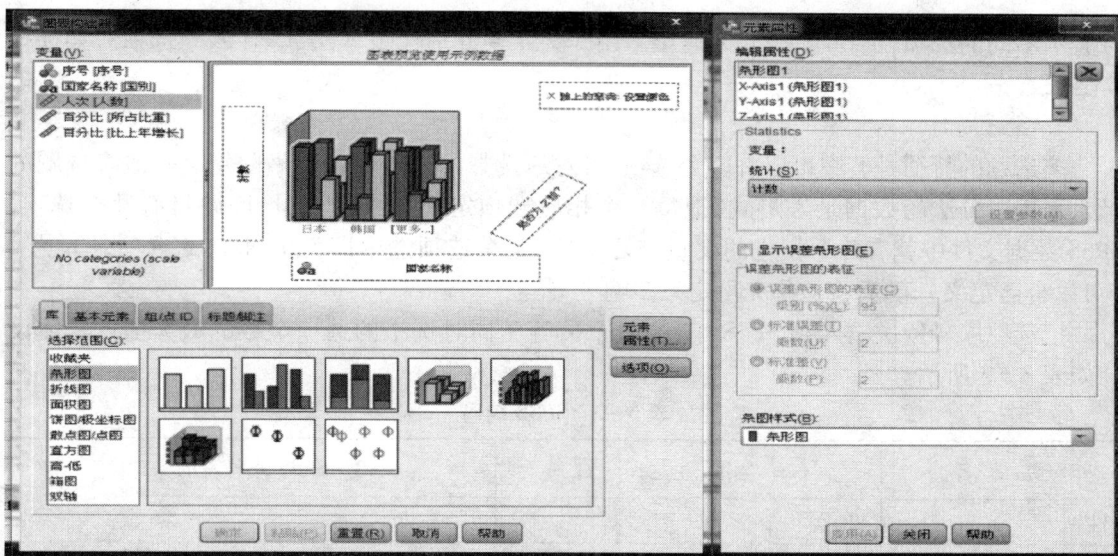

图 3-19 图表构建器

表 3-2 "游客对低碳旅游认知"调查问卷

1. (单选题)您的性别?
   ○ 男
   ○ 女
2. (单选题)您的学历?
   ○ 初中及以下
   ○ 高中及中专
   ○ 大专
   ○ 本科
   ○ 硕士研究生及以上
3. (单选题)您对低碳旅游了解多少?
   ○ 非常了解
   ○ 了解一些
   ○ 完全不了解

4. (多选题)您是通过哪些渠道来了解低碳旅游的?
   □ 报纸、杂志等
   □ 电视、广播等
   □ 亲朋好友
   □ 旅行社
   □ 互联网:微信、微博、QQ 等
5. (单选题)如果有机会,您愿意参加以"低碳生活"为主题的旅游吗?
   ○ 非常愿意
   ○ 可以考虑
   ○ 不愿意
6. (开放题)谈谈您对低碳旅游的认识?
   _____
   _____

一、问卷数据录入

对于一个调查问卷,常用的类型主要有单选、多选和开放性文字题这四种类型。那怎么分辨这四种类型? 每种类型应采取怎么的录入格式呢? 我们接下来一一介绍。

在这个调查问卷中,出现了单选和多选的设定,针对表 3-2,一份抽样的调查问卷就叫作一个个案,我们先将此表的结构变量输入到 SPSS 中。

1. 数值型录入

数值型一般要求被调查者填入相应的数值,或者打分。录入人员只需输入被调查者实际填入的数值即可。

2. 单选题目录入

单选题目特征是答案只能有一个选项。所以在 SPSS 编码中,只需设定一个变量,数字符号表示不同的选项,选择唯一;录入时可采用 1、2、3、4 分别代表 A、B、C、D 四个选项。如选择 C 则录入 3。

3. 多选题目录入

多选题的特征是答案可以有多个选项,可对所选择的选项数目不做限定。一般多选题的录入采用二分法的数据录入形式,把每一个相应选项定义为一个变量,即题目有几个选项,SPSS 数据文件中就有几个相应的变量与之对应,某个选项选中即为 1,未选的选项录入为 0(可以自己定义),随后将这些变量定义多响应集。

把选项序号依次输入到 SPSS 中,变量个数等于同时选中的选项个数的最大值。具体设计如表 3-3 所示。

表 3-3　SPSS 编码

变 量 名	实际值表示		SPSS 编码表示
性别	男、女		男 = 1;女 = 2
学历	初中、高中及中专、大专、本科、硕士及以上		初中 = 1;高中及中专 = 2;大专 = 3;本科 = 4;硕士及以上 = 5
对低碳旅游了解多少	非常了解、了解一些、完全不了解		非常了解 = 1,了解一些 = 2,完全不了解 = 3
通过哪种渠道来了解低碳旅行		1. 报纸、杂志	是 = 1;否 = 0
		2. 电视、广播	是 = 1;否 = 0
		3. 亲朋好友	是 = 1;否 = 0
		4. 旅行社	是 = 1;否 = 0
		5. 互联网:微信、微博、QQ	是 = 1;否 = 0

4. 开放性文字题

开放性文字题一般都放在问卷的末尾,需要被调查者自己填写一些文字表述的观点或建议。对于开放性文字题,如果可以的话,可将文字进行总结归类,对这类答案做出定性分析,总结出少部分描述。

根据表 3-3,在 SPSS 中新建一张数据表,输入调查问卷中的所有变量,如图 3-20 所示:

Q1	数值	8	0	您的性别	{1, 男}...	无	8
Q2	数值	8	0	您现在所处的年龄阶段	{1, 18岁以...	无	8
Q3	数值	8	0	您的学历	{1, 初中及以...	无	8
Q4	数值	8	0	您的职业	{1, 公务员}...	无	8
Q5	数值	8	0	您目前的月收入	{1, 3000元...	无	8
Q6	数值	8	0	您对低碳旅游了解多少?	{1, 非常了解...	无	8
Q7_选项1	数值	8	0	您是通过哪些渠道来了解低碳旅游的?(报纸、杂志等)	{0, 未选中}...	无	8
Q7_选项2	数值	8	0	您是通过哪些渠道来了解低碳旅游的?(电视、广播等)	{0, 未选中}...	无	8
Q7_选项3	数值	8	0	您是通过哪些渠道来了解低碳旅游的?(亲朋好友)	{0, 未选中}...	无	8
Q7_选项4	数值	8	0	您是通过哪些渠道来了解低碳旅游的?(旅行社)	{0, 未选中}...	无	8
Q7_选项5	数值	8	0	您是通过哪些渠道来了解低碳旅游的?(互联网:微信、...	{0, 未选中}...	无	8
Q8	数值	8	0	如果有机会,您愿意参加以"低碳生活"为主题的旅游吗?	{1, 非常愿意...	无	8
Q9	数值	8	0	您有和其他人一起讨论过低碳旅游的问题吗?	{1, 经常}...	无	8
Q10_选项1	数值	8	0	您认为低碳旅游有哪些特点?(绿色健康)	{0, 未选中}...	无	8
Q10_选项2	数值	8	0	您认为低碳旅游有哪些特点?(节能环保)	{0, 未选中}...	无	8
Q10_选项3	数值	8	0	您认为低碳旅游有哪些特点?(时尚指标)	{0, 未选中}...	无	8

图 3-20　问卷调查变量定义

　　问卷调查变量定义完成后,就可将数据输入至数据视图中了,至此,我们已经完成了问卷调查的数据输入。

　　通过以上讲解,我们已经清楚如何将问卷调查结果通过编码输入到 SPSS 中。表 3 - 4 是一位学生设计的关于"网络媒体对大学生旅游消费影响"的调查问卷,我们就运用以上知识,对此调查问卷进行编码,请同学自行思考,问卷题目如表 3 - 4 所示。

表 3 - 4　网络媒体对大学生旅游消费的影响调查问卷

1. (单选题)您的性别。
   ○ 男
   ○ 女
2. (单选题)您的年级。
   ○ 大一
   ○ 大二
   ○ 大三
   ○ 大四及以上
3. (单选题)您一年内年平均出游几次?
   ○ 0 次
   ○ 1~4 次
   ○ 5 次及以上
4. (多选题)您是通过哪些网络端口搜索旅游信息的?
   □ 专业性门户网站 &APP(如携程,飞猪)
   □ 旅行社门户网站
   □ 社交媒体平台(微博,微信公众号等)
   □ 政府旅游网站
   □ 其他_____
5. (多选题)信息搜索时,您喜欢从哪些途径获取信息?
   ○ 图片 & 摄影作品
   ○ 电子地图,路线图
   ○ 个人旅行攻略
   ○ 相关目的地热点推荐
   ○ 网上评论
   ○ 其他_____

6. (多选题)使用网络信息搜索时,您会关注旅游目的地的哪些内容?
   □ 消费水平
   □ 风土人情
   □ 天气状况
   □ 饮食特色
   □ 交通信息
   □ 住宿情况
   □ 特产介绍
   □ 景点介绍
   □ 购物点分布
   □ 其他_____
7. (开放题)您对于网络媒体在旅游出行方面未来希望有哪些改进?
   _____
   _____

二、定义多响应集

　　在分析多选题之前,我们需要先对多选题进行定义,这样 SPSS 才能够正确识别多选题,并进行相应的分析操作。在 SPSS 中,多选题也称为多重响应集。具体定义步骤如下。

　　(1)单击"分析"选择"多重响应"→"定义变量集",弹出对话框。

　　(2)选择"您是通过哪些渠道了解低碳旅游的"题的全部选项,到右侧的"集合中的变量"框中,这些题目答案均是 0 或 1。

　　(3)"变量编码"选择二分法,"计数值"数据 0 或 1,SPSS 就会统计 0 或 1 的个数。

　　(4)"类别标签"选择变量标签,"集合名称"和"集合标签"分别为多选题的变量名称和标签,设置如图 3 - 21 所示。

　　(5)点击"添加",如"多重响应集合"中出现"了解渠道统计"时,说明多选题定义完成。

　　多重响应集定义完成后,即可对多选题中每一个选项的频率进行分析,具体多选题频率分析步骤,将在"描述性分析"——"频率分析"中介绍。

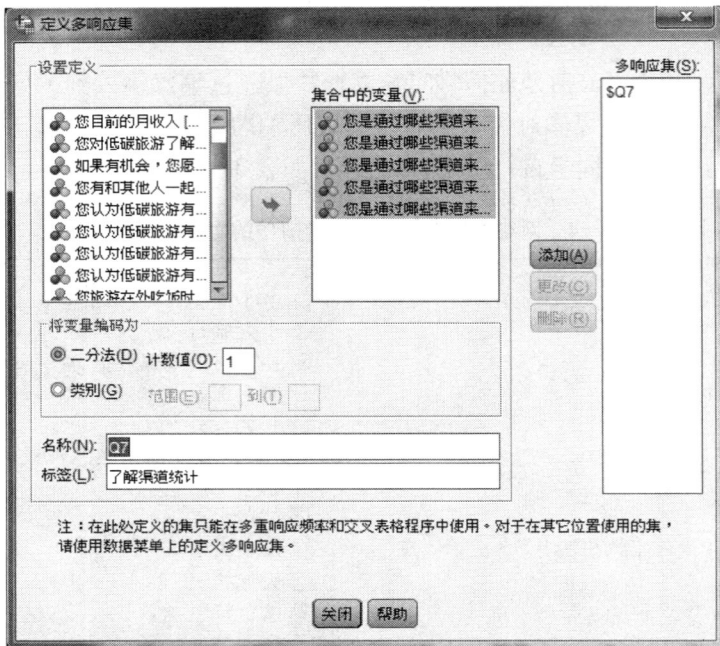

图 3 - 21　定义多响应集

第三节　问卷数据的预处理

我们工作中遇到的数据常常都是杂乱无章、残缺不全的,因此,在开始数据分析之前,一定要将数据处理得干干净净,这样我们后续的数据分析工作才会井井有条,起到事半功倍的效果。这就是数据的预处理阶段,它包括两个步骤,数据的清洗以及加工。

数据清洗:即数据的筛选,清除多余重复的数据,补充完整缺失的数据,纠正或删除错误的数据。

数据加工:经过清洗后的数据并不一定是我们想要的数据,例如身份证号码,我们只想要提取出里面的出生年月,所以,还要对数据字段进行信息提取、计算、分组、转换等加工,让它变成我们想要的数据。

一、数据清洗

当我们将问卷数据输入好之后,要检查是否存在重复及错误数据,即进行数据预处理中的数据清洗步骤,就是将重复的或错误的进行纠正或删除,最常用的数据清洗操作为删除重复数据。操作步骤如下:

(1) 打开我们之前输入好的或导入的数据文件“游客对低碳旅游的认知.sav”,观察里面的数据是否存在重复,若重复,则删除。单击“数据”,选择“标识重复个案”,弹出“标识重复个案”对话框,如图 3 - 22 所示。

(2) 在“标识重复个案”对话框中,将所有变量都放入“定义匹配个案的依据”中,这时就生成了一个重复记录标识变量,可设置列名称“检查是否重复”,如图 3 - 23 所示,0 代表是重

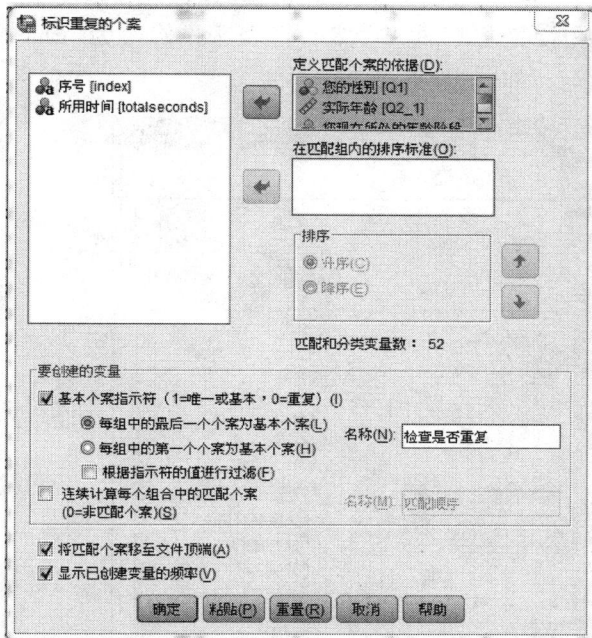

图 3 - 22　选择要标识的重复个案

图 3 - 23　检查是否重复结果

复个案,1 代表无重复或唯一一个个案。通过这两步,就可将重复个案检查出来,0 或 1 在"检查是否重复"列中显示。

（3）选中"检查是否重复"变量,单击鼠标右键,选择"升序排列",这时就将变量值为 0 的记录排在前面了,随后,删除变量为 0 的重复个案即可。

由图 3 - 23 可知,此调查数据中,并无重复部分,都是唯一个案,数据良好。若存在重复个案,则删除这一个案即可。

二、数据加工

问卷得到的数据,有些字段可能不满足我们的数据分析需求,或者想要抽取这些字段的某一部分来分析,所以需要对现有字段进行抽取、计算或者转换,形成我们分析所需的一列新数据字段,这个过程就是数据加工,包括了数据抽取、随机抽样、数据合并以及数据分组。

1. 数据抽取

数据抽取,也称为数据拆分,是指保留、抽取原数据表中某些字段、记录的部分信息,形成一个新字段、新记录。在 SPSS 中,抽取字段所使用的是 Substr( ) 函数,接下来,我们就通过具体例题讲解操作。

Substr(字符串,提取的起始位置,提取的字符个数)

以前面导入的"游客对低碳旅游的认知.sav"文件为例,我们要将 index 字段的后三位抽取出来,这样可便捷地唯一标识问卷者,步骤如下:

（1）打开"游客对低碳旅游的认知.sav"文件,点击"转换"菜单,选择"计算变量",弹出"计算变量"对话框。

（2）在"计算变量"对话框中,在"函数组"中选择"字符串"类,在下框"函数和特殊变量"框中双击"Char.Substr(3)"函数就被移入"数字表达式"框中,然后将表达式修改为"Char.SUBSTR(index,5,3)",这样就完成了公式的编写,如图3-24所示。

图3-24　选择提取的字符

（3）在"目标变量"框中,输入变量名称"唯一标识",并在"类型与标签"功能中设置类型为"字符串",单击"确定"按钮,如图3-25所示,在数据文件中就新增了一个"唯一标识"变量。抽取结果如图3-26所示。

在图3-24中,填写Substr变量时,5表示从第5位开始,3表示提取3位数。在图3-26中,将index提取3位,结果通过3位数字唯一标识每一位问卷调查者。

2.随机抽样

在对调查问卷数据统计分析之前,常因统计分析所需,将原始的数据文件加以进一步的操作,如选定某一些观察值,而非整体,并对这些数据进行转换等。

随机抽样,是按照随机的原则,也就是保证总体中每个单位都有同等机会被抽中。随机抽样方法主要有简单随机抽样、分层抽样、系统抽样等。我们主要介绍随机抽样方法。

以上一节的调查问卷为例,我们要统计分析性别为"男"的问卷者对低碳旅游认知情况。那我们就要挑选出性别为男,即"性别=1"的受试者,步骤如下:

（1）执行工具栏"数据"→"选择个案",进入"选择个案"对话框,选取"如果条件满足"选项,如图3-27所示。点击"如果"按钮,其功能相当于Excel操作中的if函数,弹出对话框。在设定if条件时,还可将对话框下面出现的算术运算符和逻辑运算符结合起来使用,使得条件更加完整,筛选及选择更加具体,相当于Excel中的多重if函数。

图 3 - 25　将类型设置为字符串

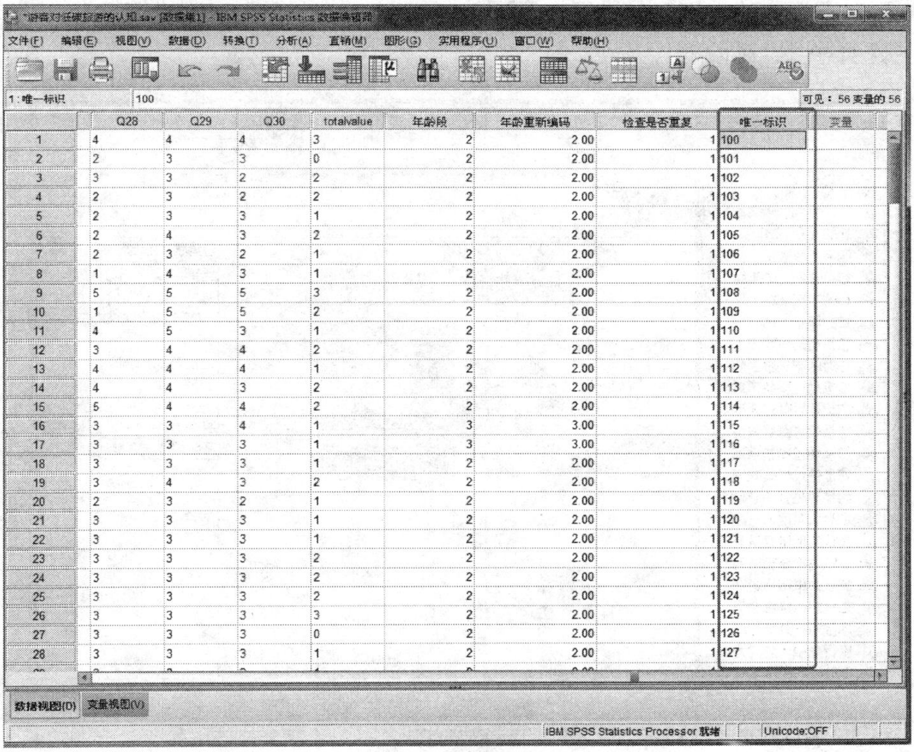

图 3 - 26　提取结果

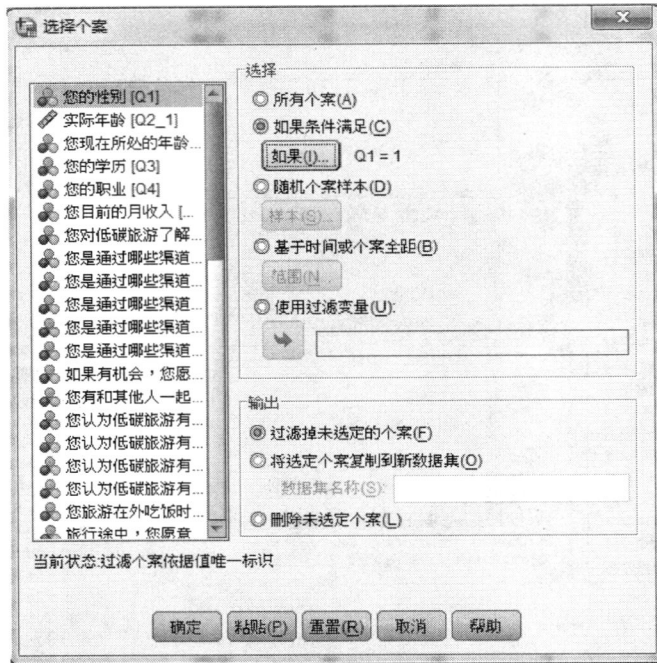

图 3-27　选择如果结构

（2）进入"选择个案-If"对话框,在左边的变量清单中选取目标变量"您的性别"到右上方的方框中,再对方框中的性别变量进行设置,即设置"Q1=1"的条件,点击"继续",如图 3-28 所示。回到"选择个案"对话框。

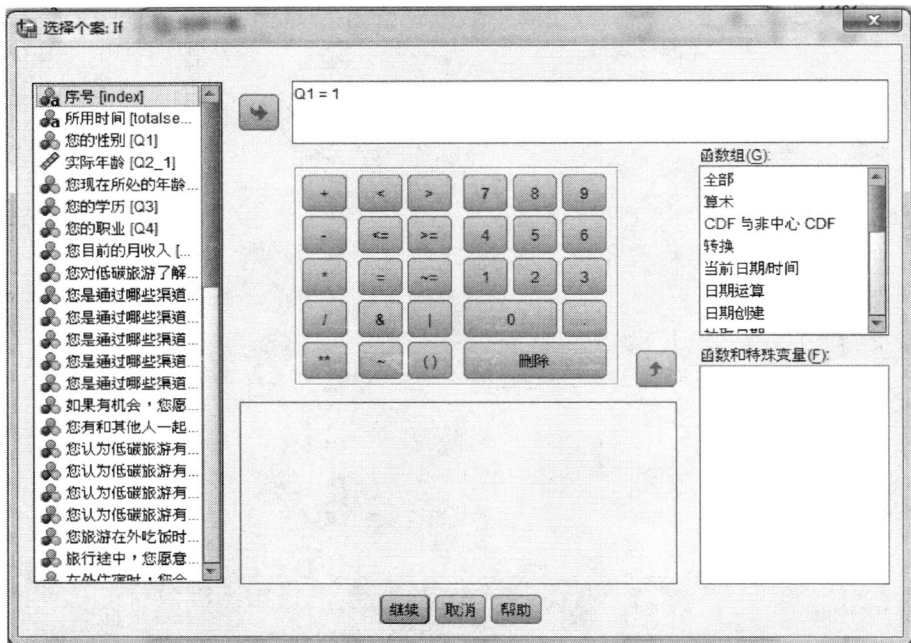

图 3-28　填写条件

（3）当选定完成后,所有不符合条件的数据前面会被加上一条"\",表示此条数据已暂停使用,不会被纳入统计范围,如图3-29所示。

图3-29　选择结果

（4）从图3-27右下角我们可看到三种输出选项。

其一"过滤掉未选定的个案":此选项是默认选中的,点击确定,即可出现第二步我们描述的现象。如果想将其还原,则只需在"选择个案"对话框中,重新选中"所有个案"即可。

其二"将选定个案复制到新数据集":此选项会将按条件选定好的数据集存储到一个新的数据文件中,而原先的数据文件则不会发生变化。勾选时,要在其下的方框中,输入新的数据文件的文件名。

其三"删除未选定个案":此选项会把未符合条件的个案从原文件中删除,直接修改原文件,需谨慎操作。

（5）由图3-27我们可以看到,在"选择"选项框中,我们还可以选择"随机个案样本""基于时间或个案全距"及"使用过滤变量"来设定过滤条件。

一是"随机个案样本":在"选择"框中点击"随机个案样本",并按下"样本"键,我们即进入"选择个案,随机样本"对话框,如图3-30所示。

二是"大约":在空格处输入数值,表示从数

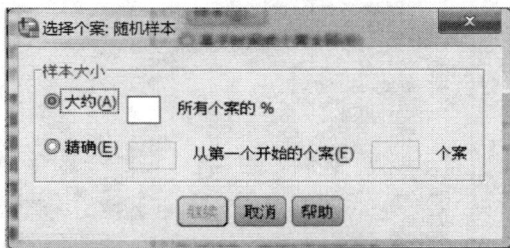

图3-30　随机样本对话框

据文件中随机抽取该百分比的比率的观察值。当我们输入 20,则程序会随机抽取 20% 的数据用于统计分析,并将选中的这些数据存入新的文件中。

三是"精确":表示可以从某一个特定的范围随机抽取数据,我们只需设定好终点和选取个数即可。

四是"基于时间或个案全距":在此选项中,统计者可以明确规定选取数据的范围。

3. 问卷数据编码

问卷数据的编码,一般是对数据的一个初始操作,这里我们来讲数据分组,根据分析目的将数值型数据进行等距或非等距分组,也称作数据的离散化,一般用来查看某一变量的分布情况。在分组中我们讲讲可视分箱与重新编码。

(1)可视分箱。可视分箱是 SPSS 中专门用来进行数据分组的操作,我们还是以上节完成的"游客对低碳旅游的认知.sav"为例,统计用户所处年龄段的分布特征。操作步骤如下。

步骤 1 打开数据文件,单击"转换"菜单,选择"可视分箱化",弹出"可视分箱化"对话框,将"您所处的年龄段"变量移至"要分箱的变量"框中,单击继续,如图 3-31 所示。

步骤 2 在弹出的"可视分箱化"第二步对话框中,在"分箱化变量"中输入"年龄段",如图 3-32 所示,单击"生成分割点"按钮,弹出

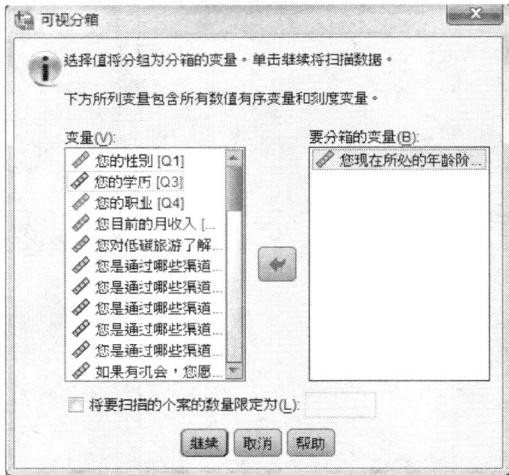

图 3-31 可视分箱选择变量

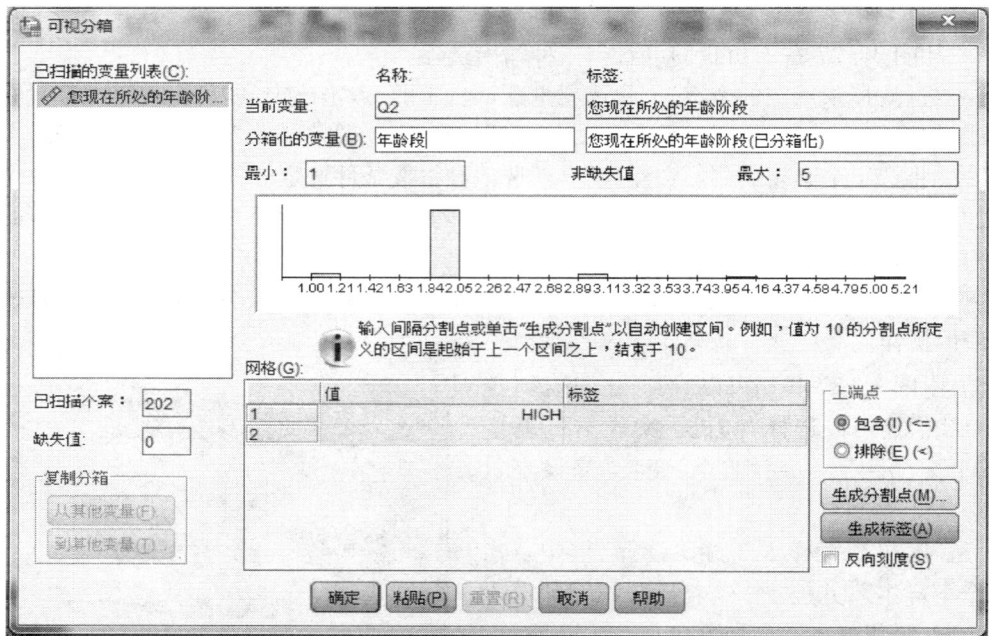

图 3-32 分箱变量填写

"生成分割点"对话框,如图3-33所示。在"第一个分割点的位置"栏中输入"1","分隔点数量"即为分成几组,输入"5";"宽度"即为组距,设置为"1",单击"应用",如图3-34所示。

步骤3　返回"数据视图"中,我们可以看到会增加一列"年龄段"变量,如图3-35所示,每个单元格的数值表示当前年龄在哪一个分箱中。

在图3-34中可以发现,年龄段一般集中在"2",即"18~25岁"之间,可对照图3-35显示。在做可视分箱时,一定要根据自己的实际变量区域来确定分隔的宽度以及分隔点的数量。请思考,如果此项问卷调查中,直接填写问卷者年龄大小,则可视分箱如何完成呢?

(2)重新编码。以上分组我们介绍的为等距分组,对于不等距分组,我们可以将其重新编码为不同的变量。重新编码可以把一个变量的数值按照指定要求赋予新的数值,也可以把连续变量重新编码成离散变量。例如,此问卷调查中是将年龄分段填写的,如果某问卷调查是直接填写问卷者的年龄大小,因为年龄选项实在太多,不好统计,因此我们可通过重新编码,将实际年龄大小分段统计。

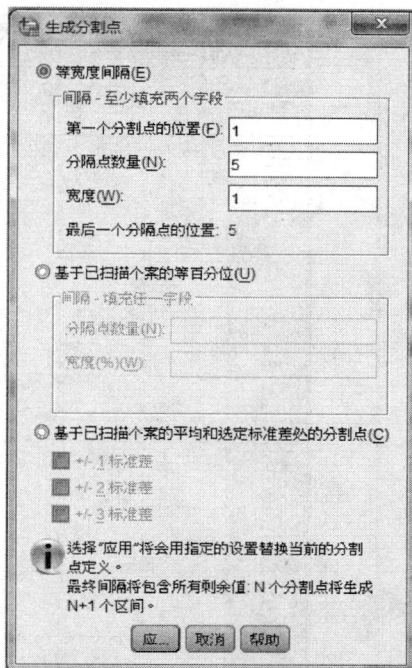

图3-33　等宽分箱分隔位置填写

打开数据文件,单击"转换"菜单,选择"重新编码为不同变量",弹出对话框,将"实际年龄"变量移至"输入变量→输出变量"框中,在右边的"输出变量"的"名称"栏中输入"年龄重新编码",如图3-36所示。

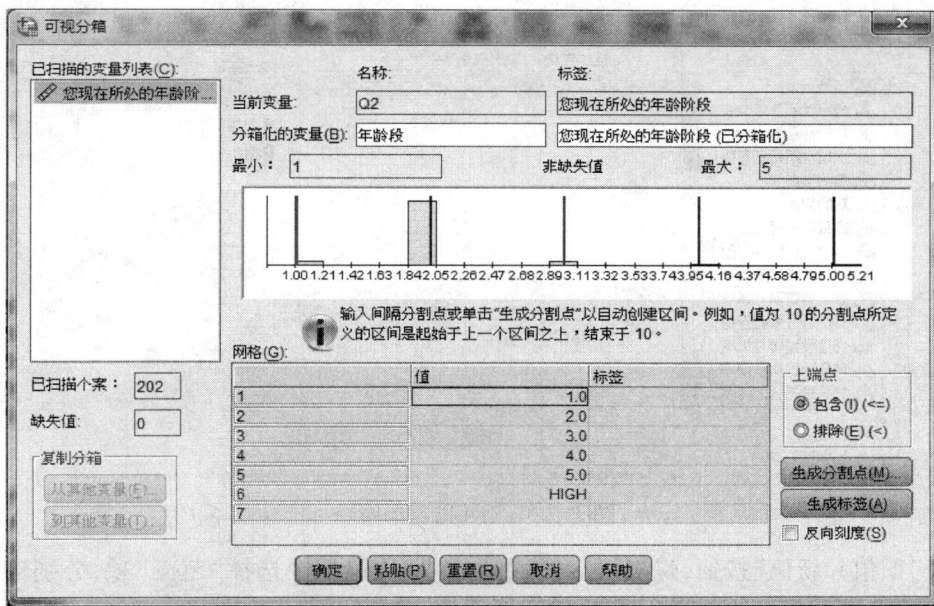

图3-34　可视分箱结果显示

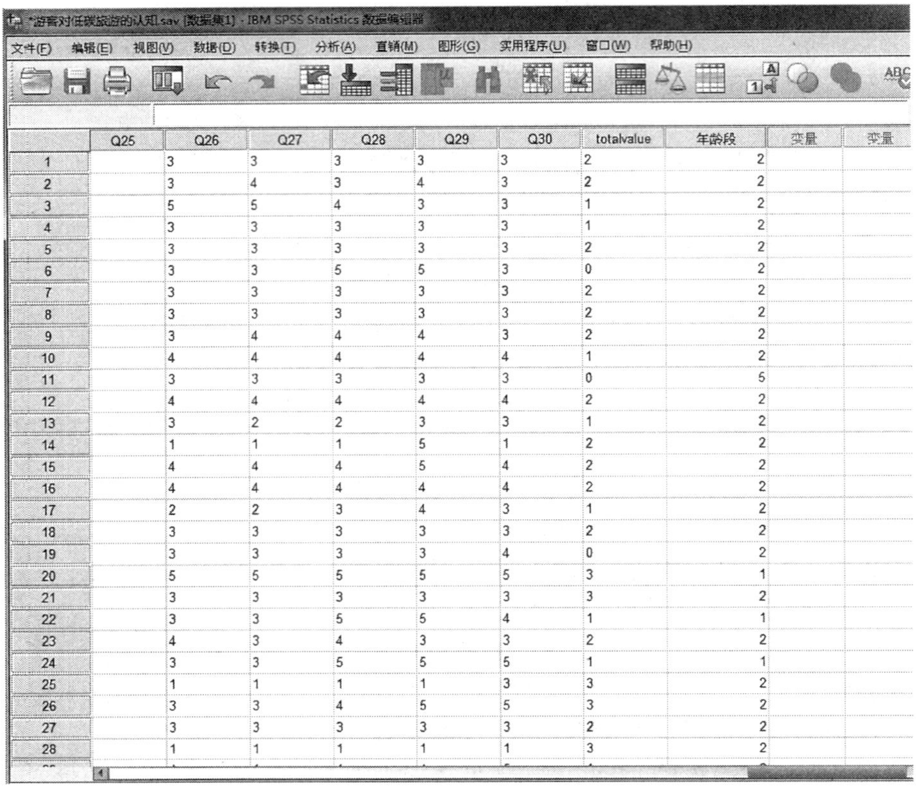

	Q25	Q26	Q27	Q28	Q29	Q30	totalvalue	年龄段	变量	变量
1		3	3	3	3	3	2	2		
2		3	4	3	4	3	2	2		
3		5	5	4	3	3	1	2		
4		3	3	3	3	3	1	2		
5		3	3	3	3	3	2	2		
6		3	3	5	5	3	0	2		
7		3	3	3	3	3	2	2		
8		3	3	3	3	3	2	2		
9		3	4	4	4	3	2	2		
10		4	4	4	4	4	1	2		
11		3	3	3	3	3	0	5		
12		4	4	4	4	4	2	2		
13		3	2	2	3	3	1	2		
14		1	1	1	5	1	2	2		
15		4	4	4	5	4	2	2		
16		4	4	4	4	4	2	2		
17		2	2	3	4	3	1	2		
18		3	3	3	3	3	2	2		
19		3	3	3	3	4	0	2		
20		5	5	5	5	5	3	1		
21		3	3	3	3	3	3	2		
22		3	3	5	5	4	1	1		
23		4	3	4	3	3	2	2		
24		3	3	5	5	5	1	1		
25		1	1	1	1	3	3	2		
26		3	3	4	5	5	3	2		
27		3	3	3	3	3	2	2		
28		1	1	1	1	1	3	2		

图 3-35 可视分箱结果

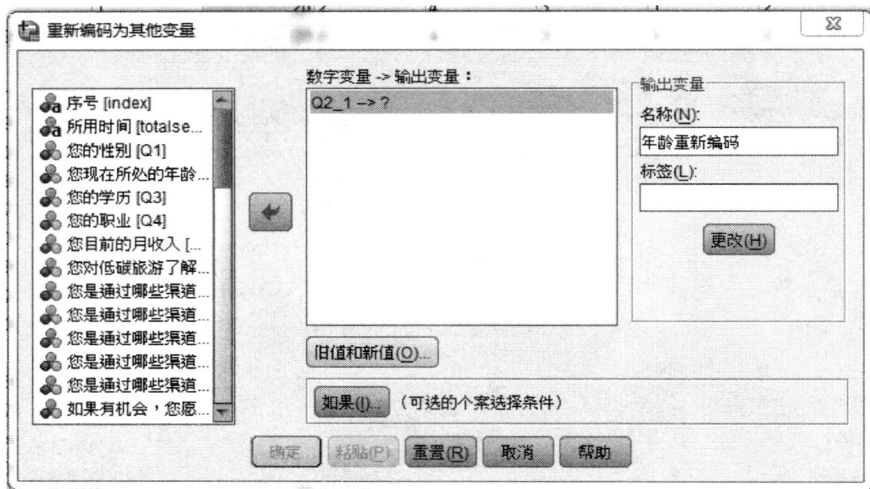

图 3-36 对年龄重新编码

单击“旧值和新值”按钮，弹出对话框，在左边“旧值”框中选择“范围”项，分别输入每个分组范围的临界值，相应地在右边栏中输入新值，并单击“添加”，如图 3-37 所示。

单击“确定”按钮，使刚才的对应关系生效，则重新编码完成，如图 3-38 所示。

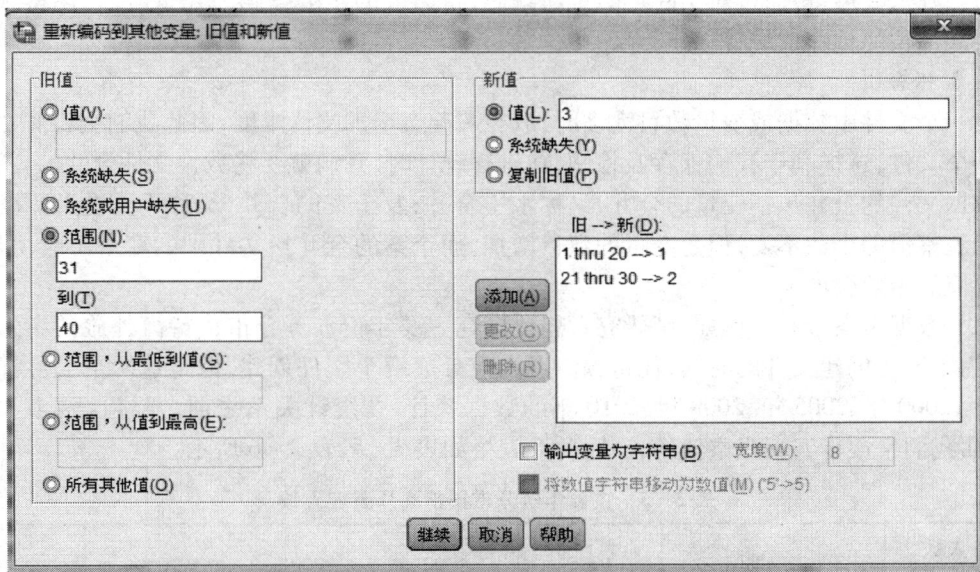

图 3 - 37　定义编码新值旧值

图 3 - 38　重新编码结果

由图 3-38 可得,通过对实际年龄重新编码,将离散的年龄编码为几个阶段,使得统计者能够更简洁快速地完成统计工作。

4. 数据合并

当一个文件中数据或变量数目太多时,放在一起会增加阅读难度,因此我们会将此文件分成若干个文件,这样利于我们保存及检阅,在进行统计时,我们就要将数据文件合并。

数据文件的合并包括变量的合并,又称水平合并;及个案的合并,又称垂直合并。变量的合并指观察值的个数不变,但是变量的数目增加,而个案的合并指文件中的变量不会增加,但是观察值的个数会增加。

(1)数据个案合并。例如,某研究者想要探究主要年份江苏分市接待海外旅游者人数的关系,为了节省创建文件的时间,他将旅游者人数分成两个文件创建,但是这两个文件都是对 1995 年、2000 年、2005 年、2009 年、2010 年的数据统计,在统计关系之前,要将这两个文件合并,下面我们来逐步实现观察值的合并,两个表格如表 3-5、表 3-6 所示。

表 3-5　主要年份分市接待海外游客人数

接待人数（人次）	说　明	1995	2000	2005	2009	2010
南京市	Nanjing City	231 704	419 006	876 279	1 134 515	1 308 791
无锡市	Wuxi City	150 553	283 739	616 786	629 500	791 592
徐州市	Xuzhou City	4 988	17 825	73 010	139 147	158 277
常州市	Changzhou City	19 474	33 067	181 966	305 581	359 067
苏州市	Suzhou City	245 700	566 672	1 185 892	1 695 126	2 075 299
南通市	Nantong City	29 556	58 257	151 305	299 866	355 133
连云港市	Lianyungang City	4 488	11 518	53 758	100 076	116 663

表 3-6　主要年份分市接待海外游客人数

接待人数	说　明	1995	2000	2005	2009	2010
淮安市	Huaian City	2 513	6 307	21 634	26 264	28 313
盐城市	Yancheng City	3 017	10 903	40 710	54 938	62 100
扬州市	Yangzhou City	38 177	85 477	238 649	500 251	560 113
镇江市	Zhenjiang City	37 522	104 906	306 482	588 935	613 277
泰州市	Taizhou City	0	9 082	29 249	68 151	79 016
宿迁市	Suqian City	0	2 680	7 303	25 907	27 857

在 SPSS 中,第一张表的文件名为:江苏省接待海外游客人数-1.sav,如表 3-5 所示;第二张表的文件名为:江苏省接待海外游客人数-2.sav,如表 3-6 所示。完成这两张数据表之后,个案合并的操作如下。

一是同时打开这两个数据文件,执行工具栏中的"数据"菜单→"合并文件"→"添加个案",如图 3-39 所示。

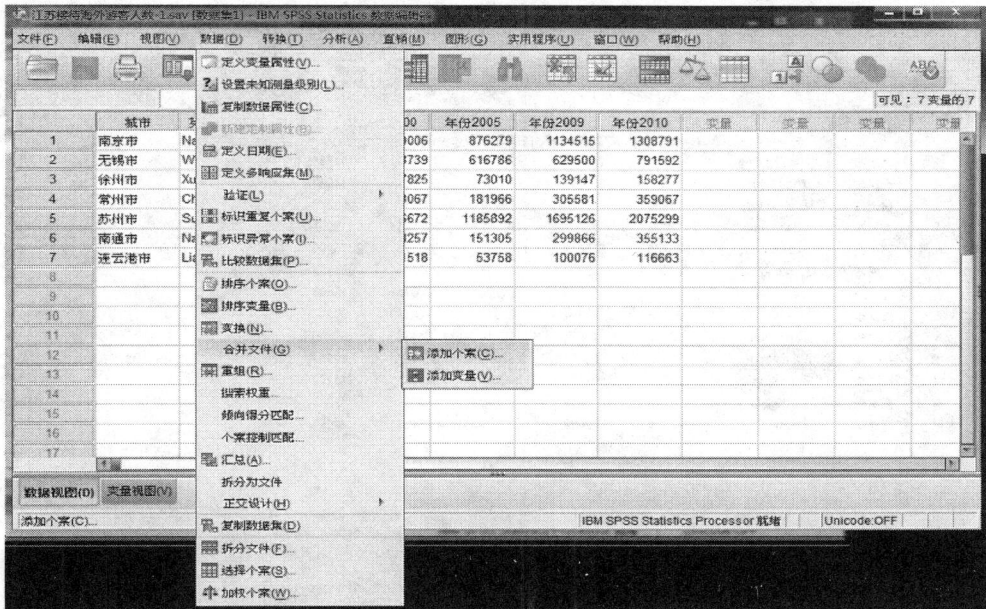

图 3 - 39　添加个案第一步

　　二是弹出"将个案添加到江苏省接待海外游客人数-1.sav"对话框,勾选"打开的数据集",选择"江苏省接待海外游客人数-2.sav",点击继续,如图 3 - 40 所示。如果要合并的文件没有打开,则要选取"外部 SPSS Statistics 数据文件",通过地址找到要合并的另一份数据文件。

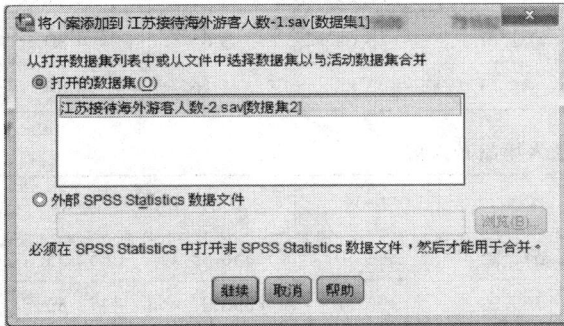

图 3 - 40　添加个案第二步

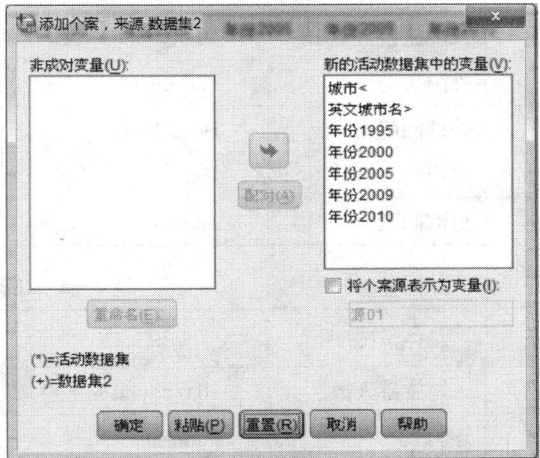

图 3 - 41　添加个案第三步

　　三是弹出"添加个案,来源数据集 2"对话框,左边框中为"非成对变量"或者是我们不想合并的变量,如不想将某项合并,则可以在右框中选择,点击箭头即可。如图 3 - 41 所示,完成后点击"确定"。个案合并成功。如图 3 - 42 所示。

　　(2)数据变量的合并。变量的合并是水平合并,关键值相同,合并不同的变量。例如:

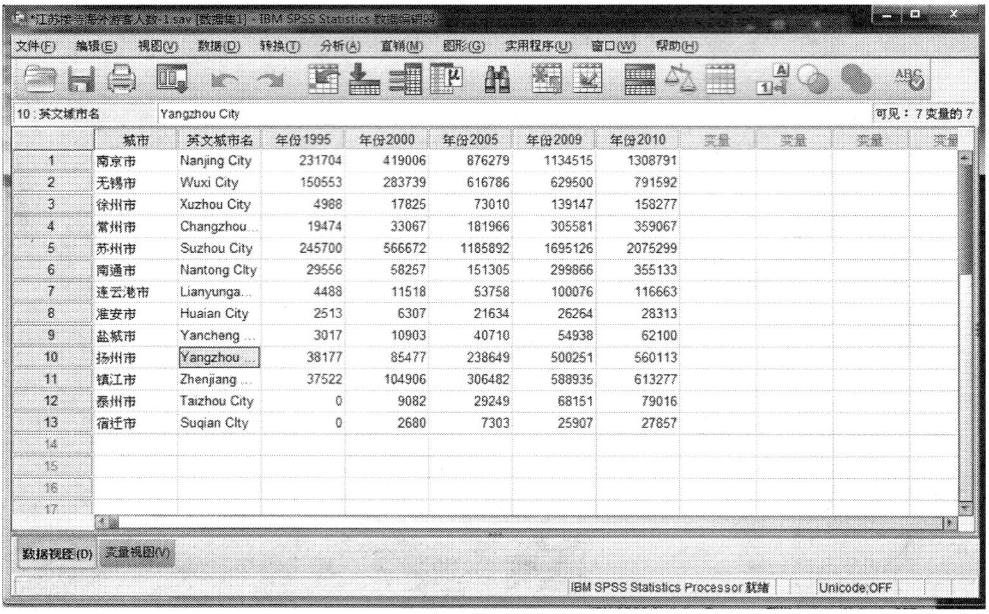

图 3-42　添加个案合并成功

以下两张表代表"江苏省每年旅游业整体发展情况",从 2000 年到 2010 年的具体数据,如表 3-7 及表 3-8 所示。统计时,将两表合并,步骤如下。

表 3-7　江苏省入境旅游人数

总体情况	说　明	2000	2004	2005	2006
入境旅游人数	10 000 person	160.94	306.57	378.30	445.19
外国人	Foreigner	98.15	214.24	262.15	314.89
香港同胞	Hong Kong	24.89	35.39	41.34	47.41
澳门同胞	Macao	2.17	3.09	3.65	4.30
台湾同胞	Taiwan	35.73	53.85	71.16	78.59

表 3-8　江苏省入境旅游人数

总体情况	说　明	2007	2008	2009	2010
入境旅游人数	10 000 person	512.55	544.30	556.83	653.55
外国人	Foreigner	369.20	396.11	396.07	473.50
香港同胞	Hong Kong	48.91	49.75	54.04	56.96
澳门同胞	Macao	5.02	5.47	7.04	7.17
台湾同胞	Taiwan	89.42	92.97	99.68	115.92

步骤 1　打开数据文件"江苏省旅游业入境人数-1",执行"数据"→"合并文件"→"添加变量",如图 3-43 所示。

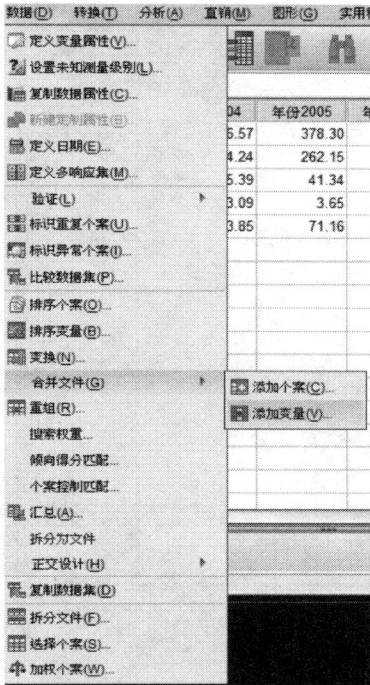

图 3－43　变量合并第一步　　　　　　　　图 3－44　变量合并第二步

　　步骤 2　弹出"将变量添加到江苏省旅游业入境人数"对话框,点击"浏览",找到要合并的数据文件,点击"继续",如图 3－44 所示。

　　步骤 3　弹出对话框,左边方框中的变量为"已排除的变量",即两个文件中相同的变量;右边即为"新的活动数据集",即合并后所有的变量名称。无误后,点击确定即可,如图 3－45所示。完成表如图 3－46 所示。

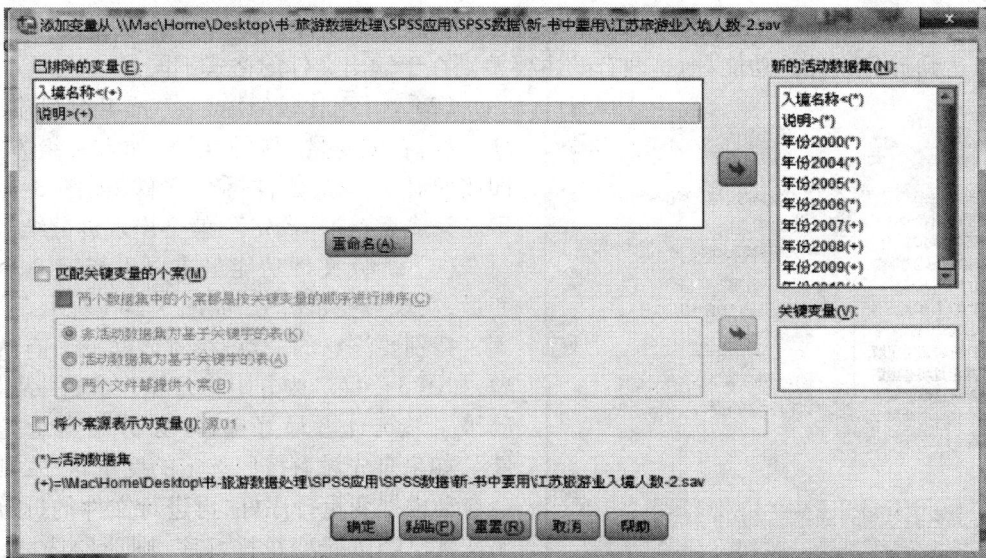

图 3－45　变量合并第三步

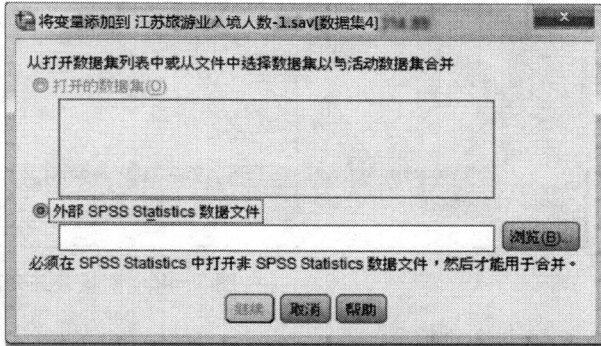

图 3－46　变量合并完成

5. 数据文件的拆分

如果统计者想依照某个变量条件将数据文件分割成不同的文件,并且分别进行统计分析,就要使用 SPSS 的拆分文件功能。如以"游客对低碳旅游的认知.sav"为例,我们想将"男女"不同性别分别统计,那就要将"您的性别"变量按照条件拆分。

操作步骤如下:

单击"数据"→"拆分文件"。进入"拆分文件"对话框,对话框左侧为我们已经定义好的变量,右侧有三种拆分方式,分别为:"分析所有个案,不创建组""比较组""按组组织输出"。

(1)"分析所有个案,不创建组":作用是取消拆分设置,恢复到原来的数据组织排列方式。

"按组组织输出"及"比较组":两种方式均可以将数据文件依群组变量分成数个子文件,都可以达到拆分文件的功能,但是两者的主要差别在于输出文件的格式不同。

图 3－47　拆分文件对话框

(2)选择"比较组"或者"按组组织输出"选项,点击右侧变量"您的性别"加入分组方式中,即按照什么变量条件拆分文件,如图 3－47 所示。完成后点击"确定",就会出现拆分结果。

(3)拆分文件功能最多可以指定 8 个分组变量,实现多变量拆分,如图 3－48 所示。

特别要注意的一点,在对话框下面有两个选项,如图 3－47,"按分组变量排序文件"及"文件已排序",统计者最好选择"按分组变量排序文件",如果事先没有按照选定的变量排序,则系统会自动根据变量排序好,再进行文件的拆分。如果文件已经按照变量排好序,则请勾选"文件已排序"。

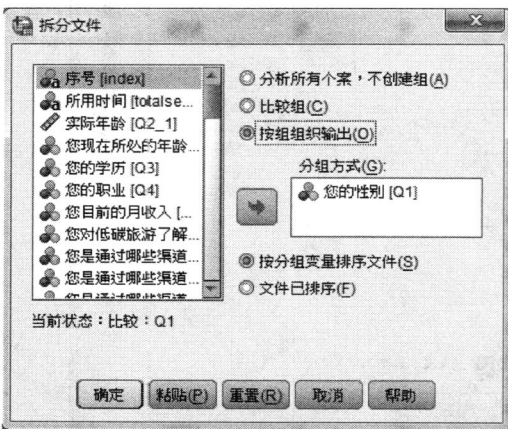

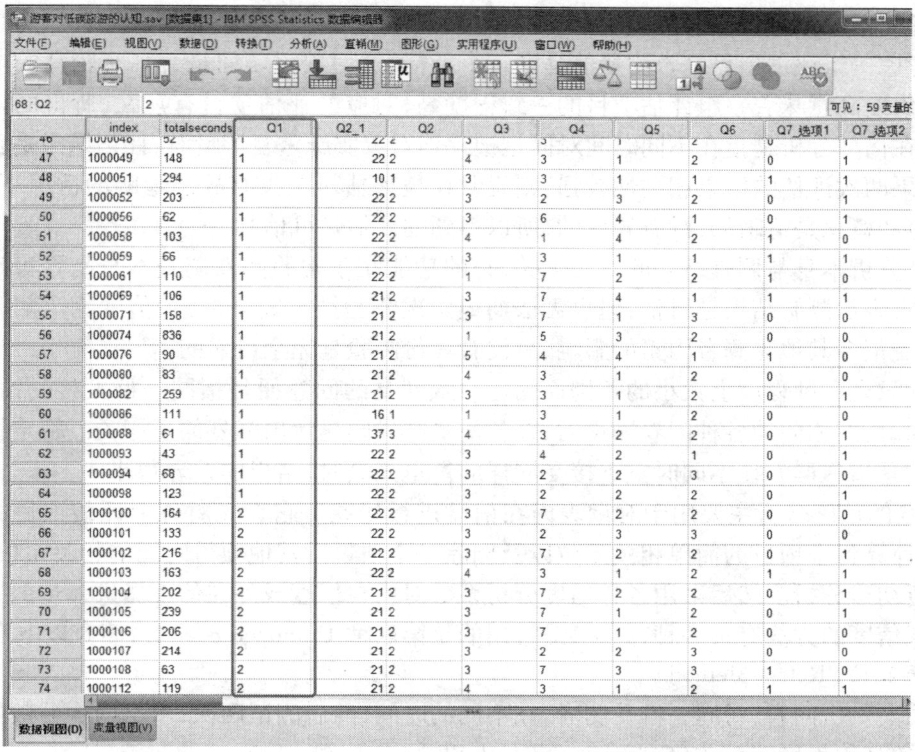

	index	totalseconds	Q1	Q2_1	Q2	Q3	Q4	Q5	Q6	Q7_选项1	Q7_选项2
46	1000048	52	1	22	2	3	3	1	2	0	1
47	1000049	148	1	22	2	4	3	1	2	0	1
48	1000051	294	1	10	1	3	3	1	1	1	1
49	1000052	203	1	22	2	3	2	3	2	0	1
50	1000056	62	1	22	2	3	6	4	1	0	1
51	1000058	103	1	22	2	4	1	4	2	1	0
52	1000059	66	1	22	2	3	3	1	1	1	1
53	1000061	110	1	22	2	1	7	2	2	1	0
54	1000069	106	1	21	2	3	7	4	1	1	1
55	1000071	158	1	21	2	3	7	1	3	0	0
56	1000074	836	1	21	2	1	5	3	2	0	0
57	1000076	90	1	21	2	5	4	4	1	1	0
58	1000080	83	1	21	2	4	3	1	2	0	0
59	1000082	259	1	21	2	3	3	1	2	0	1
60	1000086	111	1	16	1	1	3	1	2	0	0
61	1000088	61	1	37	3	4	3	2	2	0	1
62	1000093	43	1	22	2	3	4	2	1	0	1
63	1000094	68	1	22	2	3	2	2	3	0	0
64	1000098	123	1	22	2	3	2	2	2	0	1
65	1000100	164	2	22	2	3	7	2	2	0	0
66	1000101	133	2	22	2	3	2	3	3	0	0
67	1000102	216	2	22	2	3	7	2	2	0	1
68	1000103	163	2	22	2	4	3	1	2	1	1
69	1000104	202	2	21	2	3	7	2	2	0	1
70	1000105	239	2	21	2	3	7	1	2	0	1
71	1000106	206	2	21	2	3	7	1	2	0	0
72	1000107	214	2	21	2	3	2	2	3	0	0
73	1000108	63	2	21	2	3	7	3	3	1	0
74	1000112	119	2	21	2	4	3	1	2	1	1

图 3－48　拆分结果

第四节　问卷数据分析

在问卷数据预处理完成后，要进行问卷数据的描述性分析、推断性分析及探索性分析，以作为正式问卷数据处理的依据。

描述性分析的主要目的在于检验编制的问卷或测验个别题项是否适合或者其可靠程度，得出反映客观现象的各种数量特征的一种分析方法，它主要包括数据的趋势分析、频数分析等，是对数据进一步分析的基础。

推断性分析是根据样本数据特征推断总体数据特征的分析，它是在描述性分析的基础上，对整体数量特征加以推断。常用的分析方法有检验假设、相关分析及回归分析等。

探索性分析主要是从大量信息中发现未知的有价值的信息的分析过程，尽可能多的寻找变量之间的关联性。常用的方法有聚类分析、因子分析等。

本节将对这几种检验办法与步骤逐一介绍。

一、信度分析

如果一个问卷设计出来无法有效地考察问卷中所涉及的各个因素，那么我们为调查问卷所做的抽样、调查、分析、结论等一系列的工作也就白做了。那么，我们如何来检验设计好的调查问卷是否有效呢？信度分析是评价调查问卷是否具有稳定性和可靠性的有效的分析方法。

　　问卷的信度分析,又称为一致性检验。包括内在信度分析和外在信度分析。内在信度分析重在考虑一组评估项目是否测量的是同一个特征,这些项目之间是否具有较高的内在一致性,内在信度高意味着一组评估项目的一致程度高,对应的评估项目有意义,所得的评估结果可信;外在信度分析是指在不同时间对同批被评估对象实施重复测量时,评估结果是否具有一致性,如果两次评估的结果相关性较强,则说明在被评估对象没有故意隐瞒的情况下,评估项目的内容和概念是清晰的,没有异议的,所以得到的评估是可信的。

　　信度分析本身与调查结果的对错无关,它的功能在于检验问卷调查本身是否稳定。测验信度越高,表示测验结果越可信,但也无法期望两次测验结果完全一致,信度除受测验质量影响外,亦受很多其他受测者因素的影响,故没有一份测验是完全可靠的。

　　信度只是一种程度上大小的差别而已。一致性高的问卷便是指同一群人接受性质相同、题型相同、目的相同的各种问卷测量后,在各衡量结果间显示出强烈的正相关。稳定性高的测量工具则是指一群人在不同时空下接受同样的衡量工具时,结果的差异很小。

　　SPSS 的信度分析主要用于对量表内在信度进行研究。它首先对各个评估项目做基本描述统计、计算各个项目的简单相关系数以及删除一个项目后其他项目之间的相关系数,对内在信度进行初步分析。然后采用各种信度分析系数对内在信度或外在信度做进一步的研究。

　　检视信度的方法有很多种,其中,最常用的是第四种 Cronbach α 系数,简介以下四种:

　　1. 再测法(Retest Method)

　　使用同一份问卷,对同一群受测者,在不同的时间,前后测试两次,求出两次分数的相关系数,此系数又称为稳定系数(Coefficient of Stability)。

　　需注意:相关系数高,表示此测验的信度高,前后两次测验间隔的时间要适当。若两次测验间隔太短,受测者记忆犹新通常分数会提高,不过如果题数够多则可避免这种影响;但若两次测验间隔太长,受测者因心智成长影响,稳定系数也可能会降低。

　　2. 复本相关法(Equivalent-Forms Method)

　　复本是内容相似,难易度相当的两份测验,对同一群受测者,第一次用甲份测试,第二次使用乙份,两份分数的相关系数为复本系数(Coefficient of Forms)或等值系数(Coefficient of Equivalence)。若两份测验不是同时实施,亦可相距一段时间再施测,这样算出的相关系数为稳定和等值系数。

　　复本相关法是测验信度量测的一种最好方法,但是要编制复本测验相当困难。而且复本相关法并不受记忆效用的影响,对测量误差的相关性也比再测法低。

　　3. 折半法(Split Half Method)

　　与复本相关法很类似,折半法是在同一时间施测,最好能对两半问题的内容性质、难易度加以考虑,使两半的问题尽可能有一致性。

　　折半信度系数(split-half coefficient):将同一量表中测验题目(项目内容相似),折成两半(单数题、偶数题),求这两个各半测验总分之相关系数。

　　4. 柯能毕曲 α 系数(Cronbach α)

　　1951 年 Cronbach 提出 α 系数,克服部分折半法的缺点,为目前社会科学研究最常使用的信度。

　　量测一组同义或平行测验总和的信度,如果尺度中的所有项目都在反映相同的特质,则各项目之间应具有真实的相关存在。若某一项目和尺度中其他项目之间并无相关存在,就表示该项目不属于该尺度,而应将之剔除。

目前最常用的是 Alpha 信度系数法,一般情况下我们主要考虑量表的内在信度——项目之间是否具有较高的内在一致性。通常认为,信度系数应该在 0~1 之间,如果量表的信度系数在 0.9 以上,表示量表的信度很好;如果量表的信度系数在 0.8~0.9 之间,表示量表的信度可以接受;如果量表的信度系数在 0.7~0.8 之间,表示量表有些项目需要修订;如果量表的信度系数在 0.7 以下,表示量表有些项目需要抛弃。

只要有做问卷就可以做信度分析,提供各项客观的指标,作为测验与量表良莠程度的具体证据。

① 相关性:相关系数愈高,相关性愈高。

② 内部一致性:相关系数愈高,内部一致性愈高。

③ 信度值判别:积差相关结果达 0.05 显著水平,相关系数旁以一个 * 表示;积差相关结果达 0.01 显著水平,相关系数旁以两个 * 表示。

信度分析的操作步骤列举。

在问卷录入数据后,我们来求取整个问卷的信度。仍以"游客对低碳旅游的认知.sav"为例,检测此调查问卷的题目设置是否合理一致。

1. 信度分析具体操作步骤

(1) 点击"分析"→"度量"→"可靠性分析",打开"可靠性分析对话框",如图 3-49 所示。

图 3-49　可靠性分析对话框

(2) 在左边的变量清单中,将相关变量选入右边的方框内。在"模型"框中选取 α(内部一致性 α 系数检验,SPSS 的预设选项),如图 3-50 所示。

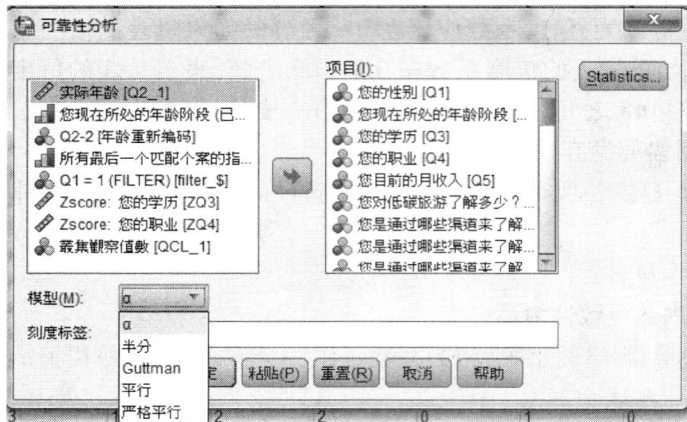

图 3-50　选择分析选项与模型

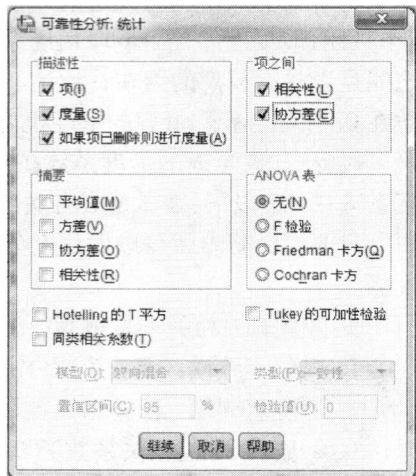

图 3-51　选择统计项

（3）点击"Statistics"，打开统计对话框，如图 3-51 所示。全选"描述性"及"项之间"中的选项，点击继续，单击确定，就会得到可靠性分析结果，如表 3-9 所示。

表 3-9　可靠性统计资料

Cronbach 的 Alpha	基于标准化项目的 Cronbach 的 Alpha	项目个数
0.753	0.696	47

2. 输出结果

由"可靠性统计资料"得出，Cronbach 的 Alpha 为 0.753，对照得到，问卷的可信度为佳。在调查问卷中，问卷的信度指标值最少要在 0.6 以上，若低于 0.5 则表示问卷的信度指标欠佳，应对问卷重新修改题项内容并增加题项。

如图 3-52 的"项目总计统计资料"表示删除某一选项对整个问卷调查可信度的影响（只截取部分）。

（1）更正后项目总数相关：表示此题与其他题目总分的积差相关系数，此系数值越高，该题项与其余题项的内部一致性越高，这个数值的高低可作为题项删除或保留的指标之一。

（2）平方负相关：为多元相关系数平方，其数值为多元回归分析中的决定系数。负相关系数平均值越高，该题项与其他题目内部一致性越高，这个数值的高低可作为题项删除或保留的指标之一。

（3）项目删除时的 Cronbach's Alpha 值：表示删除该题目后，其余题目构成的问卷调查的内部一致性 α 系数改变情况。以"什么原因会阻碍您成为低碳旅游者（低碳旅游降低旅游过程舒适度）"为例，未删除时，问卷 α 系数为 0.753，删除后问卷 α 系数变为 0.719，即删除此题后一致性降低，则此题不应删除。若删除某题后，一致性反而变高，则此题应被删除，如"您的职业"。

在进行信度分析时，我们可针对某一些选项进行分析，如分析前 5 项的相关性以及这 5 项中某一项与后续题目的可靠性，以此判断前 5 项与问卷是否有益。步骤如前所示，这里只展示结果，并对结果加以说明（表 3-10）。

项目总计统计资料

	尺度平均数(如果项目已删除)	尺度变异数(如果项目已删除)	更正后项目总数相关	平方复相关	Cronbach的Alpha(如果项目已删除)
您的性别	65.98	125.785	.135		.751
您现在所处的年龄阶段	65.62	126.575	.064		.753
您的学历	64.23	128.647	-.102		.761
您的职业	63.98	122.328	.048		.768
您目前的月收入	66.05	129.440	-.142		.763
您对低碳旅游了解多少?	65.62	125.212	.180		.750
您是通过哪些渠道来了解低碳旅游的?(报纸、杂志等)	67.29	129.362	-.199		.759
您是通过哪些渠道来了解低碳旅游的?(电视、广播等)	67.13	128.236	-.095		.757
您是通过哪些渠道来了解低碳旅游的?(亲朋好友)	67.42	127.847	-.064		.755
您是通过哪些渠道来了解低碳旅游的?(旅行社)	67.49	127.604	-.040		.754
您是通过哪些渠道来了解低碳旅游的?(互联网：微信、微博、QQ等)	66.88	126.059	.127		.751
如果有机会,您愿意参加以"低碳生活"为主题的旅游吗?	66.13	126.292	.068		.753
您有和其他人一起讨论过低碳旅游问题吗?	64.95	122.953	.154		.752
您认为低碳旅游有哪些特点?(绿色健康)	66.83	126.791	.057		.753
您认为低碳旅游有哪些特点?(节能环保)	66.79	126.377	.122		.752
您认为低碳旅游有哪些特点?(时尚指标)	67.32	126.777	.038		.753
您认为低碳旅游有哪些特点?(节能)	67.63	127.021	.094		.752
您愿意在外吃饭时,会选择去吃当地特色的菜肴还是去高档餐厅吃大餐?	65.96	124.128	.117		.753
旅行途中,您愿意自带餐具吗?	64.85	124.635	.103		.753
在外住宿时,您会选择住在医院、绿色酒店等比较环保的地方吗?	66.18	126.724	.027		.754
在不使用电器如：电视、台灯、空调等情况下,您会主动去关掉它们吗?	66.20	128.332	-.086		.760
外出旅游时,您是否愿意牺牲公共交通或出行的方式?	65.89	125.232	.085		.754
您认为低碳旅游的出行方式有哪些?(徒步)	66.88	127.572	-.036		.755
您认为低碳旅游的出行方式有哪些?(自行车)	66.81	125.755	.188		.750
您认为低碳旅游的出行方式有哪些?(公交)	67.01	125.333	.172		.750
您认为低碳旅游的出行方式有哪些?(自驾车)	67.47	126.479	.087		.752
您认为低碳旅游的出行方式有哪些?(飞机)	67.51	126.360	.117		.752
您认为低碳旅游的出行方式有哪些?(火车)	67.40	126.181	.104		.752
您认为低碳旅游的出行方式有哪些?(轮船)	67.51	126.321	.122		.752
您认为低碳旅游的出行方式有哪些?(其他)	67.57	127.082	.038		.753
如果低碳旅游产品价格高于普通旅游产品,您会如何选择?	65.20	123.745	.130		.752
如果您不是低碳旅游者,您为用得或者成为自我旅游者的原因是?(低碳旅游会降低旅游过程的舒适度)	68.22	103.883	.621		.719
如果您不是低碳旅游者,您认为成您为低碳旅游者的原因是?(低碳旅游会提高旅游费用)	68.18	104.097	.602		.720
如果您不是低碳旅游者,您认为阻碍您成为低碳旅游者的原因是?(对低碳旅游还不了解)	68.29	103.947	.642		.717

图 3-52　项目总计统计(部分)

表 3-10　可靠性统计资料 1

Cronbach 的 Alpha[a]	基于标准化项目的 Cronbach 的 Alpha	项目个数
-0.166	0.052	4

注：a. 由于项目间的平均共变异数为负数,因此该数值为负数。这违反了可靠性模型假设。您可能需要检查项目编码。

由表 3-10 可知,此 5 项的可靠性系数为负数,则表示编码有问题,因此可修改它们的编码方式,并且在之后的分析中,此 5 项不可一起出现,不具有相关性。

检验"您的性别"与后续选项的一致性,结果如表 3-11 所示。

表 3-11　可靠性统计资料 2

Cronbach 的 Alpha	基于标准化项目的 Cronbach 的 Alpha	项目个数
0.788	0.723	43

由表 3-11 可知,可靠性系数为 0.788,问卷的可信度为佳,表示选项合理。

由图 3-53"项目总计统计资料"结果可知,每一项删除后可信度系数变化不大,因此这些选项可靠性一致,具有很强的相关性。

检验"您所处的年龄段"与其他选项的一致性,如表 3-12 所示。

表 3-12　可靠性统计资料 3

Cronbach 的 Alpha	基于标准化项目的 Cronbach 的 Alpha	项目个数
.785	.719	43

项目总计统计资料

	尺度平均数（如果项目已删除）	尺度变异数（如果项目已删除）	更正后项目总数相关	平方复相关	Cronbach 的 Alpha（如果项目已删除）
您的性别	55.22	122.980	.125		.787
您对低碳旅游了解多少？	54.87	122.146	.196		.785
您是通过哪些渠道来了解低碳旅游的？（报纸、杂志等）	56.54	126.190	-.178		.793
您是通过哪些渠道来了解低碳旅游的？（电视、广播等）	56.38	125.143	-.080		.791
您是通过哪些渠道来了解低碳旅游的？（采风好友）	56.67	124.899	-.062		.790
您是通过哪些渠道来了解低碳旅游的？（旅行社）	56.74	124.533	-.021		.789
您是通过哪些渠道来了解低碳旅游的？（互联网、微博、微博、QQ等）	56.12	123.124	.131		.787
如果有机会，您愿意参加以"低碳生活"为主题的旅游吗？	55.38	123.320	.074		.788
您有和其他人一起讨论过低碳旅游的问题吗？	54.20	119.861	.164		.787
您认为低碳旅游有哪些特点？（绿色健康）	56.07	123.850	.060		.788
您认为低碳旅游有哪些特点？（节能环保）	56.03	123.407	.131		.787
您认为低碳旅游有哪些特点？（时尚时析）	56.57	123.898	.035		.787
您认为低碳旅游有哪些特点？（其他）	56.88	124.109	.094		.787
您愿意在外吃饭时，会选择去吃当地特色的餐馆还是去高档餐厅吃大餐？	55.21	121.031	.128		.788
旅行途中，您愿意自带餐具吗？	54.10	121.562	.113		.789
在外住宿时，您会选择住在民宿、绿色酒店等比较环保的地方吗？	55.43	123.808	.028		.789
在不使用电器时（电视、台灯、空调等情况下），您会主动去关掉它们吗？	55.45	125.413	-.087		.795
外出旅游时，您更愿意选择公共交通方式出行的方式？	55.14	121.812	.115		.788
您认为低碳旅游的出行方式有哪些？（徒步）	56.12	124.825	-.054		.790
您认为低碳旅游的出行方式有哪些？（自行车）	56.06	123.031	.166		.786
您认为低碳旅游的出行方式有哪些？（公交）	56.26	122.471	.169		.786
您认为低碳旅游的出行方式有哪些？（自驾车）	56.71	123.310	.117		.787
您认为低碳旅游的出行方式有哪些？（飞机）	56.76	123.416	.122		.787
您认为低碳旅游的出行方式有哪些？（火车）	56.64	123.375	.094		.787
您认为低碳旅游的出行方式有哪些？（轮船）	56.76	123.336	.132		.787
您认为低碳旅游的出行方式有哪些？（其他）	56.82	124.031	.060		.787
如果低碳旅游产品价格高于普通旅游产品，您会如何选择？	54.45	120.925	.127		.789
如果您是低碳旅游者，您认为阻碍成为低碳旅游者的原因是？（会降低旅游过程的舒适度）	57.47	100.867	.633		.760
如果您不是低碳旅游者，您认为阻碍您成为低碳旅游者的原因是？（低碳旅游会提高旅游费用）	57.43	101.191	.611		.762
如果您不是低碳旅游者，您认为阻碍您成为低碳旅游者的原因是？（对低碳旅游不了解）	57.53	101.006	.652		.759
如果您不是低碳旅游者，您认为阻碍您成为低碳旅游者的原因是？（对低碳旅游不感兴趣）	57.71	102.805	.661		.759

图 3-53　项目总计统计结果 1

由表 3-12 可知，可靠性系数为 0.788，问卷的可信度为佳，表示选项合理。

由图 3-54"项目总计统计资料"结果可知，每一项删除后可信度系数变化不大，因此这些选项可靠性一致，具有很强的相关性。

项目总计统计资料

	尺度平均数（如果项目已删除）	尺度变异数（如果项目已删除）	更正后项目总数相关	平方复相关	Cronbach 的 Alpha（如果项目已删除）
您对低碳旅游了解多少？	55.22	121.089	.187		.783
您是通过哪些渠道来了解低碳旅游的？（报纸、杂志等）	56.90	125.079	-.184		.791
您是通过哪些渠道来了解低碳旅游的？（电视、广播等）	56.74	123.926	-.076		.789
您是通过哪些渠道来了解低碳旅游的？（采风好友）	57.02	123.646	-.053		.788
您是通过哪些渠道来了解低碳旅游的？（旅行社）	57.09	123.389	-.024		.787
您是通过哪些渠道来了解低碳旅游的？（互联网、微博、微博、QQ等）	56.48	122.032	.134		.785
如果有机会，您愿意参加以"低碳生活"为主题的旅游吗？	55.73	122.157	.074		.786
您有和其他人一起讨论过低碳旅游的问题吗？	54.55	118.975	.152		.786
您认为低碳旅游有哪些特点？（绿色健康）	56.43	122.784	.049		.786
您认为低碳旅游有哪些特点？（节能环保）	56.39	122.269	.128		.785
您认为低碳旅游有哪些特点？（时尚时析）	56.93	122.746	.034		.787
您认为低碳旅游有哪些特点？（其他）	57.23	122.926	.099		.785
您愿游在外吃饭时，会选择去吃当地特色的餐馆还是去高档餐厅吃大餐？	55.56	119.879	.128		.786
旅行途中，您愿意自带餐具吗？	54.46	120.478	.109		.787
在外住宿时，您会选择住在民宿、绿色酒店等比较环保的地方吗？	55.78	122.639	.028		.786
在不使用电器时（电视、台灯、空调等情况下），您会主动去关掉它们吗？	55.81	124.147	-.082		.793
如果您不是低碳旅游者，您认为阻碍您成为低碳旅游者的原因是？（对低碳旅游不感兴趣）	58.06	101.881	.656		.757
如果您不是低碳旅游者，您认为阻碍您成为低碳旅游者的原因是？（其他）	58.14	102.896	.657		.758
您觉得上海奉贤海湾旅游区的低碳建设做得好吗？	54.86	119.891	.162		.784
对上海奉贤海湾旅游区的管理，您认为的低碳满意度？	54.27	114.975	.435		.775
对上海奉贤海湾旅游区的交通，您认为的低碳满意度？	54.33	115.447	.374		.777
对上海奉贤海湾旅游区的接待设施，您认为的低碳满意度？	54.30	115.117	.420		.775
对上海奉贤海湾旅游区的整体环境，您认为的低碳满意度？	54.15	116.051	.349		.778
对上海奉贤海湾旅游区的宣传标明，您认为的低碳满意度？	54.17	116.081	.375		.777
对上海奉贤海湾旅游区的住宿，您认为的低碳满意度？	54.20	116.110	.350		.778
对上海奉贤海湾旅游区的吸引物，您认为的低碳满意度？	54.15	116.804	.314		.779
对上海奉贤海湾旅游区的美食，您认为的低碳满意度？	54.12	116.587	.301		.779
对上海奉贤海湾旅游区的清洁工，您认为的低碳满意度？	53.88	116.304	.340		.778
对上海奉贤海湾旅游区的垃圾乱存在点，您认为的低碳满意度？	54.03	116.670	.307		.779
您现在所处的年龄阶段	56.22	122.980	.015		.787

图 3-54　项目总计统计结果 2

后续分析以此类推，还可分析其中任意几项的可靠性，如检验可具有相反意义的选项。例如，检验"阻碍您成为低碳旅游者的原因""在外时，您是否会选择公共交通的出行方式""在外时,您是否会选择民宿等绿色酒店""在外时,您会选择吃当地菜肴还是高档酒店"几个选项的一致性,结果如表 3-13 所示。

表 3-13　可靠性统计资料 4

Cronbach 的 Alpha	基于标准化项目的 Cronbach 的 Alpha	项目个数
0.876	0.829	9

由表 3-13 可知,可靠性系数为 0.876,问卷的可信度为佳,表示选项合理。

表 3-14　项目总计统计资料

	尺度平均数(如果项目已删除)	尺度变异数(如果项目已删)	更正后项目总数相关	平方后相关	Cronbach 的 Alpha(如果项目已删除)
如果您不是低碳旅游者,您认为阻碍您成为低碳旅游者的原因是?(低碳旅游会降低旅游过程的舒适度)	4.93	44.049	.908	.934	.832
如果您不是低碳旅游者,您认为阻碍您成为低碳旅游者的原因是?(低碳旅游会提高旅游费用)	4.89	43.803	.904	.945	.832
如果您不是低碳旅游者,您认为阻碍您成为低碳旅游者的原因是?(对低碳旅游不了解)	5.00	44.562	.912	.945	.831
如果您不是低碳旅游者,您认为阻碍您成为低碳旅游者的原因是?(对低碳旅游不感兴趣)	5.17	45.802	.944	.967	.829
如果您不是低碳旅游者,您认为阻碍您成为低碳旅游者的原因是?(其他)	5.24	46.632	.949	.987	.830
在外住宿时,您会选择住在民宿、绿色酒店等比较环保的地方吗?	2.89	65.385	.092	.213	.892
旅行途中,您愿意自带餐具吗?	1.56	63.273	.182	.105	.891
您旅游在外吃饭时,会选择去吃当地特色的菜肴还是去高档餐厅吃大餐?	2.67	63.626	.141	.111	.894
外出旅游时,您是否愿意选择公共交通成为出行的方式?	2.60	63.575	.183	.164	.890

由表 3-14 统计结果可知,若将"阻碍您成为低碳旅游的原因"项删除,可靠性系数降低为 0.83,因此多选项不可删除,对问卷具有重要意义。

二、描述性分析

描述性分析,用来分析数据的集中或离散程度,主要有频率分析、描述分析、交叉表格分析等,如图 3-55 所示。

1. 频率分析

频率分析主要是通过频数分布表、条形图、集中和离散趋势的各种统计量来描述数据的分

图 3 - 55 描述性分析方法

布特征。

在进行数据的统计分析之前,要先检验输入的数据有无错误,此部分的检验方式有两种:一为执行频率程序,看每个题被勾选的数值有无错误值;二为执行描述统计量,从各题的描述性统计量中,查看数据的最大值与最小值是否超出设定的极端值。

(1)选择菜单"分析"→"描述统计"→"频率",打开"频率"对话框。

(2)将左边变量清单中的目标变量全部或部分移至右边"变量"栏,如图 3 - 56 所示。

(3)单击"Statistics(统计)",选择"频率统计"项,可选择统计最大值、最小值等任意值,完成后点确定,如图 3 - 57 所示。

(4)返回"频率"对话框,选择"图表",在图表对话框中,选择任一图表类型,如"条形图"如图 3 - 58 所示。点击"确定",即可完成问卷数据的频率分析。

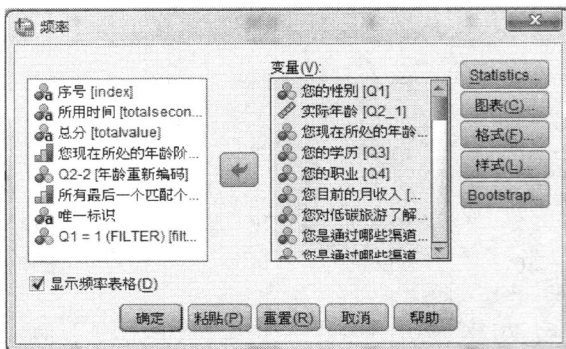

图 3 - 56 选择频率分析的变量

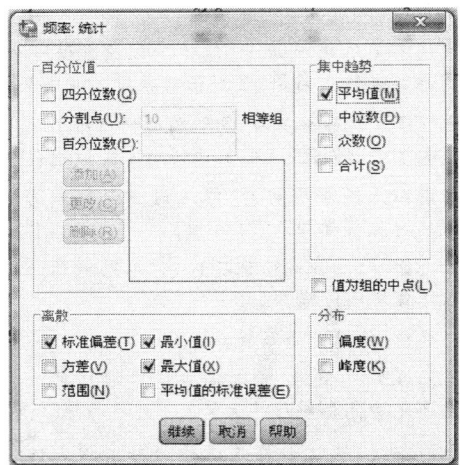

图 3 - 57 选择要统计的方法

在"频率:统计"对话框中,统计量包括了百分位值、集中趋势、离散和分布四个部分。

一是百分位值:用于对连续变量离散程度的测量,常用的一般为四分位数,指将变量中的数据由小到大排列,用三个数据点将数据分成四等份,第一等份占 25%,第二等份为数据的 50%,依次类推为 75% 和 100%。

二是集中趋势:表示数据向其中心值聚集的程度,主要通过平均值、中位数和众数来表示,其中平均值表示全部数据的算术平均,中位数表示位于数据中间位置,众数为出现次数最多的数值。

图 3 - 58 选择统计形式

三是离散趋势:反映数据远离中心值的程度,离散程度越大,则集中趋势值的代表性越低。其中,范围是定义数据中最大与最小值之差,计算容易,但易受极端值影响;方差与标准差能正确反映数据的离散程度,应用广泛,但要求数据须服从极端分布,有较明显极端值的则不建议使用。

四是分布:在样本较大的情况下,我们会提出假设,认为数据会服从某种分布,得出其分布图。但在实际工作中使用得较少,仅需要了解。

频率统计结果如表3-15、图3-59及图3-60所示,因统计的变量较多,结果也较多,因此结果图只截取一部分。在实际应用中,如果数据填写正确,则不需要统计所有变量,只需挑选有利变量统计。

表 3-15 统 计 结 果

	您的性别	实际年龄	您现在所处的年龄阶段	您的学历	您的职业	您目前的月收入	您对低碳旅游了解多少?	您是通过哪些渠道来了解低碳旅游的?(报纸、杂志等)	您是通过哪些渠道来了解低碳旅游的?(电视、广播等)	您是通过哪些渠道来了解低碳旅游的?(亲朋好友)	您是通过哪些渠道来了解低碳旅游的?(旅行社)	您是通过哪些渠道来了解低碳旅游的?(互联网:微信、微博、QQ等)
N 有效	202	202	202	202	202	202	202	202	202	202	202	202
遗漏	0	0	0	0	0	0	0	0	0	0	0	0
平均数	1.68	22.72	2.04	3.43	3.68	1.61	2.04	.37	.52	.24	.17	.78
标准偏差	466	5.896	444	.839	1.787	.858	487	483	.501	.427	.375	.414
最小值	1	10	1	1	1	1	1	0	0	0	0	0
最大值	2	67	5	5	7	4	3	1	1	1	1	1

由表3-15可知,全部选项有效值为202个,其中遗漏项0个,因此数据个案都可用于统计,数据良好。其中,还需注意每项的最大值与最小值,观察其范围是否在定义范围内。

图3-59为频率统计的次数表,可清晰地看到每个变量的值以及每个值出现的次数。与表3-15相似,同样只截取部分统计结果。以"您的性别"变量为例,"男"总共出现64次,有效百分比为31.7%;"女"总共出现138次,占百分比68.3%,可得出,本次问卷调查女士与男士几乎2:1,其他变量分析亦是如此。

图3-60为通过图表形式展示频率统计的结果。此图与3-59、表3-15相似,只是用图表形式将每个变量选项出现的次数直观表现出来。

在介绍定义多响应集时,我们预留了一个问题,如何对多选题进行频率分析呢? 具体步骤如下:

选择"分析"→"多重响应",在多重响应中,有"定义变量集""频率""交叉表格"三个选项,具体的频率分析步骤与一般分析步骤相同,只需选择此前定义好的多响应集即可。

2. 描述分析

描述分析与频率分析都属于描述性统计分析,频率分析主要针对次数以及所占的百分比的描述,而如果想要统计每个变量的所有数据综合的平均值、标准差时,就要用到描述分析。还是以"游客对低碳旅游的认知.sav"为例,具体操作步骤如下。

次數表

您的性別

		次數	百分比	有效的百分比	累積百分比
有效	男	64	31.7	31.7	31.7
	女	138	68.3	68.3	100.0
	總計	202	100.0	100.0	

您现在所处的年龄阶段

		次數	百分比	有效的百分比	累積百分比
有效	18岁以下	9	4.5	4.5	4.5
	18-25岁	181	89.6	89.6	94.1
	26-40岁	9	4.5	4.5	98.5
	41-60岁	1	.5	.5	99.0
	61岁以上	2	1.0	1.0	100.0
	總計	202	100.0	100.0	

实际年龄

		次數	百分比	有效的百分比	累積百分比
有效	10	1	.5	.5	.5
	12	1	.5	.5	1.0
	16	1	.5	.5	1.5
	17	5	2.5	2.5	4.0
	18	1	.5	.5	4.5
	19	3	1.5	1.5	5.9
	20	2	1.0	1.0	6.9
	21	93	46.0	46.0	53.0
	22	44	21.8	21.8	74.8
	23	12	5.9	5.9	80.7
	24	27	13.4	13.4	94.1
	34	1	.5	.5	94.6
	35	2	1.0	1.0	95.5
	36	2	1.0	1.0	96.5
	37	4	2.0	2.0	98.5
	54	1	.5	.5	99.0
	62	1	.5	.5	99.5
	67	1	.5	.5	100.0
	總計	202	100.0	100.0	

您的学历

		次數	百分比	有效的百分比	累積百分比
有效	初中及以下	10	5.0	5.0	5.0
	高中及中专	7	3.5	3.5	8.4
	大专	81	40.1	40.1	48.5
	本科	95	47.0	47.0	95.5
	研究生及以上	9	4.5	4.5	100.0
	總計	202	100.0	100.0	

您的职业

		次數	百分比	有效的百分比	累積百分比
有效	公务员	6	3.0	3.0	3.0
	企事业部门	32	15.8	15.8	18.8
	学生	113	55.9	55.9	74.8
	农民	2	1.0	1.0	75.7
	个体经营者	6	3.0	3.0	78.7
	工人	5	2.5	2.5	81.2
	其他	38	18.8	18.8	100.0
	總計	202	100.0	100.0	

图 3-59　频率统计次数表

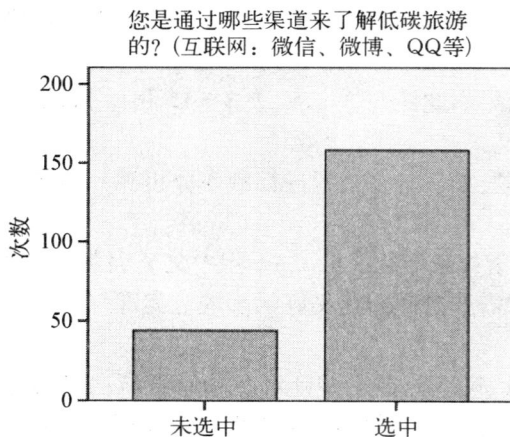

您是通过哪些渠道来了解低碳旅游的？（互联网：微信、微博、QQ等）

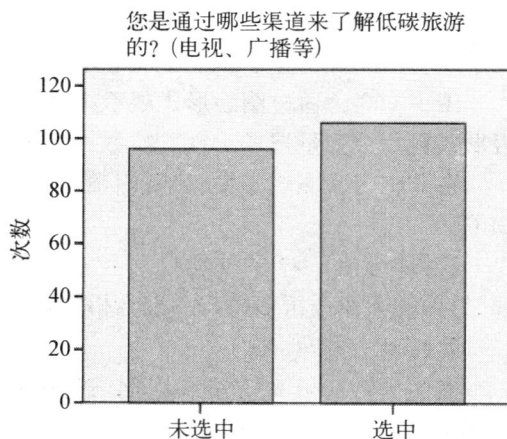

您是通过哪些渠道来了解低碳旅游的？（电视、广播等）

如果有机会，您愿意参加以"低碳生活"为主题的旅游吗？

您是通过哪些渠道来了解低碳旅游的？（旅行社）

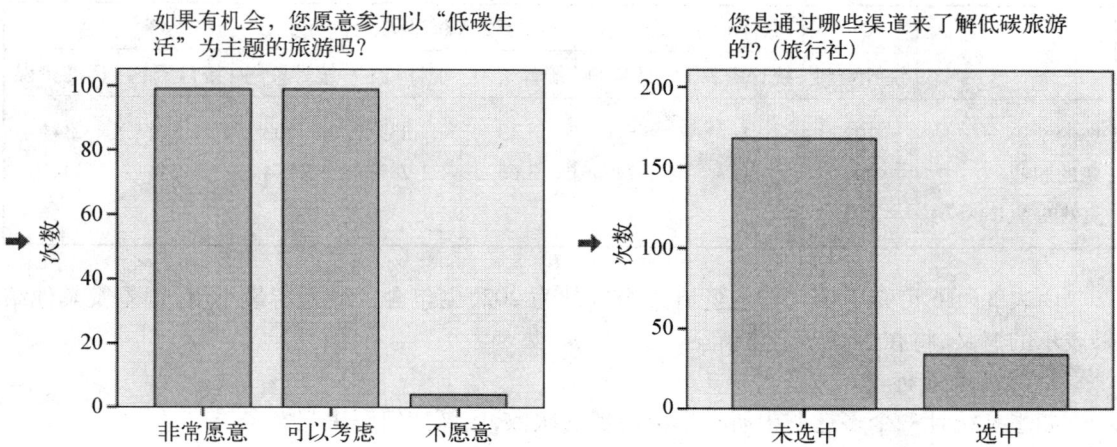

图 3-60　长条图结果

（1）打开"游客对低碳旅游的认知.sav"，选择菜单"分析"→"描述统计"→"描述"，打开描述对话框。

（2）在"描述对话框"中，将左边变量清单中想要统计的目标变量移至右边"变量"栏，如统计"学历"和"职业"，选择描述统计项，如图 3-61 所示。

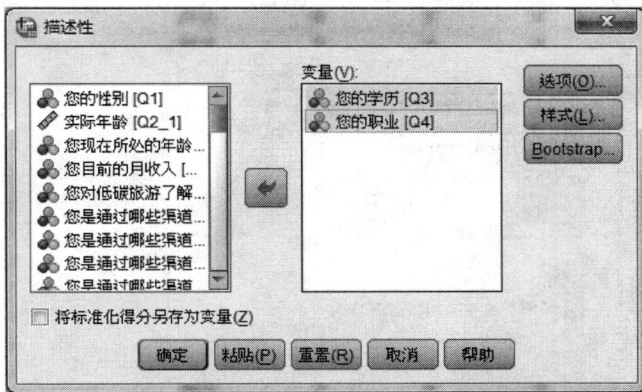

图 3-61　选择描述统计变量　　　　　　图 3-62　选择描述量

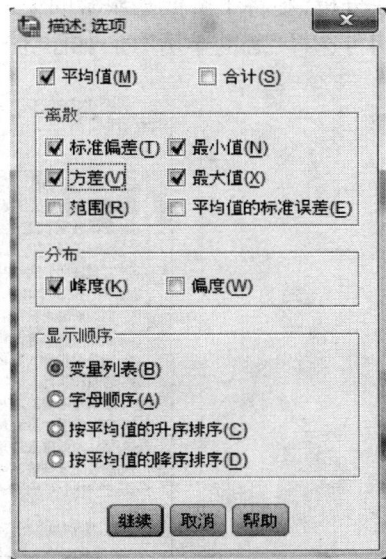

（3）点击"选项"，弹出"选项对话框"，选择要统计的量，如图 3-62 所示。

（4）完成后，点击"确定"，则描述统计结束。

描述性分析适用于连续变量，频率分析既适用于连续变量，又适用于离散变量；描述分析没有统计图形绘制功能，频率分析可以将统计结果用图形绘制出来。描述性统计资料如表 3-16 所示。

表 3 - 16　描述性统计结果

	N	最小值	最大值	平均数	标准偏差	变异数	峰　　度	
	统计资料	统计资料	统计资料	统计资料	统计资料	统计资料	统计资料	标准错误
您的学历	202	1	5	3.43	.839	.703	1.549	.341
您的职业	202	1	7	3.68	1.787	3.194	−.344	.341
有效的 N(listwise)	202							

由表 3 - 16 可知学历与职业的有效个数都为 202,也包含了最大与最小值,偏差及其他结果表示的意义,将在后续章节讲解。

3. 交叉表分析

如想要统计一个多选题中所有选项出现的次数,应该如何解决呢?

很简单,我们只需建立一个“交叉统计表”。什么是交叉统计表呢? 它是一种行列交叉的分类汇总表格,行和列上至少各一个分类变量,行和列的交叉处可以对数据进行多种汇总计算,如求和、平均值、计数等。交叉分析是用于两个或两个以上分组变量,以交叉表格的形式进行分组变量间的对比分析,就像 Excel 中的数据透视表。

(1)“分析”→“描述统计”→“交叉表格”,打开“交叉表格对话框”。

(2)在对话框中,选择要统一分析的选项,如,将“您是通过哪些渠道来了解低碳旅行的”统一分析,则将了解低碳旅游的渠道题目的所有选项加入列选项中,行选项即为横向比较量,我们可选择“您的学历”项,如图 3 - 63 所示。

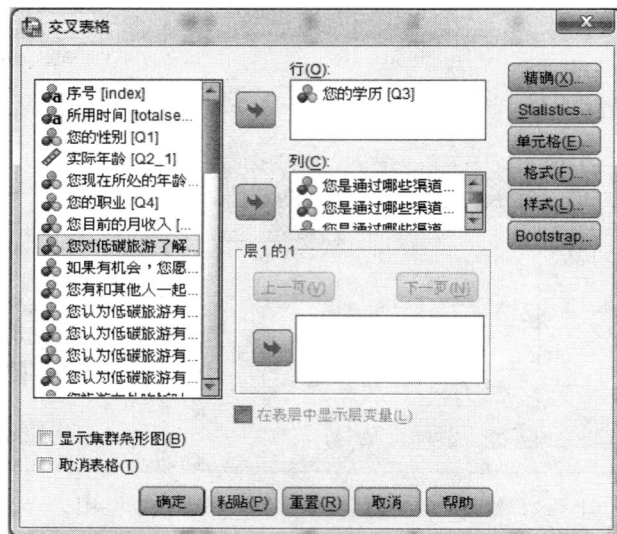

图 3 - 63　选择交叉分析的行和列

(3)点击“Statistics”,选择需要交叉统计的方式,如图 3 - 64 所示。

(4)点击“单元格”,选择单元格中要显示的数据形式,如图 3 - 65 所示。

确定后,就可看到所有选项的交叉分析结果,如图 3 - 66 所示。

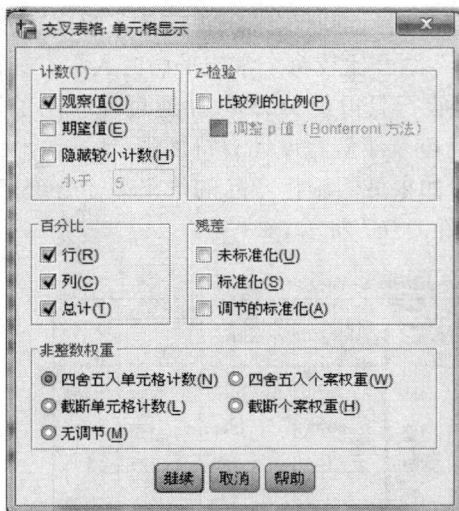

| 图 3 - 64　选择统计项 | 图 3 - 65　单元格显示选项 |

您的学历 * 您是通过哪些渠道来了解低碳旅游的？(电视、广播等)

交叉表

计数

		您是通过哪些渠道来了解低碳旅游的？(电视、广播等)		总计
		未选中	选中	
您的学历	初中及以下	8	2	10
	高中及中专	4	3	7
	大专	41	40	81
	本科	39	56	95
	研究生及以上	4	5	9
总计		96	106	202

您的学历 * 您是通过哪些渠道来了解低碳旅游的？(互联网：微信、微博、QQ等)

交叉表

计数

		您是通过哪些渠道来了解低碳旅游的？(互联网：微信、微博、QQ等)		总计
		未选中	选中	
您的学历	初中及以下	4	6	10
	高中及中专	4	3	7
	大专	16	65	81
	本科	18	77	95
	研究生及以上	2	7	9
总计		44	158	202

您的学历*您是通过哪些渠道来了解低碳旅游的？(旅行社) 交叉列表

			您是通过哪些渠道来了解低碳旅游的？(旅行社)		总计
			未选中	选中	
您的学历	初中及以下	计数	10	0	10
		您的学历 内的 %	100.0%	0.0%	100.0%
		您是通过哪些渠道来了解低碳旅游的？(旅行社) 内的 %	6.0%	0.0%	5.0%
		估总计的百分比	5.0%	0.0%	5.0%
	高中及中专	计数	5	2	7
		您的学历 内的 %	71.4%	28.6%	100.0%
		您是通过哪些渠道来了解低碳旅游的？(旅行社) 内的 %	3.0%	5.9%	3.5%
		估总计的百分比	2.5%	1.0%	3.5%
	大专	计数	68	13	81
		您的学历 内的 %	84.0%	16.0%	100.0%
		您是通过哪些渠道来了解低碳旅游的？(旅行社) 内的 %	40.5%	38.2%	40.1%
		估总计的百分比	33.7%	6.4%	40.1%
	本科	计数	78	17	95
		您的学历 内的 %	82.1%	17.9%	100.0%
		您是通过哪些渠道来了解低碳旅游的？(旅行社) 内的 %	46.4%	50.0%	47.0%
		估总计的百分比	38.6%	8.4%	47.0%
	研究生及以上	计数	7	2	9
		您的学历 内的 %	77.8%	22.2%	100.0%
		您是通过哪些渠道来了解低碳旅游的？(旅行社) 内的 %	4.2%	5.9%	4.5%
		估总计的百分比	3.5%	1.0%	4.5%
总计		计数	168	34	202
		您的学历 内的 %	83.2%	16.8%	100.0%
		您是通过哪些渠道来了解低碳旅游的？(旅行社) 内的 %	100.0%	100.0%	100.0%

您的学历*您是通过哪些渠道来了解低碳旅游的？(互联网：微信、微博、QQ等) 交叉列表

			您是通过哪些渠道来了解低碳旅游的？(互联网：微信、微博、QQ等)		总计
			未选中	选中	
您的学历	初中及以下	计数	4	6	10
		您的学历 内的 %	40.0%	60.0%	100.0%
		您是通过哪些渠道来了解低碳旅游的？(互联网：微信、微博、QQ等) 内的 %	9.1%	3.8%	5.0%
		估总计的百分比	2.0%	3.0%	5.0%
	高中及中专	计数	4	3	7
		您的学历 内的 %	57.1%	42.9%	100.0%
		您是通过哪些渠道来了解低碳旅游的？(互联网：微信、微博、QQ等) 内的 %	9.1%	1.9%	3.5%
		估总计的百分比	2.0%	1.5%	3.5%
	大专	计数	16	65	81
		您的学历 内的 %	19.8%	80.2%	100.0%
		您是通过哪些渠道来了解低碳旅游的？(互联网：微信、微博、QQ等) 内的 %	36.4%	41.1%	40.1%
		估总计的百分比	7.9%	32.2%	40.1%
	本科	计数	18	77	95
		您的学历 内的 %	18.9%	81.1%	100.0%
		您是通过哪些渠道来了解低碳旅游的？(互联网：微信、微博、QQ等) 内的 %	40.9%	48.7%	47.0%
		估总计的百分比	8.9%	38.1%	47.0%
	研究生及以上	计数	2	7	9
		您的学历 内的 %	22.2%	77.8%	100.0%
		您是通过哪些渠道来了解低碳旅游的？(互联网：微信、微博、QQ等) 内的 %	4.5%	4.4%	4.5%
		估总计的百分比	1.0%	3.5%	4.5%
总计		计数	44	158	202
		您的学历 内的 %	21.8%	78.2%	100.0%
		您是通过哪些渠道来了解低碳旅游的？(互联网：微信、微博、QQ等) 内的 %	100.0%	100.0%	100.0%

图 3 - 66　交叉分析结果

　　由图 3 - 66 可知,大部分大专及本科生都是通过互联网及电视广播了解低碳旅行,选中的次数都高于其他学历,但此时结果不一定,还要结合比较每个学历采访的人数。在百分数统计结果中,我们可以看到,通过旅行社了解低碳旅行只占了 16.8%,而通过互联网了解人数占比达到 78.2%,说明旅行社对低碳旅行的宣传力度及了解程度还有待加强。

　　另外,我们还可交叉分析"您的学历"与"如果低碳旅行产品的价格高于普通产品,会如何选择",具体步骤参考以上做法,结果表示如图 3 - 67 所示。

您的学历*如果低碳旅游产品价格高于普通旅游产品,您会如何选择? 交叉列表

			如果低碳旅游产品价格高于普通旅游产品,您会如何选择?				
			坚持选低碳旅游产品	选择价格合理的普通旅游产品	经过深思熟虑后,选择低碳旅游产品	都可以的	总计
您的学历	初中及以下	计数	1	3	4	2	10
		您的学历 内的 %	10.0%	30.0%	40.0%	20.0%	100.0%
		如果低碳旅游产品价格高于普通旅游产品,您会如何选择? 内的 %	4.0%	3.0%	11.4%	4.9%	5.0%
		估总计的百分比	0.5%	1.5%	2.0%	1.0%	5.0%
	高中及中专	计数	3	3	0	1	7
		您的学历 内的 %	42.9%	42.9%	0.0%	14.3%	100.0%
		如果低碳旅游产品价格高于普通旅游产品,您会如何选择? 内的 %	12.0%	3.0%	0.0%	2.4%	3.5%
		估总计的百分比	1.5%	1.5%	0.0%	0.5%	3.5%
	大专	计数	7	44	12	18	81
		您的学历 内的 %	8.6%	54.3%	14.8%	22.2%	100.0%
		如果低碳旅游产品价格高于普通旅游产品,您会如何选择? 内的 %	28.0%	43.6%	34.3%	43.9%	40.1%
		估总计的百分比	3.5%	21.8%	5.9%	8.9%	40.1%
	本科	计数	10	49	17	19	95
		您的学历 内的 %	10.5%	51.6%	17.9%	20.0%	100.0%
		如果低碳旅游产品价格高于普通旅游产品,您会如何选择? 内的 %	40.0%	48.5%	48.6%	46.3%	47.0%
		估总计的百分比	5.0%	24.3%	8.4%	9.4%	47.0%
	研究生及以上	计数	4	2	2	1	9
		您的学历 内的 %	44.4%	22.2%	22.2%	11.1%	100.0%
		如果低碳旅游产品价格高于普通旅游产品,您会如何选择? 内的 %	16.0%	2.0%	5.7%	2.4%	4.5%
		估总计的百分比	2.0%	1.0%	1.0%	0.5%	4.5%
总计		计数	25	101	35	41	202
		您的学历 内的 %	12.4%	50.0%	17.3%	20.3%	100.0%
		如果低碳旅游产品价格高于普通旅游产品,您会如何选择? 内的 %	100.0%	100.0%	100.0%	100.0%	100.0%

图 3 - 67　学历与产品选择交叉分析结果

　　由结果可知,随着学历的增长,不管价格如何,坚持选择低碳产品的人数占比越来越多;而在整个选项中,大部分人还是会选择价格合理的普通产品。因此,低碳旅行意识仍然欠缺,相关部门也要加强对低碳旅行的宣传、改进价格以及成本。

三、相关分析

　　前面讲过了描述性分析,但进行数据分析时,不仅仅要描述数据本身呈现出来的基本特征,有时候还要进一步挖掘变量之间深层次的关系,因此我们进入常用的推断性分析方法的学习,即相关分析。

　　相关,指某一现象在数量上发生变化,会影响另一现象数量上的变化,并且遵循一定的规律,因此就将这两现象称为相关,具有相关关系。

　　相关分析是基础统计分析方法之一,它研究两个或两个以上随机变量之间相互依存的关系,可分为线性相关和非线性相关。

　　相关程度用相关系数 r 来度量。R 反映变量之间相关强度的一个度量指标,取值范围在 $[-1,1]$,$r>0$ 时表示线性正相关,$r<0$ 时表示线性负相关。$r=0$ 表示两个变量之间不存在线性关系。

$$0 \leq |r| < 0.3 \qquad 低度相关$$
$$0.3 \leq |r| < 0.8 \qquad 中度相关$$
$$0.8 \leq |r| < 1 \qquad 高度相关$$

1. 离散数据

仍以"游客对低碳旅游的认知.sav"为例,研究出行方式与酒店选择的相关性,具体步骤如下:

(1) 打开数据,单击"分析",选择"相关"→"双变量",弹出"双变量相关性"对话框。

(2) 在对话框中,依次将"选择的出行方式"与"选择酒店"两项移至右侧"变量"框中,在相关系数选择时,Pearson 适用于连续型变量;后两项适用于离散型,选择任意一项即可。如图 3-68 所示。

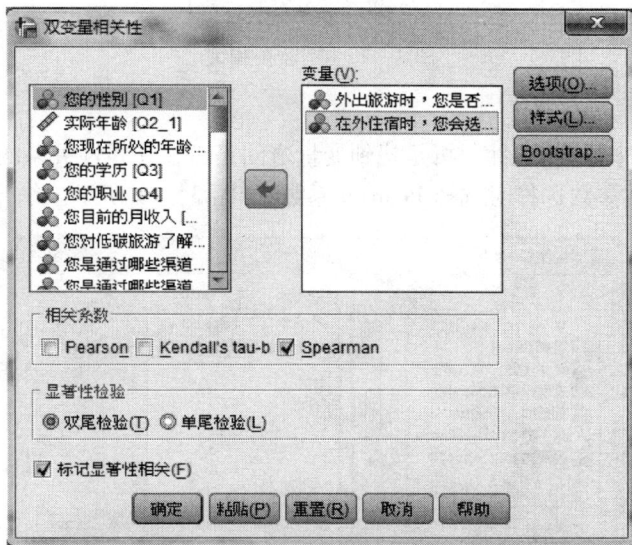

图 3-68　双变量相关性分析

(3) 单击确定,则输出相关分析结果,如图 3-69 所示。

相關

			外出旅游时,您是否愿意选择公共交通成为出行的方式?	在外住宿时,您会选择住在民宿、绿色酒店等比较环保的地方吗?
Spearman 的 rho	外出旅游时,您是否愿意选择公共交通成为出行的方式?	相關係數	1.000	.341**
		顯著性（雙尾）		.000
		N	202	202
	在外住宿时,您会选择住在民宿、绿色酒店等比较环保的地方吗?	相關係數	.341**	1.000
		顯著性（雙尾）	.000	
		N	202	202

**. 相關性在 0.01 層上顯著（雙尾）。

图 3-69　学历与产品选择相关分析结果

在相关分析结果中,包含了 3 个变量,其中,相关系数表示相关系数的大小;显著性表示计算所得到的相关分析结果有无意义,通常<0.05,则为显著;N 表示个数。

由图 3-69 可得,此两项的显著性为 0.00<0.05,有线性关系,具有显著性。相关系数=

0.341>0.3,呈现中度相关。

又如,我们检验"您的学历"与"酒店选择"之间的相关性,得出结果如图 3 - 70 所示。由图可知,显著性值＝0.189>0.05,因此两项变量不显著相关,比较无意义。

相關

			外出旅游时,您是否愿意选择公共交通成为出行的方式?	您的学历
Spearman 的 rho	外出旅游时,您是否愿意选择公共交通成为出行的方式?	相關係數	1.000	-.093
		顯著性 (雙尾)		.189
		N	202	202
	您的学历	相關係數	-.093	1.000
		顯著性 (雙尾)	.189	
		N	202	202

图 3 - 70　不显著相关

2. 连续型数据

对于连续型数据来说,相关性分析是找到变量之间是否存在线性关系的分析,具体操作步骤同离散型数据,只是在参数选择时选择 Pearson 系数,如图 3 - 71 所示。结果如图 3 - 72 所示。

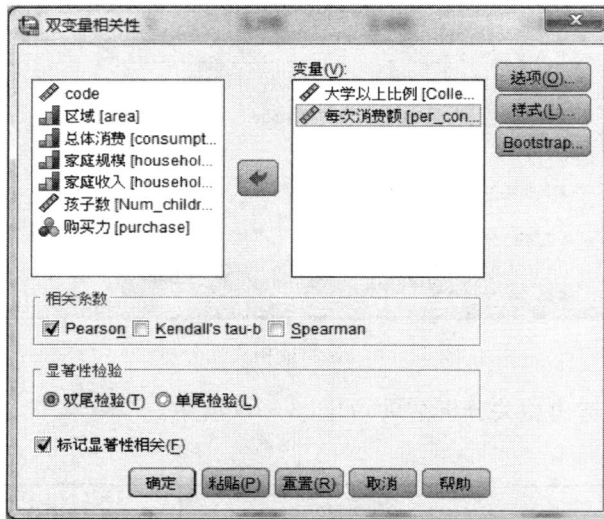

图 3 - 71　连续型变量相关性分析

相關

		大学以上比例	每次消费额
大学以上比例	皮爾森 (Pearson) 相關	1	.671**
	顯著性 (雙尾)		.000
	N	268	268
每次消费额	皮爾森 (Pearson) 相關	.671**	1
	顯著性 (雙尾)	.000	
	N	268	268

**. 相關性在 0.01 層上顯著 (雙尾)。

图 3 - 72　Pearson 系数相关结果

在结果图中,显著性值 = 0.00 < 0.05,因此此相关具有统计意义,Pearson 系数 = 0.671 > 0.5,两者变量具有中度相关。

四、聚类分析

所谓聚类分析,就是按照个体的特征将它们分类,目的在于让同一个类别内的个体之间有较高的相似度,而不同类别之间具有较大的差异性。一般聚类都是对个体进行的聚类。

但是聚类分析是如何将个体划分成不同类别的呢? 那就需要采用适当的指标来衡量研究对象之间的紧密程度,常用的指标有"距离"以及"相关系数"。在研究中,一般将"距离"较小的点或"相关系数"较大的点归为一类;反之,归为另一类。

对于聚类分析来说,得到的结果是比较主观和未知的,因为不同的聚类分析方法可能得到不同的分类效果,或者分析的变量不同,得到的结果也不同。

在做聚类分析之前,要先对数据进行标准化处理。因为各个变量间数量级别有可能会有差异或者存在单位不一致的情况,只有通过标准化处理,在同一标准下才能够进行比较或者计算"距离"和"相似系数"等指标。聚类分析常用的方法为"K 均值聚类"。接下来,我们就通过具体的例题,完成数据的 K 均值聚类。

1. 具体步骤

我们选择"游客对低碳旅游的认知.sav",具体操作步骤如下:

(1) 单击"分析"→"分类"→点击"K 均值聚类",弹出对话框。

(2) 将"您对低碳旅游了解多少""是否愿意参加低碳活动""是否和其他人讨论过低碳旅行""是否会选择低碳旅行的酒店入住"加入变量中,作为分类的依据;如图 3 - 73 所示。聚类数表示分析者想要将数据分为几类,本实验将其分成 3 类。

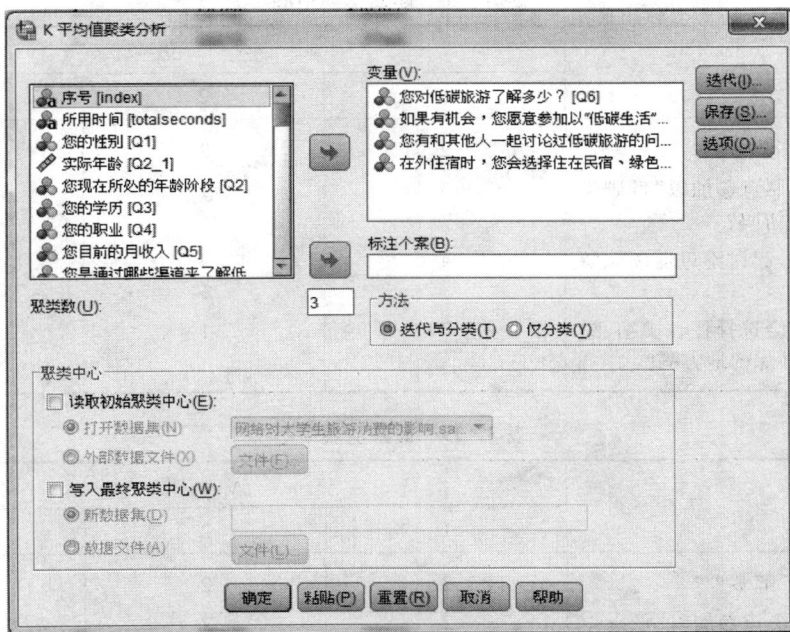

图 3 - 73　选择聚类依据

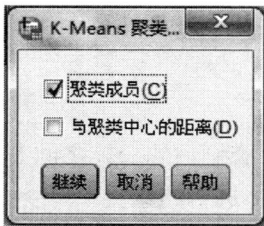

图 3 - 74　选择聚类成员

（3）点击 K 均值聚类分析对话框中的"保存"按钮，选择"聚类成员"，如图 3 - 74 所示。其他选项保持默认，K 均值聚类我们就完成了。

2. 结果解读

完成 K 均值聚类后，总共输出 4 个结果，如表 3 - 17、表 3 - 18、表 3 - 19、表 3 - 20 所示。

第一个结果为"迭代历程"，表示本次聚类分析总共迭代的次数，本例总共使用三次迭代。通过迭代，每个类别与初始时的位置就会有改变，迭代完成之后，就会将相近项归为一类。

表 3 - 17　迭 代 历 程[a]

迭　　代	丛集中心的变更		
	1	2	3
1	1.299	1.366	1.617
2	.316	.586	.396
3	.094	.101	.016
4	.035	.000	.016
5	.000	.000	.000

注：表中 a. 由于未变更或较小变更丛集中心而产生收敛。任何中心的绝对坐标变更上限为 000。现行迭代为 5。起始中心之间的距离下限为 3.000。

第二个结果为"最终聚集中心"，与"最初聚集中心"相比较，数值都发生了变化，这说明在迭代过程中，每个类别都发生了偏移。

表 3 - 18　起始丛集中心

	丛　　集		
	1	2	3
您对低碳旅游了解多少？	2	3	1
如果有机会，您愿意参加以"低碳生活"为主题的旅游吗？	3	1	1
您有和其他人一起讨论过低碳旅游的问题吗？	4	4	1
在外住宿时，您会选择住在民宿、绿色酒店等比较环保的地方吗？	3	1	3

表 3 - 19　最终丛集中心

	丛　　集		
	1	2	3
您对低碳旅游了解多少？	2	2	2
如果有机会，您愿意参加以"低碳生活"为主题的旅游吗？	2	2	1

（续表）

	丛　　集		
	1	2	3
您有和其他人一起讨论过低碳旅游的问题吗？	4	4	2
在外住宿时,您会选择住在民宿、绿色酒店等比较环保的地方吗？	2	1	1

最后一个输出结果是"观察值的数目",即类别 1 中包含了 45 个问卷者,类别 2 中包含了 55 个,类别 3 中包含 102 个。

表 3-20　每一个丛集中的观察值数目

丛集	1	45.000
	2	55.000
	3	102.000
有效		202.000
遗漏		.000

在聚类分析中,统计者无须明白算法是如何聚类、如何运行的,只要能够得到聚类结果就好。

在 K 均值聚类完成之后,数据文件中也新生成了一个名为"QCL_1"的变量,如图 3-75 所示。标识了每个变量所属的类别。

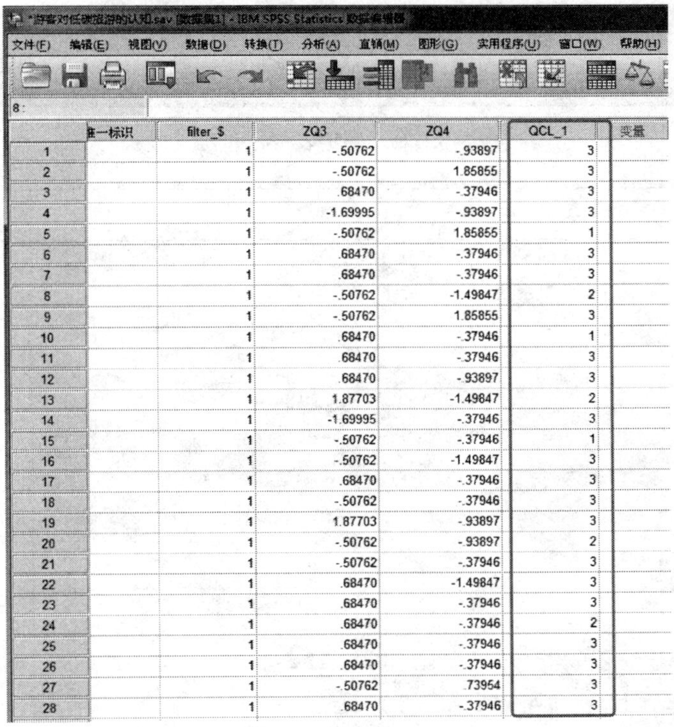

图 3-75　聚类分析结果

对于结果的分析，我们还可以将三个类别建立交叉表，求得类别 1、类别 2 和类别 3 在这 4 个变量中的计数，以便了解每个分类的特性。将类别 1、类别 2 和类别 3 针对这 4 个参数建立定制表，步骤为：

单击“分析”→“表”→“定制表”，将类别 1、类别 2 和类别 3 拖入到列栏，将 4 个变量拖入行栏，“汇总方式”选择计数，如图 3 – 76 所示，建立好的表格如图 3 – 77 所示，因表格较长，只截取部分。

图 3 – 76 确定表格行和列

								叢集觀察值數		
								1	2	3
								計數	計數	計數
您对低碳旅游了解多少？	非常了解	您有和其他人一起讨论过低碳旅游的问题吗？	经常	在外住宿时，您会选擇住在民宿，绿色酒店等比较环保的地方吗？	会	外出旅游时，您是否願意選擇公共交通成为出行的方式？	非常願意	0	0	7
							願意	0	0	0
							可以考慮	0	0	0
							不願意	0	0	0
					视情况而定	外出旅游时，您是否願意選擇公共交通成为出行的方式？	非常願意	0	0	1
							願意	0	0	1
							可以考慮	0	0	0
							不願意	0	0	1
					不会	外出旅游时，您是否願意選擇公共交通成为出行的方式？	非常願意	0	0	1
							願意	0	0	0
							可以考慮	0	0	0
							不願意	0	0	0
			偶尔	在外住宿时，您会选擇住在民宿，绿色酒店等比较环保的地方吗？	会	外出旅游时，您是否願意選擇公共交通成为出行的方式？	非常願意	0	0	2
							願意	0	0	1
							可以考慮	0	0	0
							不願意	0	0	0
					视情况而定	外出旅游时，您是否願意選擇公共交通成为出行的方式？	非常願意	0	0	0
							願意	0	0	2
							可以考慮	0	0	0
							不願意	0	0	0
					不会	外出旅游时，您是否願意選擇公共交通成为出行的方式？	非常願意	0	0	0
							願意	0	0	0
							可以考慮	0	0	0
							不願意	0	0	0
			有时	在外住宿时，您会选擇住在民宿、绿色酒店等比较环保的地方吗？	会	外出旅游时，您是否願意選擇公共交通成为出行的方式？	非常願意	0	0	0
							願意	0	0	0
							可以考慮	0	0	0
							不願意	0	0	0

图 3 – 77 部分汇总结果

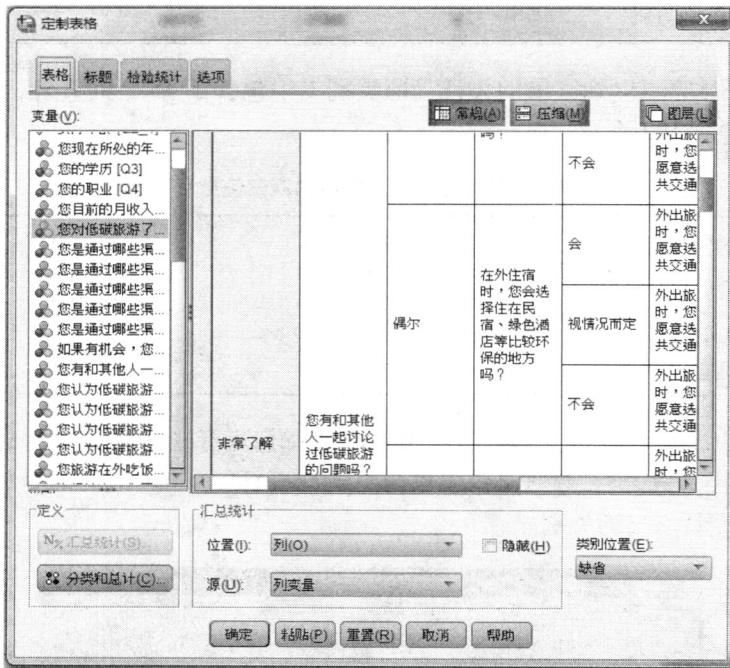

由结果可知每个类别在不同变量中受访者的数量。

五、回归分析

对于数据来说,它们之间的依存关系不仅仅可以用相关分析来判断,还可分析数据变量间的相关性,就是第二种关系——回归函数关系。通过数据间的相关性研究,我们可以进一步构建回归函数关系,即回归分析模型,来预测数据未来的发展趋势。

回归分析和相关分析不同,它是研究自变量与因变量之间数据变化关系的一种分析方法,主要建立因变量 y 与自变量 x 之间的回归模型,最终来预测 y 的发展趋势。相关分析需要依靠回归分析来表现变量之间数量相关的具体形式,而回归分析则需要依靠相关分析来表现变量之间数量变化的相关程度。只有当变量之间存在高度相关时,进行回归分析寻求其相关的具体形式才有意义。如果在没有对变量之间是否相关以及相关方向和程度做出正确判断之前,就进行回归分析,很容易造成"虚假回归",相关分析只研究变量之间相关的方向和程度,不能推断变量之间相互关系的具体形式,也无法从一个变量的变化来推测另一个变量的变化情况,在具体应用过程中,只有把相关分析和回归分析结合起来,才能达到研究和分析的目的。

回归分析模型主要包括线性和非线性两种。我们主要研究它们之间的线性关系,即简单线性回归和多重线性回归。

1. 线性回归分析步骤

实现线性回归,我们主要做五步就可以了,简称为线性回归五步法。

(1)根据预测目标,确定自变量和因变量。围绕我们要解决及预测的问题和目标,初步确定自变量和因变量。

(2)绘制散点图,确定回归模型类型。通过将自变量与因变量绘制成散点图的方式,我们可以大概判断自变量与因变量之间是否具有线性相关。我们可以根据相关性分析来判断自变量与因变量之间的相关程度,确定出它们之间的回归模型。

(3)估计模型的参数,建立回归模型。一般采用最小二乘法进行模型参数的估计来建立回归模型。

(4)对回归模型进行检验。回归模型可能不是一次就可以达到预期效果的,所以我们要通过对整个模型和各个参数的调整来检验,逐步优化并且最终确定符合规律的回归模型。

(5)利用回归模型进行预测。在新的数据中,利用已经检测好的模型,通过自变量预测因变量的发展趋势。

2. 简单线性回归分析

简单线性回归分析也称为一元线性回归,意思就是在这个回归模型中只含有一个自变量。一元线性回归就是处理一个自变量和一个因变量之间的线性关系,如同一元函数。

$$y = ax + b$$

而回归系数就是一元函数中的斜率,表现为自变量对因变量的影响程度。如想要得到一元函数中参数的最优解,则需要多一些的自变量和因变量值来拟合,一般会使用最小二乘法,就是最小平方法。

(1)分析步骤。接下来,我们就通过具体的数据,在 SPSS 中完成简单的线性回归分析。在 SPSS 中,打开"购买力.sav",我们先明确业务问题和分析目标,一般问题都是店铺需开在什么地方可以盈利,购买力与家庭收入、家庭规模、学历及地区的关系等。例如,我们需要预测不同的学历与每次消费额的关系,那我们就可以通过建立一个简单线性回归模型来预测。

确定每次消费额为因变量,学历高低为自变量,评估学历高低对每次消费额的影响,具体操作步骤如下所示。

① 先通过散点图,了解下自变量与因变量之间的相关关系。

点击"图形"→"旧对话框"→"散点图",得到两个变量之间的散点关系图,具体图形的绘制在第五节介绍。如图 3-78 所示,两个变量之间存在明显的线性关系。

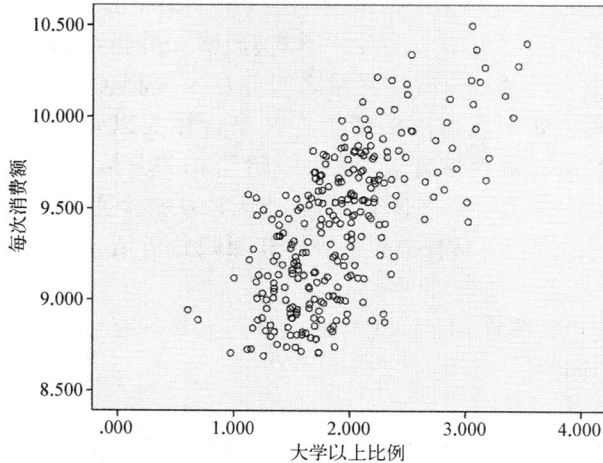

图 3-78　线性关系

② 建立简单线性回归模型。

单击"分析"→"回归",选择"线性",弹出"线性回归对话框",在对话框中,将"每次消费额"移至因变量框中,将"大学以上比例"移至自变量框中,自变量方法采用默认的"输入",如图 3-79 所示。

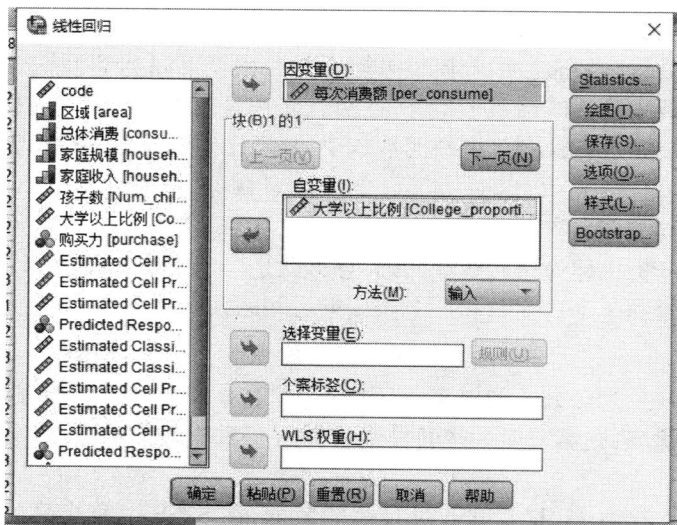

图 3-79　线性回归确定自变量与因变量

③ 设置回归系数及拟合度。

单击"Statistics"(统计)按钮,弹出统计对话框,一般情况下只需设置两个参数:一是勾选"回归系数"框中的"估算"复选框,以估计回归系数;二是勾选"模型拟合"复选框,以输出判定系数,其他默认,如图 3 - 80 所示。

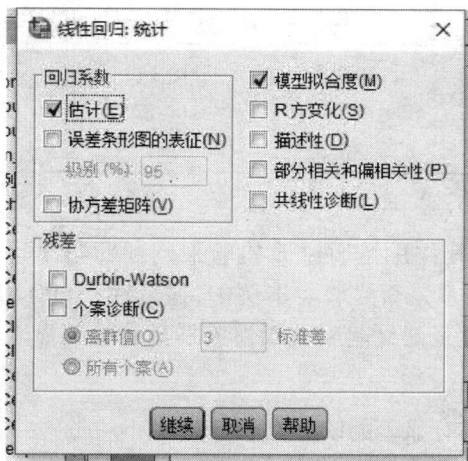

图 3 - 80 设置回归系数

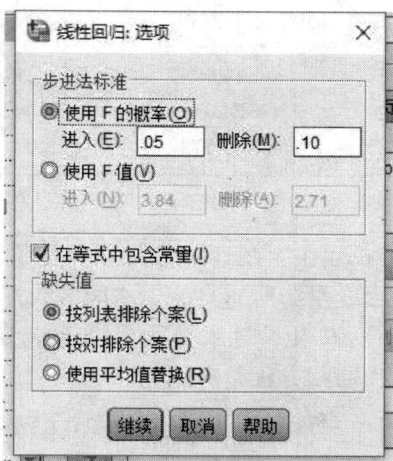

图 3 - 81 设置常量

④ 设置自变量步进标准及常数项。

单击"选项"按钮,弹出"线性回归:选项"对话框,勾选"在等式中包括常量"按钮,如图 3 - 81 所示。

⑤ 单击确定,即可完成简单的线性回归分析。

（2）分析结果解读。按照刚才的操作设置,SPSS 相应输出了 4 个结果表,如表 3 - 21,表 3 - 22,表 3 - 23,表 3 - 24 所示。

① 变数已输入/已移除。

表 3 - 21 变数已输入/已移除[a]

模 型	变数已输入	变数已移除	方 法
1	大学以上比例[b]		Enter

注:表中 a. 应变数:每次消费额;b. 已输入所有要求的变数。

说明此变量的输入内容没有异常值。

② 线性回归模型汇总表。

表 3 - 22 模 型 摘 要

模 型	R	R 平方	调整后 R 平方	标准偏斜度错误
1	.671[a]	.451	.449	.302 739

注:表中 a. 预测值:（常数）,大学以上比例。

对于此表,第二列为相关系数,我们可看到本例中相关系数为 0.671,与之前相关分析得出结果相同,表示两个变量间存在正向中度相关关系。R 平方表示拟合得到的模型能解释因变量变化的百分比,R 平方越接近 1,表示回归模型拟合效果越好,本例中 R 平方为 0.451,表示自变量可以解释因变量45%的变化,可看出拟合效果一般。

在简单线性回归中,就是采用R平方来衡量模型拟合效果的。

③ 线性回归方差分析表。

表 3 - 23　变异数分析[a]

模　型		平方和	df	平均值平方	F	显著性
1	回归	19.993	1	19.993	218.142	.000[b]
	残差	24.379	266	0.92		
	总计	44.372	267			

注:表中 a. 应变数:每次消费额;b. 预测值:(常数),大学以上比例。

方差分析表主要观察F值与显著性值。其作用是通过F检验来判断回归模型的回归效果,即检验因变量与所有自变量之间的线性关系是否显著。本例中,显著性=0.00<0.01,即认为模型1在0.01显著性水平下,因变量与自变量建立起来的线性关系具有极其显著的统计学意义,即认为回归方程是有用的。

显著性 > 0.05 不具有显著的统计学意义

0.01 < 显著性 ≤ 0.05 具有显著的统计学意义

显著性 ≤ 0.01 具有极其显著的统计学意义

④ 线性回归模型回归系数表。

表 3 - 24　系　　数[a]

模　　型	非标准化系数		标准化系数	T	显著性
	B	标准错误	Beta		
1　(常数)	8.363	.072		116.086	.000
大学以上比例	.540	.037	.671	14.770	.000

注:表中 a. 应变数:每次消费额。

通过系数表,我们就可还原自变量与因变量公式。先观察显著性值均<0.01,说明自变量对因变量影响显著,B值列分别表示常量与回归系数,得到的简单线性回归模型为:

$$y = 0.54x + 8.363$$

标准化系数表示自变量对因变量的重要性,这和相关系数结果是一致的。

(3)利用回归模型进行预测。只要知道了回归模型,就可预测每次消费额。在SPSS中,对于大量数据的预测,可通过"线性回归对话框"中的"保存"功能实现。弹出保存对话框,勾选"预测值"框中的"未标准化"即可,如图3-82所示,结果如图3-83所示。

3. 多重线性回归分析

简单的线性回归是一元的,只考虑单因素对因变量的影响,但是在现实社会中,对因变量的影响往往不止一个,可能会有多个影响因素,因此大多都是研究一个因变量与多个自变量之间的线性回归问题,就叫作多重线性回归,模型为:

$$y = a_1 x_1 + a_2 x_2 + a_3 x_3 + \cdots + a_n x_n + b$$

	PCP_2	ACP_2	PRE_3	变量
	.58	.42	9.22195	
	.64	.64	9.36641	
	.52	.48	9.37692	
	.51	.49	9.53670	
	.66	.66	9.24748	
	.70	.70	9.00621	
	.51	.51	9.46549	
	.61	.39	9.55284	
	.58	.58	9.09147	
	.50	.50	9.27672	
	.54	.46	9.60549	
	.50	.50	9.30901	
	.56	.44	9.44857	
	.71	.71	9.42991	
	.60	.60	9.34501	
	.53	.53	9.59975	

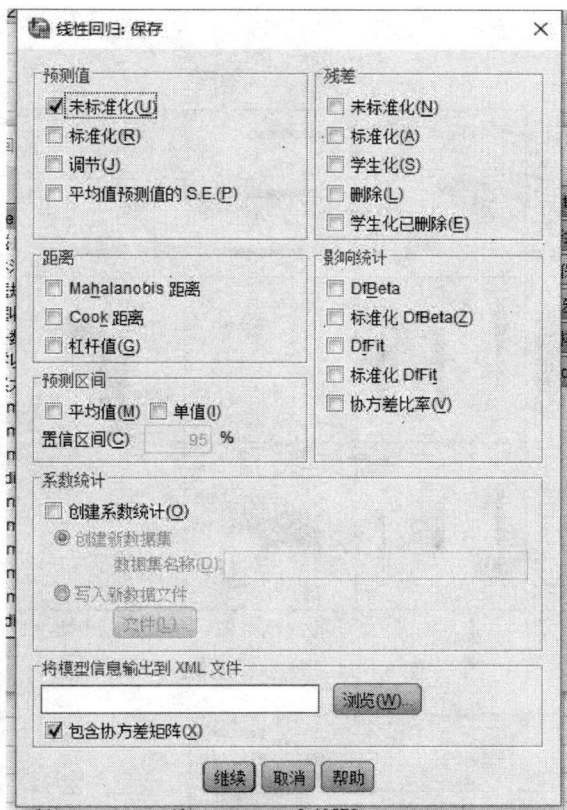

图 3-82　实现预测　　　　　　　　图 3-83　预测结果

a_1，a_2，$a_3 \cdots a_n$ 称为偏回归系数,而建立多重线性回归方程的关键就是求出各个偏回归系数,同样我们使用最小二乘法来估算。

（1）分析步骤。接下来,我们就通过具体的数据,在 SPSS 中完成多重线性回归分析。在 SPSS 中,打开"购买力.sav",我们先明确业务问题和分析目标,例如,我们需要预测不同的学历、孩子数量与每次消费额的关系,那我们就可以通过建立一个多重线性回归模型来预测。

确定每次消费额为因变量,学历高低和孩子数量为自变量,评估学历高低和家庭收入对每次消费额的影响,具体操作步骤如下所示:

① 先通过散点图,了解下自变量与因变量之间的相关关系。

点击"图形"→"旧对话框"→"散点图",得到三个变量之间的散点关系图,具体图形的绘制在第五节介绍。如图 3-84 和 3-85 所示,三个变量之间的关系我们通过"散点图矩阵"来表示。

② 建立多重线性回归模型。

单击"分析"→"回归",选择"线性",弹出"线性回归对话框",在对话框中,将"每次消费额"移至因变量框中,将"大学以上比例"和"家庭收入"移至自变量框中,自变量方法采用默认的"输入",如图 3-86 所示。

③ 设置回归系数及拟合度。

单击"Statistics"(统计)按钮,弹出统计对话框,一般情况下只需设置两个参数:一是勾选

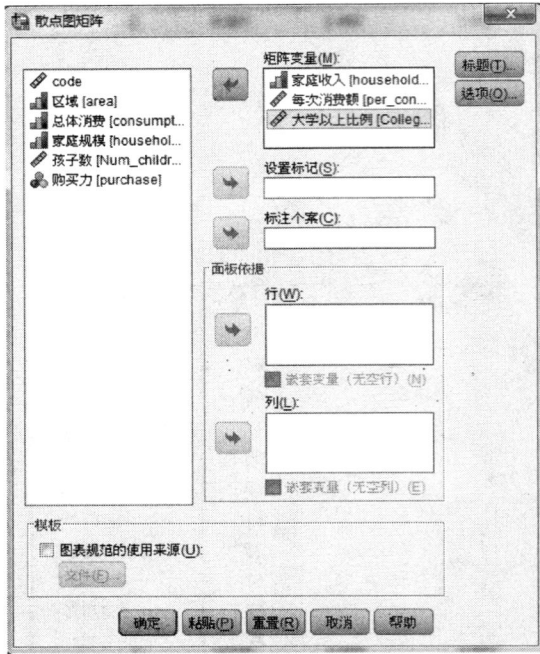

图 3 - 84　多个变量散点图

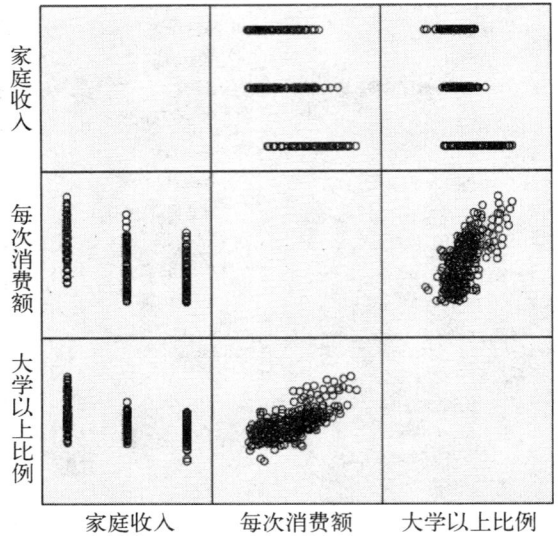

图 3 - 85　散点图结果表示

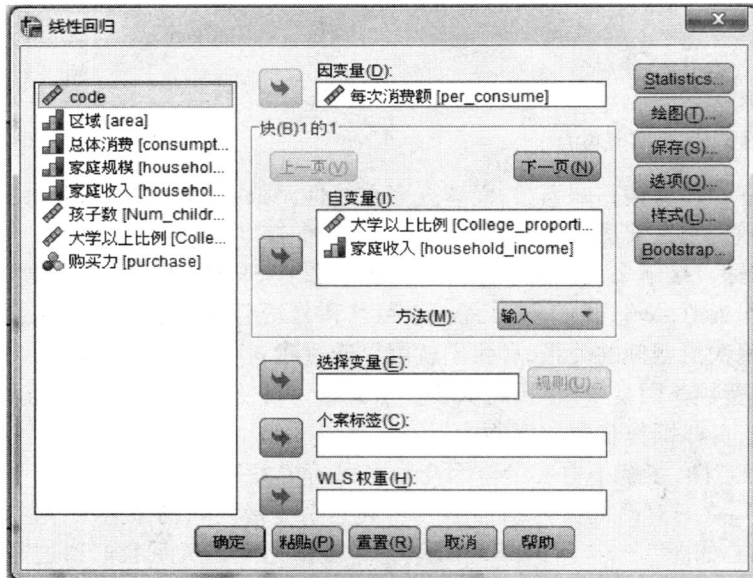

图 3 - 86　选择自变量和因变量

"回归系数"框中的"估算"复选框,以估计回归系数;二是勾选"模型拟合度"复选框,以输出判定系数,其他默认,同简单线性分析步骤,如图 3 - 87 所示。

④ 设置自变量步进标准及常数项。

单击"选项"按钮,弹出"线性回归:选项"对话框,勾选"在等式中包含常量"按钮,如图 3 - 88 所示。

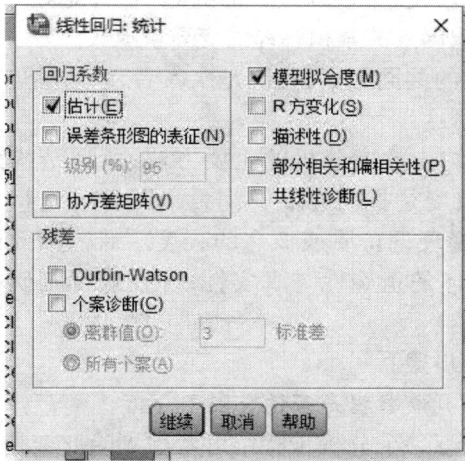

图 3-87　选择统计模型　　　　　　　图 3-88　设置常量

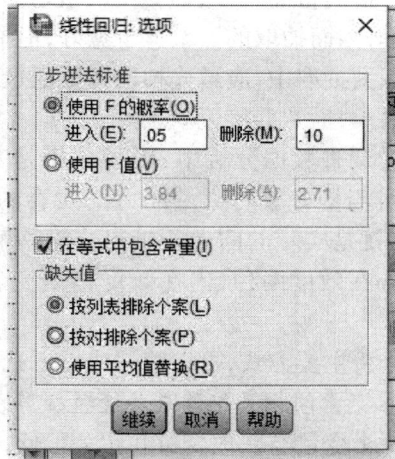

⑤ 单击确定,即可完成简单的线性回归分析。

（2）分析结果解读。按照刚才的操作设置,SPSS 同样输出了结果表,如表 3-25 所示。

表 3-25　多重线性回归结果

模型/系数[a]	非标准化系数		标准化系数	T	显著性
	B	标准错误	Beta		
1　（常数）	8.844	.116		76.434	.000
大学以上比例	.428	.041	.532	10.407	.000
家庭收入	−.133	.026	−.264	−5.176	.000

我们通过分析"线性回归模型回归系数表"得到多重线性回归模型:

通过结果,可看到显著性均<0.01,结果具有参考意义,可得出多重线性回归公式

$$Y = 0.43X_1 - 0.13X_2 + 8.84$$

（3）利用回归模型进行预测。多重线性回归模型预测和简单线性回归模型预测相似,参考上一节内容。

六、因子分析

因素分析就是将错综复杂的实测变量归结为少数几个因子的多元统计分析方法。基本适用于连续型数据,因为因子分析的一个主要参考为 KMO 系数,要求数据满足正态分布。此处因子分析只做介绍,不方便应用于离散数据中。

因素（因子）分析（Factor Analysis）的基本原理是根据相关性大小把变量分组,使得同组变量之间的相关性较高,不同组变量之间相关性较低。每组变量代表一个基本结构,这个结构用公共因子来进行解释。目的是揭示变量之间的内在关联性,简化数据维数,便于发现规律或本质,并据此对变量进行分类的一种统计分析方法。

因素分析的目的之一,即要使因素结构简单化,希望以最少的共同因素,能对总变异量作最大的解释,因而抽取的因素愈少愈好,但抽取因素的累积解释的变异量愈大愈好。在因素分析的共同因素抽取中,应最先抽取特征值最大的共同因素,其次是次大者,最后抽取共同因素的特征值最小,通常会接近0。

在问卷调查数据分析中,因子分析是其结构效度分析的主要方法,所谓结构效度是指测量工具对测量对象的测量能力。问卷的效度是指问卷能够测量出某种理论特质或概念的程度,也就是实际的问卷测量得分能够解释理论特质或概念的程度。研究的效度包括内在效度与外在效度两种,内在效度指研究叙述的正确性与真实性;外在效度则研究推论的正确性。

因子分析主要方式,可以简述成以下几个步骤。

1. 计算变量间相关矩阵或共变量矩阵,即判断数据是否适合因子分析

如果一个变量与其他变量间相关很低,在下一个分析步骤中可考虑剔除此变量。主要参考 KMO 结果,一般认为大于 0.5,即可接受。同时还可以参考相关系数,一般认为分析变量的相关系数多数大于 0.3,则适合做因子分析。

2. 估计因素负荷量,即构造因子变量

此步决定抽取的因素,方法主要有:主成分分析法、主轴法、一般化最小平方法、未加权最小平方法、极大似然法、Alpha 因素抽取法与印象因素抽取法等。最常使用的为主成分分析法和主轴法。

3. 决定转轴方法,即利用因子旋转方法使得因子更具实际意义

转轴法使得因素负荷量易于解释。转轴以后,变量在每个因素的负荷量不是变大就是变得更小,通常在最初因素抽取后,对因素无法作有效的解释。转轴的目的在于改变题项在各因素的负荷量的大小,转轴时根据题项与因素结构关系的密切程度,调整各因素负荷量的大小。转轴后大部分的题项在每个共同因素中有一个差异较大的因素负荷量。

常用的转轴方法有最大变异法、四次方最大值法、相等最大值法、直接斜交转轴法等。最常用的是最大变异法、四次方最大值法。

4. 决定因素与命名,即计算每个个案因子得分

转轴后,要决定因素数目,选取较少因素层面,获得较大的解释量。

另外要注意:因子分析的可靠性除与预试样本的抽样有关外,与样本数的多少更有密切关系。进行因素分析时,预试样本应该比问卷题项数目要多。如果一个问卷有 40 个题目,则因素分析时,样本数不得少于 40 人,并且预试样本数最好是问卷题目的 5 倍。

以"工厂生产产品.sav"为例,分析这些变量的共性,降低分析维度,具体操作步骤如下。

(1) 执行"分析"→"降维"→"因子分析",打开因子分析对话框,将左边的变量加入右边变量框中,如图 3-89 所示。

由图 3-89 可以看出,因子分析对话框右边列出 5 个按钮:"描述""抽取""旋转""得分""选项",以下依次介绍每个按钮的功能:

描述

(2) 点击"描述"按钮,就进入"因子分析:描述统计"对话框,如图 3-90 所示。

① "Statistics"选框。

• "单变量描述性":输出每一题项的变量名称、平均数、标准差与有效观察值个数。

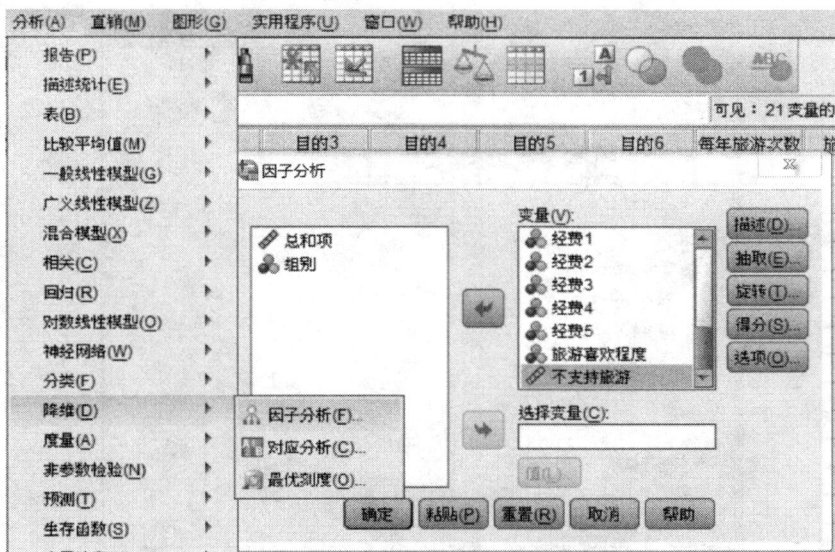

图 3 - 89　因子分析对话框

●"原始分析结果"：输出因素分析未转轴前的共同性、特征值、因素个别解释的方差百分比及所有共同因素累积解释百分比。

②"相关性矩阵"选框。

●"系数"：表示输出题项变量间的相关系数矩阵。

●"显著性水平"：输出前述相关系数矩阵的显著水平。

●"行列式"：输出前述相关矩阵的行列式值。

●"KMO 和 Bartlett 的球形度检验"：输出 KMO 抽样适当参数和 Bartlett 的球形检验,此选项数据可判断问卷表是否能进行因素分析。

●"逆模型"：求出相关矩阵的反矩阵。

●"再生"：输出重制相关矩阵,上三角形矩阵代表残差值,而主对角线及下三角形代表相关系数。

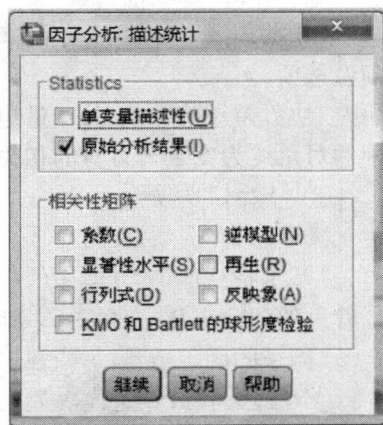

图 3 - 90　描述对话框

●"反映象"：输出反映象的共变量及相关矩阵。反映象相关矩阵的对角线数值代表每一个变量的取样适当性量数(MSA),此量数数据可作为个别题项变量是否进行因素分析的判别依据。

一般在描述对话框中,选择"原始分析结果""再生""反映象""KMO 和 Bartlett 的球形度检验"及"行列式",点击继续。

抽取

(3) 点击"抽取"按钮,进入"因子分析：抽取"对话框,如图 3 - 91 所示。

①"方法"选项框：下拉式菜单内有 7 种抽取因素的方法：主要有"主成分""未加权的最小平方法""综合最小平方法""最大似然""主轴因子法""Alpha 因子法""图像因子法"。其中,主成分是 SPSS 内定的抽取方法。

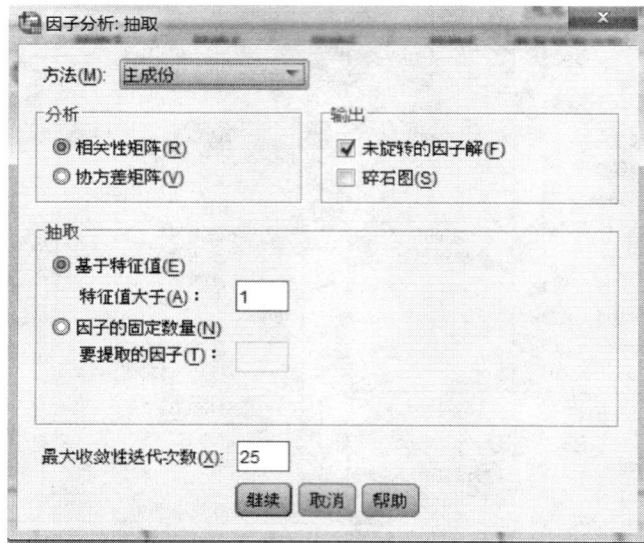

图 3-91 "抽取"对话框

② "分析"选项框：

"相关矩阵"：以相关矩阵来抽取因素,选择此项才能输出标准化后的特征值,为 SPSS 的预设选项。

"协方差矩阵"：以共变量矩阵来抽取因素。协方差矩阵的对角线为变量的方差,相关矩阵的对角线为变量与自身的相关系数。

③ "输出"选项框。

④ "抽取"选项框。

"基于特征值"：方框中的数字内定为 1,表示因素抽取时,只抽取特征值大于 1 的值,统计者可随意输入 0~变量总数之间的值,但通常不随意更改。

"因子的固定数量"：指强迫计算机进行因素分析时抽取的元素值。

⑤ "最大收敛性迭代次数"：指收敛时的最大迭代次数,内定值为 25,一般不更改。

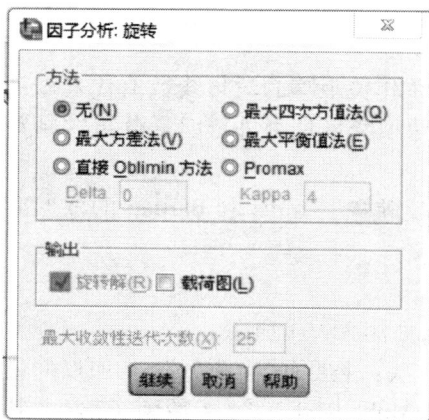

图 3-92 旋转对话框

旋转

（4）点击"旋转",旋转对话框如 3-92 所示。

① "方法"选项框：共有 6 种因素旋转方法。如果统计者认为因子之间没有相关,就应采取正交转轴法,最常使用的为"最大方差法";如果因子间有相关,则常用"直接 Oblimin 方法",最常用的也是这两种方法。

② "输出"选框：一般选择旋转解,输出旋转后的相关信息;因子负荷图则主要绘出因素的散布图,显示某选项与共同因素间的关系。

得分

（5）"得分对话框"如图 3-93 所示。

① "保存为变量"：表示将新建立的因素储存至数

据文件中,并产生新的变量名称。

②"方法"：表示计算因素得分的方法有三种。

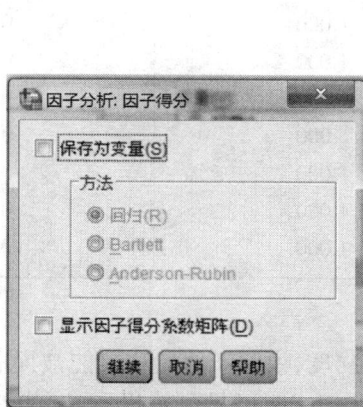

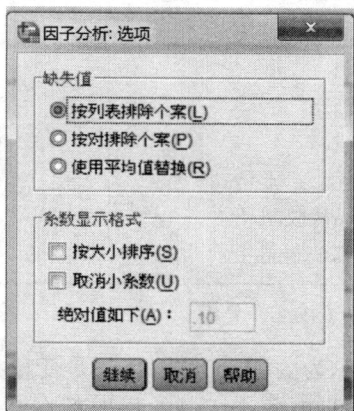

图 3-93　因子得分　　　　图 3-94　选项对话框

选项

（6）在"选项"对话框中,"缺失值"框表示缺失值的处理方式,一般选择"按列表排除个案"；"系数显示格式"框表示因素负荷量出现的格式,一般选择"按大小排序",如图 3-94 所示。

（7）设置完成后,点击确定,我们就可看到因子分析结果,如表 3-26、表 3-27、表 3-28 所示。

"相关矩阵"表示因素间是否相关,在相关矩阵中,如果某个变量与其他多数变量的相关系数均未达到显著,或相关系数均很低,表示此变量与其余变量同质性不高,可考虑将此变量删除。在相关矩阵中,变量间最好不要完全低度相关或者全部高度相关。

KMO（其值介于 0~1 直接）,当 KMO 值越大时,表示变量间的共同因素越多,越适合进行因素分析,如果 KMO 的值小于 0.5 时,则表示不宜进行因素分析。

表 3-26　KMO 与 Bartlett 检定

Kaiser - Meyer - Olkin 测量取样适当性。		0.617
Bartlett 的球形检定	大约卡方	952.529
	df	0.45
	显著性	0.000

由结果可知,首先观察 KMO 与 Bartlett 检定,该结果用来检验数据是否适合因子分析,主要参考 KMO 统计量即可,本例中,KMO 统计量为 0.617,在 0.5 和 0.7 之间,因此该数据适合进行因子分析。

表 3-27　Communalities

	起　始	撷　取
初级产品	1.000	0.996
食品	1.000	0.972
饮料及烟类	1.000	0.830

（续表）

	起　始	撷　取
非食用原料	1.000	0.963
矿物燃料	1.000	0.934
动植物油脂	1.000	0.622
工业制成品	1.000	0.982
化学品	1.000	0.982
轻纺产品橡胶制品	1.000	0.983
未分类其他制品	1.000	0.757

注：撷取方法：主体元件分析。

表 3-27 显示为公因子方差，也就是变量共同度，说明了原始变量能被提取的因子所表示的程度。由结果可知，每个因子的提取都在 0.6 以上，所以是可被提取的，能够很好地表示因子的解释能力。

表 3-28　说明的变异数总计

元件	起始特征值			撷取平方和载入			循环平方和载入		
	总计	变异的%	累加%	总计	变异的%	累加%	总计	变异的%	累加%
1	7.857	78.573	78.573	7.857	78.573	78.573	7.083	70.827	70.827
2	1.165	11.654	90.228	1.165	11.654	90.228	1.940	19.401	90.228
3	.647	6.467	96.694						
4	.244	2.443	99.137						
5	.037	.373	99.510						
6	.032	.322	99.832						
7	.011	.107	99.940						
8	.005	.055	99.994						
9	.001	.006	100.000						
10	$1.286E-8$	$1.286E-7$	100.000						

注：撷取方法：主体元件分析。

表 3-28 此结果表示"说明的差异数统计"，说明的是所提取的因子对所有变量的贡献率，一般要达到 60% 以上，说明提取因子可以解释全部变量，达到 80% 以上，说明提取因子届时能力非常好。本例中，共提取了两个因子，通过累加可看到，旋转后的累加相较初始值差距没有很大，说明因子的届时能力较好。

图 3-95 为碎石图，功能是可引导我们判断最佳因子的个数，通常是选取较陡位置的因子。本例显示选取前两个因子可得到较好的结果。

由"Communalities"得知，提取后的因子方差值都很高，表示提取的因子能很好地描述指标，"说明的变异数统计"中显示，前两个因子可以描述总因子的 90%，在"陡坡图"中可看出，从第三个因素开始，特征差异变小。综合以上，提取前两个因子是最好的（表 3-29、表 3-30）。

陡坡图

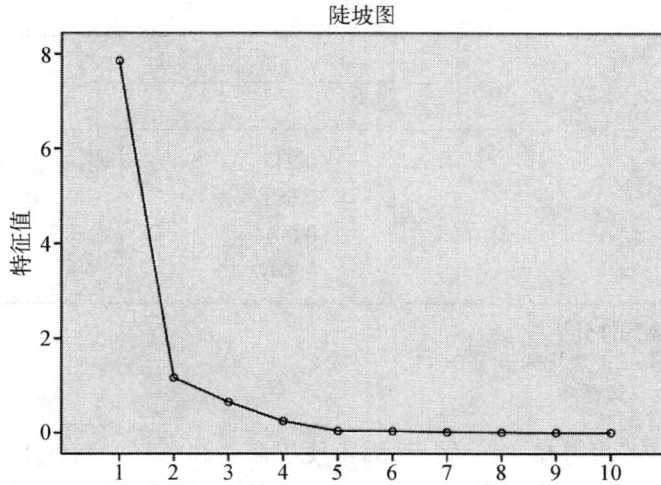

图 3 - 95 碎石图

表 3 - 29 元 件 矩 阵^a

	元 件	
	1	2
初级产品	0.994	0.091
食品	0.984	0.055
化学品	0.983	0.126
轻纺产品橡胶制品	0.983	0.132
工业制成品	0.982	0.136
非食用原料	0.969	0.157
矿物燃料	0.953	0.158
饮料及烟类	0.848	0.335
动植物油脂	0.592	-0.521
未分类其他制品	-0.295	0.819

注：撷取方法：主体元件分析。
表中 a. 撷取 2 个元件。

表 3 - 30 旋转元件矩阵^a

	元 件	
	1	2
工业制成品	0.969	0.207
轻纺产品橡胶制品	0.969	0.211
化学品	0.967	0.216
初级产品	0.965	0.252
非食用原料	0.964	0.182
矿物燃料	0.950	0.176

（续表）

	元　件	
	1	2
食品	0.945	0.283
饮料及烟类	0.683	0.603
未分类其他制品	0.001	-0.870
动植物油脂	0.380	0.691

注：撷取方法：主体元件分析。
转轴方法：具有 Kaiser 正规化的最大变异法。
表中 a. 在 3 迭代中收敛循环。

由“旋转元件矩阵”可得知，经旋转后，因子便于命名和解释。元件 1 主要解释了初级产品、食品、化学品，一直到动植物油脂，而元件 2 则很好地解释了未分类的其他制品。

七、文字词频分析

一般的调查问卷中都会包含开放性文字题，一般出现在“意见与建议”“对××的理解”或者“您认为有哪些改进措施”等题目中。对于开放性文字题，如果可以的话，可将文字进行总结归类，对这类答案做出定性分析，总结出少部分描述，最后用频率分析确定这几类出现的次数。

以“游客对低碳旅游的认知.sav”为例，在此调查问卷中，第 20 题“您觉得怎样做才能成为一名低碳旅游者”为一道开放性文字题目，统计被调查者关于成为一名低碳旅游者的建议，具体步骤如下：

（1）将每一位被调查者的开放性答案加以总结，增加一个变量来提炼描述部分，如图 3－96 所示。

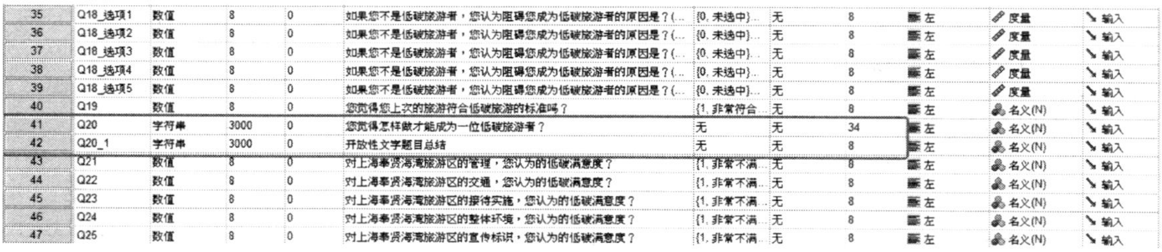

35	Q18_选项1	数值	8	0	如果您不是低碳旅游者，您认为阻碍您成为低碳旅游者的原因是？(...	{0, 未选中}...	无	8	左	度量	输入
36	Q18_选项2	数值	8	0	如果您不是低碳旅游者，您认为阻碍您成为低碳旅游者的原因是？(...	{0, 未选中}...	无	8	左	度量	输入
37	Q18_选项3	数值	8	0	如果您不是低碳旅游者，您认为阻碍您成为低碳旅游者的原因是？(...	{0, 未选中}...	无	8	左	度量	输入
38	Q18_选项4	数值	8	0	如果您不是低碳旅游者，您认为阻碍您成为低碳旅游者的原因是？(...	{0, 未选中}...	无	8	左	度量	输入
39	Q18_选项5	数值	8	0	如果您不是低碳旅游者，您认为阻碍您成为低碳旅游者的原因是？(...	{0, 未选中}...	无	8	左	度量	输入
40	Q19	数值	8	0	您觉得您上次的旅游符合低碳旅游的标准吗？	{1, 非常符合...	无	8	左	名义(N)	输入
41	Q20	字符串	3000	0	您觉得怎样做才能成为一位低碳旅游者？	无	无	34	左	名义(N)	输入
42	Q20_1	字符串	3000	0	开放性文字题目总结	无	无	8	左	名义(N)	输入
43	Q21	数值	8	0	对上海奉贤海湾旅游区的管理，您认为的低碳满意度？	{1, 非常不满...	无	8	左	名义(N)	输入
44	Q22	数值	8	0	对上海奉贤海湾旅游区的交通，您认为的低碳满意度？	{1, 非常不满...	无	8	左	名义(N)	输入
45	Q23	数值	8	0	对上海奉贤海湾旅游区的接待实施，您认为的低碳满意度？	{1, 非常不满...	无	8	左	名义(N)	输入
46	Q24	数值	8	0	对上海奉贤海湾旅游区的整体环境，您认为的低碳满意度？	{1, 非常不满...	无	8	左	名义(N)	输入
47	Q25	数值	8	0	对上海奉贤海湾旅游区的宣传标识，您认为的低碳满意度？	{1, 非常不满...	无	8	左	名义(N)	输入

图 3－96　增加变量

（2）提炼问卷者答案，最终归出几类即可，如图 3－97 所示。此步骤较烦琐，需逐条总结提炼。

（3）对提炼出的新变量做频率分析，同 3.4.1 节中介绍的频率分析。得出结果如图 3－98 所示。

由结果可知，主张绿色出行和节能的分别占比 23.8%和 18.3%。关于词频分析，在第 5 章中介绍了基于 Python 的词频分析，有兴趣同学可以敲敲代码一起分析，详情参考第 5 章。

Q19	Q20	Q20_1	Q21	Q22
2	尽力而为	尽力而为	2	4
3	迈开腿。	绿色出行	3	3
2	乘坐公共交通	绿色出行	3	3
3	不乱扔垃圾	保护环境	1	2
3	坚持自我	坚持	3	3
2	先了解后再实施	先了解再实施	3	3
1	好好学习	先了解再实施	3	3
2	保护环境	保护环境	3	2
2	少旅游多睡觉	少出行	3	2
2	减少污染	保护环境	3	2
1	坚持绿色出行，无污染，绿色环保，坚持绿水青	绿色出行	5	4
2	选择公共交通工具；旅游时尽可能自带生活用品	绿色出行	3	1
1	嗯	无	5	4
3	不浪费	保护环境	2	3
4	。。。。	无	1	1
3	不知道	无	2	3
1	要一直坚持	坚持	3	3
2	有实践	先了解再实施	4	4
1	尽量来锻炼	尽力而为	1	1
3	不了解	无	4	4
3	少排放co2	保护环境	3	3
1	好	无	4	2
2	从我做起	从身边做起	4	4
3	贫穷	无	4	4
3	环保	保护环境	3	4

图 3-97　提炼总结

		次数	百分比	有效的百分比	累债百分比
有效	保护环境	23	11.4	11.4	11.4
	从身边做起	22	10.9	10.9	22.3
	坚持	13	6.4	6.4	28.7
	节能	37	18.3	18.3	47.0
	尽力而为	4	2.0	2.0	49.0
	绿色出行	48	23.8	23.8	72.8
	少出行	26	12.9	12.9	85.6
	无	15	7.4	7.4	93.1
	先了解再实施	14	6.9	6.9	100.0
	總計	202	100.0	100.0	

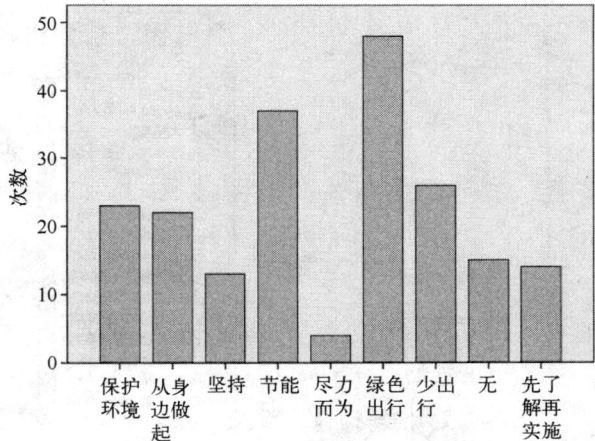

图 3-98　开放性文字题目总结

第五节　图形输出

统计图是用点的位置、线段的升降、直条的长短或面积的大小等来表达资料的内容。它可以把资料所反映的变化趋势、数量多少、分布状态和相互关系等形象直观地表现出来，以便读者阅读、比较和分析，其特点是简明、生动、形象易懂。本节将介绍 SPSS 在绘制常用统计图方面的功能以及如何编辑生成的图形。

统计图形分为许多种,包括:条形图、线性图、面积图等,不同图形有着不同的数据要求和使用环境,使用时一定要考虑好每种统计图的功能和特点。

绘制统计图形用"图形"菜单实现,它下设有子菜单"图表构建器""图形画板模板选择程序""比较子组""回归变量图"以及"旧对话框"。考虑使用的普遍性,本节主要讲述旧对话框的使用。

一、条形图

点击"图形"→"旧对话框"→"条形图",就可绘制数据的条形图。条形图用条形的长短来表示非连续数据的多少,适用于描述变量的取值大小、取值比例。常用条形图有简单条形图、分类条形图及堆积条形图等。

以"游客对低碳旅游的认知.sav"数据为例,比较男女游客的人数。

1. 简单条形图

步骤如下:

(1)点击"图形"→"旧对话框"→"条形图",打开条形图对话框,如图 3-99 所示。在图中,"集群条形图"表示分类条条形图;"个案组摘要"是对样本分组作图;"各个变量的摘要"是对不同的变量作图;"个案值"是对单个样本作图。

(2)点击"简单",进入定义简单条形图对话框,如图 3-100 所示,类别轴表示 X 轴分类变量,将"您的性别"放入类别轴中,"条的表征"表示统计者想以何种方式统计数据,完成后点击确定,如图 3-101 所示。

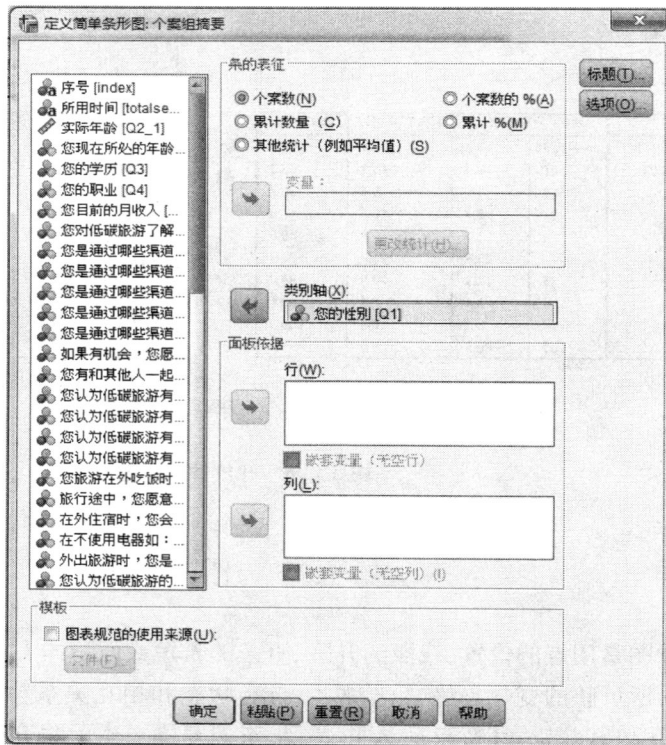

图 3-99　条形图　　　　　　　　　图 3-100　简单条形图对话框

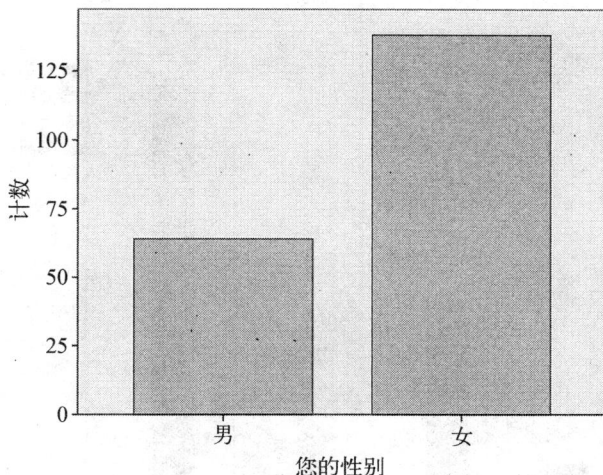

图 3－101　简单条形图结果

2. 集群条形图

当我们在条形图对话框中选中"集群条形图"时,就会出现定义集群条形图对话框,它与简单条形图对话框基本相似,只是多了"定义聚类",用于指定一个子分类变量,如图 3－102 所示,比较不同学历男女游客数量,得到结果如图 3－103 所示。

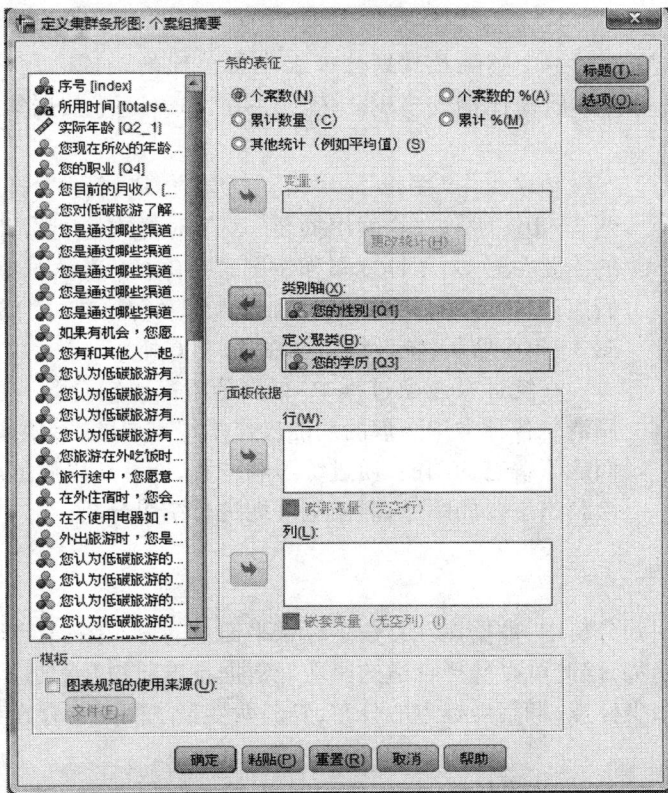

图 3－102　集群条形图设定

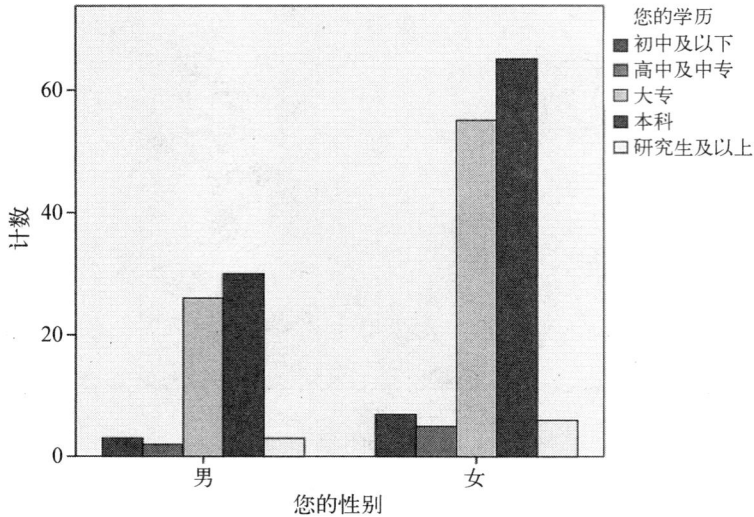

图 3 - 103   根据性别做表

3. 堆积条形图

堆积条形图设置界面与集群条形图界面基本相同,遂不再阐述,请同学们自行学习。

二、饼图

饼图也称圆图,它使用一个圆圈及其划分来表现百分比的构成。用户可根据圆中扇形的大小,判断某一部分样本所占比例的多少。依然使用"customer"数据集,统计男女游客的比例关系。

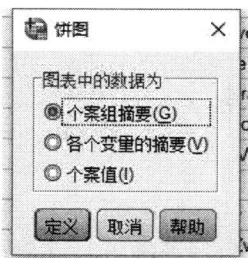

图 3 - 104   饼图

依次点击"图形"→"旧对话框"→"饼图",打开饼图对话框,如图 3 - 104 所示,"个案组摘要"表示对样本进行分组作图;"各个变量的摘要"表示对不同变量作饼图;"个案值"表示对单个样本作饼图;我们点击"个案组摘要",将性别放入定义分区中,完成对学历的统计,如图 3 - 105 所示,统计结果如图 3 - 106 所示。

在统计及建模过程中,很多分析都要结合 SPSS 绘图功能去处理,搞清楚各种常用图形的功能操作是很重要的,希望通过本节的学习,我们能了解它的功能,通过练习和理解,能够在以后的应用中灵活正确地绘制出想要的图像,以便更好地进行结果分析。

三、散点图

散点图是指在回归分析中,数据点在直角坐标系平面上的分布图,散点图表示因变量随自变量而变化的大致趋势,据此可以选择合适的函数对数据点进行拟合。适用于连续型数据,指用两组数据构成多个坐标点,考察坐标点的分布,判断两变量之间是否存在某种关联或总结坐标点的分布模式。

以"购买力.sav"为例,通过散点图,大致确定"每次消费额"与"孩子数"之间的关系。

(1)点击"图形"→"旧对话框"→"散点/点状",打开散点图对话框,如图 3 - 107 所示,散

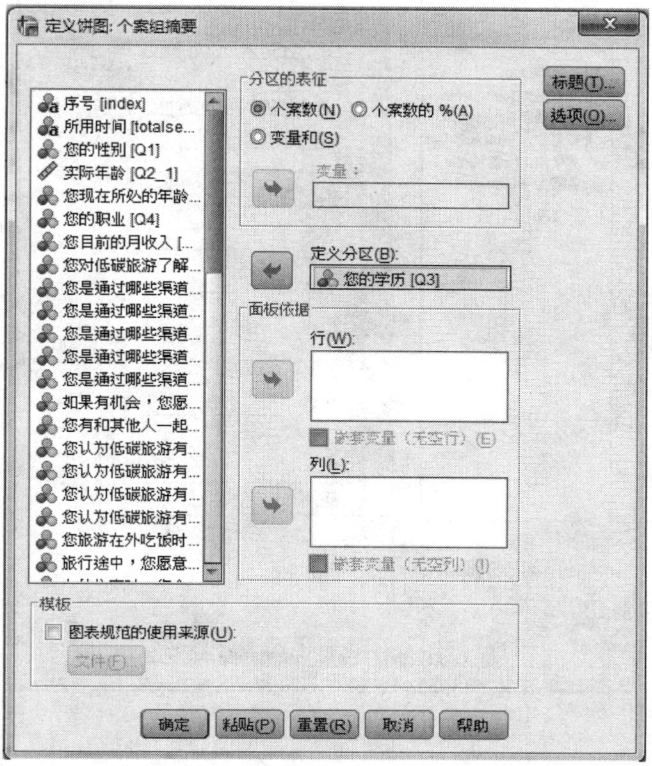

图 3 - 105　饼图对话框

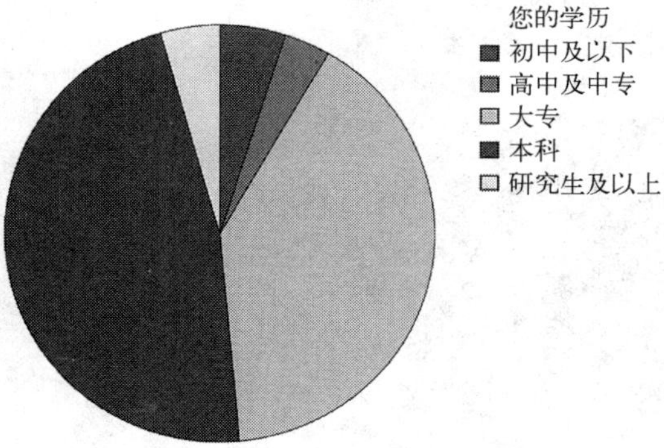

图 3 - 106　饼图结果

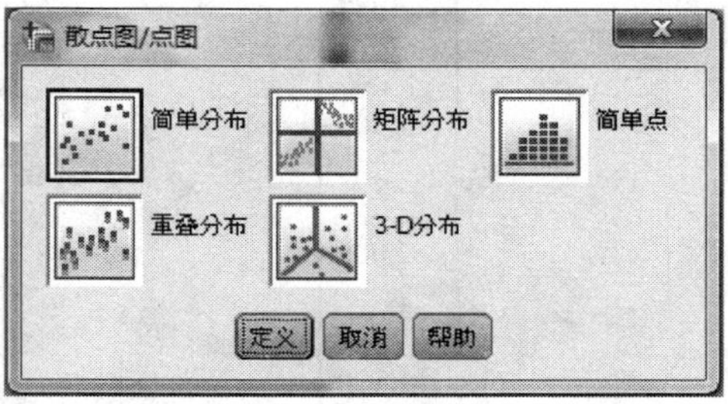

图 3 - 107　散点图

点图包括"简单分布散点图""矩阵分布散点图""简单点散点图""重叠分布散点图"和"3 - D分布散点图"。矩阵分布散点图是以矩阵形式显示多个变量之间关系的散点图,重叠分布散点图是显示多个配对变量关系的散点图。我们选择简单分布散点图。

　　(2)在"简单散点对话框"中,我们需要选择 X 轴和 Y 轴,如图 3 - 108 所示。点击"确定",得到统计结果,如图 3 - 109 所示。

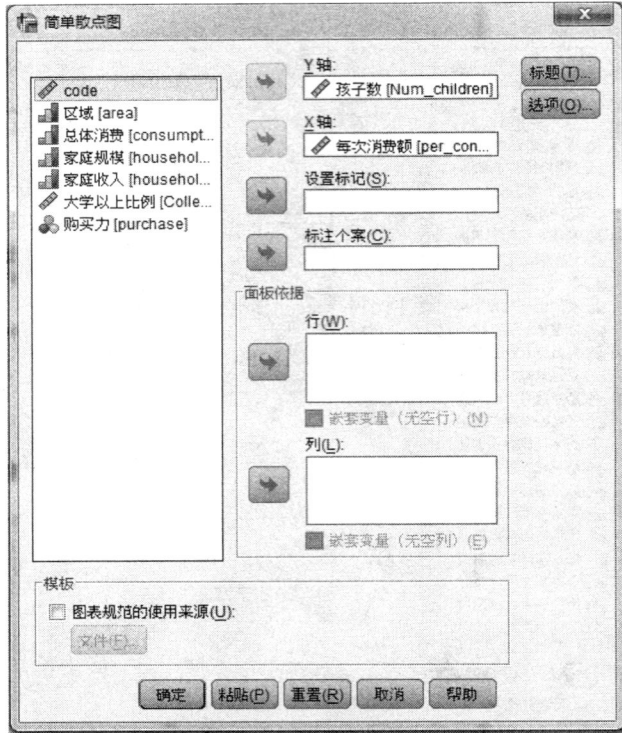

图 3-108　确定 X 与 Y 轴

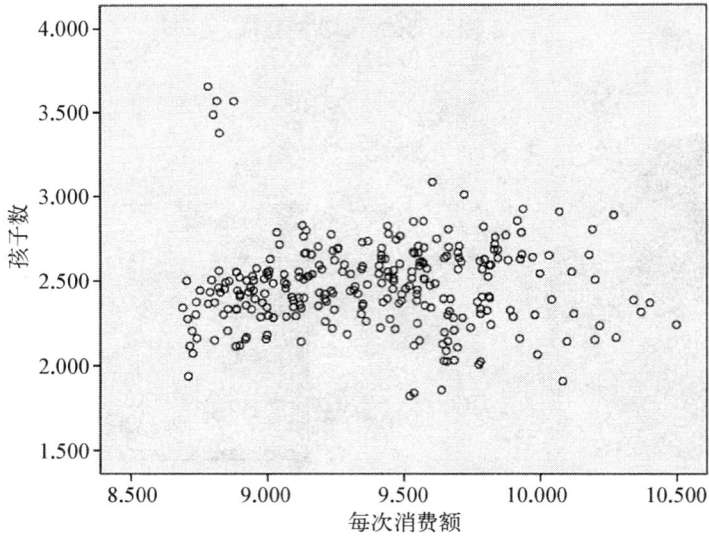

图 3-109　散点图结果

四、雷达图

现在使用雷达图来分析比较数据越来越多,因为雷达图可以在同一坐标系内展示多指标的分析比较情况,它是由一组坐标和多个同心圆组成的图表,也比普通的柱形图和饼状图显得专业的多,雷达图用 Excel 就可完成,它在插入图表选项卡中,选择要分析的数据并插入雷达图即可。

本 章 小 结

　　本章主要介绍了问卷调查数据的处理过程,从数据的输入、预处理、加工、数据分析、数据展示等方面介绍了问卷调查数据完整的处理过程。本章通过 SPSS 软件来处理数据,因为 SPSS 软件已经很好地集成了数据的各个分析算法。

　　在本章介绍中,一般问卷的处理过程为:在 SPSS 软件中导入问卷数据,进行变量的更改,设置多响应集,删除重复项,此为预处理工作。在数据分析时,先对问卷数据进行信度分析,判断问卷题目设置是否具有可靠性,之后再通过其他方法分析。

　　数据分析算法包括简单的描述性分析、相关分析,以及回归分析、聚类分析,更包含因子分析等高级分析模式。通过这些算法,我们可更好地分析问卷调查数据,挖掘数据中包含的一些内在信息以及未来可预测信息。

第四章 旅游数据分析方法

大数据时代,对数据进行相关的分析,可以快捷、高效地发现客观事物间内在的规律、关系、特征,并将这种结论应用于实际生活中。旅游数据分析亦如此,按照某种特定的要求通过对旅游相关数据,将原始数据进行整理、归纳、统计、分析、总结,并从中提取出有用的信息,从而达到探索旅游数据背后所隐藏的客观规律的目的。

在此过程必然涉及诸多数学统计的思想和各类数据绘图的工作,同时针对大数据的特征,旅游数据可以以矩阵形式呈现。为了简化计算过程,体现矩阵和各类数据的可视化操作,因此以下选择 MATLAB 平台进行相应处理。①

第一节 描述性统计量的简述

旅游数据分析基础是数理统计,而数理统计学中的基本问题是:根据试验或观察得到的数据,对研究对象的数量规律性作出种种合理的估计和判断。其中涉及诸多统计量,下面以九寨沟的旅游人数变化规律假设作为说明。

设九寨沟旅游的人数为 X

样本 X_1, X_2, $\cdots$, X_n,九寨沟旅游在某年 1~12 月份的实际人数。$g(X_1, X_2, \cdots, X_n)$ 是 n 元连续函数,若它不含任何未知参数,则称 $g(X_1, X_2, \cdots, X_n)$ 为一个统计量。

样本均值又称为算术平均数,用 $\overline{X}$ 表示

$$\overline{X} = \frac{1}{n} \sum_{i=1}^{n} X_i$$

式中, $\sum$ 是求和符号。

九寨沟旅游在某年 1~12 月份的平均人数样本方差

$$S^2 = \frac{1}{n-1} \sum_{i=1}^{n} (X_i - \overline{X})^2 = \frac{1}{n-1} \Big[\sum_{i=1}^{n} X_i^2 - n \overline{X}^2 \Big]$$

九寨沟旅游在某年 1~12 月份的实际人数与当年平均人数之间的方差。样本标准差

$$S = \sqrt{S^2} = \sqrt{\frac{1}{n-1} \sum_{i=1}^{n} (X_i - \overline{X})^2}$$

中位数,将数据观察值 X_1, X_2, $\cdots$, X_n 按其变量值由小到大的顺序排序后为 $X(1)$, $X(2), \cdots, X(N)$,其位置处于中间的变量数值即中位数,如果数据个数为奇数,则中位数数值恰为 $N/2$ 位置上的数值。如果数据个数为偶数,则中位数数值为最中间位置上两个数值的均值。将九寨沟旅游在某年 1~12 月份的实际人数从小到大排序,处于中间位置的就是当年的

---

① 大数据相关分析综述_梁吉业

中位数。

众数,是被研究总体中出现次数最多的那个变量值,众数与中位数都不是通过直接观察值计算出的,而是将数据排序后从位置上直接得到的,因而这两种代表值也称为位置平均数。观察九寨沟旅游在某年 1~12 月份的实际人数,出现次数最多的人数就是众数。

正态分布,是许多统计方法的理论基础。检验、方差分析、相关和回归分析等多种统计方法均要求分析的指标服从正态分布。许多统计方法虽然不要求分析指标服从正态分布,但根据数理统计中的中心极限定理,统计量在大样本时近似正态分布,因而大样本时这些统计推断方法也是以正态分布为理论基础的①。九寨沟旅游人数可能无法直接运用数理统计推断,因此需要将数据转化为正态分布。

经验分布函数,样本分布函数(sample distribution function)亦称经验分布函数,统计学中的基本概念之一。样本分布函数 $F_n(x)$ 具有分布函数的性质,我们可以将其看成是以等概率 $1/n$ 取值 $X_1, X_2, \cdots, X_n$ 的离散型随机变量的分布函数。且该函数的图形呈跳跃式一条台阶形折线,如观测值不重复,则每一跳跃为 $1/n$,如有重复,则按 $1/n$ 的倍数跳跃上升②。现实中九寨沟旅游人数数据可能只有局部数据,想要研究全体需要将局部离散数据数理转化为连续函数,从而进行后续分析。于是,这个连续函数是否具有足够的代表性就成为关键问题。

第二节　Matlab 统计工具箱

Matlab 统计工具箱中提供了大多数的功能,它以各类函数的形式提供给用户使用。工具箱支持广泛的统计任务,从随机数生成,到曲线拟合、实验设计和统计过程控制。而各类统计函数的使用就像是搭积木块,需要用户根据自己需求进行组合。

工具箱提供了两类工具:构建块概率和统计函数,另一是图形化的、交互式的工具。第一类工具是由命令或从自己的应用程序调用的函数组成的。这些函数中有许多是 Matlab 的 M - 文件,用户可以使用语句类型函数名来查看这些函数的 Matlab 代码。第二类工具提供了一些交互式工具,让用户通过图形用户界面(GUI)访问许多功能。并且基于 GUI 的工具提供了多项式拟合和预测的环境,以及概率函数的探索。③

一、利用 mean 求算术平均

格式:mean(X)　　　　　　　%X 为向量,给出 X 中各元素的平均值。
　　　mean(A)　　　　　　　%A 为矩阵,给出 A 中各列元素的平均值构成的向量。
　　　mean(A, dim)　　　　　%在给出的维数内的平均值。

说明:X 为向量时,算术平均值的数学含义是 $\overline{X} = \dfrac{1}{n} \sum\limits_{i=1}^{n} X_i$,即均值。④

二、忽略 NaN 计算算术平均值

格式:nanmean(X)　　　　　%X 为向量,给出 X 中除 NaN 外元素的算术平均值。

① 茆诗松,程依明,濮晓龙.概率论与数理统计教程(第二版)[M].北京:高等教育出版社,2010.
② 南京大学金陵学院大学数学教研室.概率论与数理统计简明教程[M].南京:东南大学出版社,2014.
③ Statistics Toolbox Matlab.
④ https://ww2.mathworks.cn/help.

| nanmean(A) | %A 为矩阵,给出 A 中各列除 NaN 外元素的算术平均值向量。 |

三、利用 var 求样本方差

格式: $D = \text{var}(X)$ %$\text{var}(X) = s^2 = \dfrac{1}{n-1} \sum\limits_{i=1}^{n} (x_i - \bar{X})^2$, 若 X 为向量,则求向量的样本标准差。

$D = \text{var}(A)$ %A 为矩阵,则 D 为 A 的列向量的样本标准差构成的行向量。

$D = \text{var}(X, 1)$ %返回向量(矩阵)X 的简单方差(即置前因子为 $\dfrac{1}{n}$ 的方差)。

$D = \text{var}(X, w)$ %返回向量(矩阵)X 的以 w 为权重的方差。

四、利用 std 求标准差

格式: $\text{std}(X)$ %返回向量(矩阵)X 的样本标准差(置前因子为 $\dfrac{1}{n-1}$)即:

$$\text{std} = \sqrt{\dfrac{1}{n-1} \sum\limits_{i=1}^{n} (x_i - \bar{X})^2}$$

$\text{std}(X, 1)$ %返回向量(矩阵)X 的标准差(置前因子为 $\dfrac{1}{n}$)。

$\text{std}(X, 0)$ %与 $\text{std}(X)$ 相同。

$\text{std}(X, \text{flag}, \text{dim})$ %返回向量(矩阵)中维数为 dim 的标准差值,其中 flag＝0 时,置前因子为 $\dfrac{1}{n-1}$;否则置前因子为 $\dfrac{1}{n}$。

五、利用 median 求中位数

格式: $M = \text{median}(X)$,返回 X 的中位数值。

如果 X 为向量,则 $\text{median}(X)$ 返回 X 的中位数值。

如果 X 为非空矩阵,则 $\text{median}(X)$ 将 A 的各列视为向量,并返回中位数值的行向量。

如果 X 为 0×0 空矩阵,$\text{median}(X)$ 返回 NaN。

六、利用 mode 求众数

格式: $M = \text{mode}(X)$,返回 X 的样本众数,即 X 中出现次数最多的值。

如果有多个值以相同的次数出现,mode 将返回其中最小的值。对复杂的输入,最小值是排序列表的第一个值。

如果 X 为向量,则 $\text{mode}(X)$ 返回 X 中出现次数最多的值。

如果 X 为非空矩阵,那么 $\text{mode}(X)$ 将返回包含 X 每列众数的行向量。

第三节　数据的预处理

数据预处理(data preprocessing)是指对所收集数据进行分类或分组前所做的审核、筛选、排序等必要的处理①。由于数据在实际采集过程中未必完全符合研究者的要求,或者原始数据的数据结构不一致、数据存在重复或冗余、部分数据属性的缺失等,需要运用恰当的方法进行再加工处理,获得满足研究分析的格式,这是数据分析的第一步。

下面介绍常见的集中方式:数据的平滑,数据的标准化,数据的异常值检测。

一、数据的平滑

1. 数据平滑简介

数据在实际采集过程中无法彻底避免"噪声"的干扰,为了提高数据的质量就需要去掉这些"噪声",这就是数据的平滑。在 Matlab 中通常使用函数 smoothts( ),在将来可能会改成 smoothdata( )

格式:output = smoothts(input ,'g', wsize, stdev)

表 4-1　smoothts 的参数

input	财务时间序列对象或面向行的矩阵。在面向行的矩阵中,每行表示一组单独的观察
'b','g',或'e'	平滑方法(实质上是使用的过滤器类型)。可以是指数(e),高斯(g),或盒(b)。默认值=b
wsize	窗口大小(标量)。默认值=5
stdev	表示高斯窗口的标准偏差的标量。默认值=0.65
n	对于指数方法,指定窗口大小或指数因子,具体取决于值
	$n > 1$(窗口大小)或期间长度
	$n < 1$ 和 >0(指数因子:alpha)
	$n = 1$(无论是窗口大小还是 alpha)
	如果未提供 n,则默认值为 wsize=5 和 alpha=0.333 3

2. 案例分析

下面分别用以上参数,对数据文件 example31.xlsx,进行平滑并画图。代码为如下:

```
% ******************读取数据,绘图 *********************
x = xlsread('examp31.xlsx');  %从文件 examp31.xls 中读取数据
ex31 = x(:,223:946)';  %提取矩阵 x 的第 2 列数据
figure;  %新建一个图形窗口
plot(ex31,'r','LineWidth',2);  %绘制曲线图,红色实线,线宽为 2
xlabel('日期');ylabel('九寨沟历史流量统计 201205-201507');%为 X 轴和 Y 轴加标签
box on
grid on

% *****利用盒子法对数据进行平滑处理,绘制平滑波形图 ***********
output1 = smoothts(ex31,'b',30);  %用盒子法平滑数据,窗宽为 30
```

① 李卫东.应用统计学[M].北京:清华大学出版社,2014:55-56.

```
output2＝smoothts(ex31,'b',100)；　％用盒子法平滑数据,窗宽为100
figure；　％新建一个图形窗口
plot(ex31,'r.')；　％绘制平滑前的图
hold on
plot(output1,'k','LineWidth',2)；　％绘制平滑后曲线图,黑色实线,线宽为2
plot(output2,'b-.','LineWidth',2)；　％绘制平滑后曲线图,黑色点划线,线宽为2
xlabel('日期')；
ylabel('人数')；％为 X 轴和 Y 轴加标签
title('九寨沟历史流量统计 201205-201507')
```

其中图 4 - 1 是原始数据绘图,图 4 - 2 是利用盒子法对数据进行平滑处理。

```
output1＝smoothts(ex31,'b',30)；　％用盒子法平滑数据,窗宽为30
```

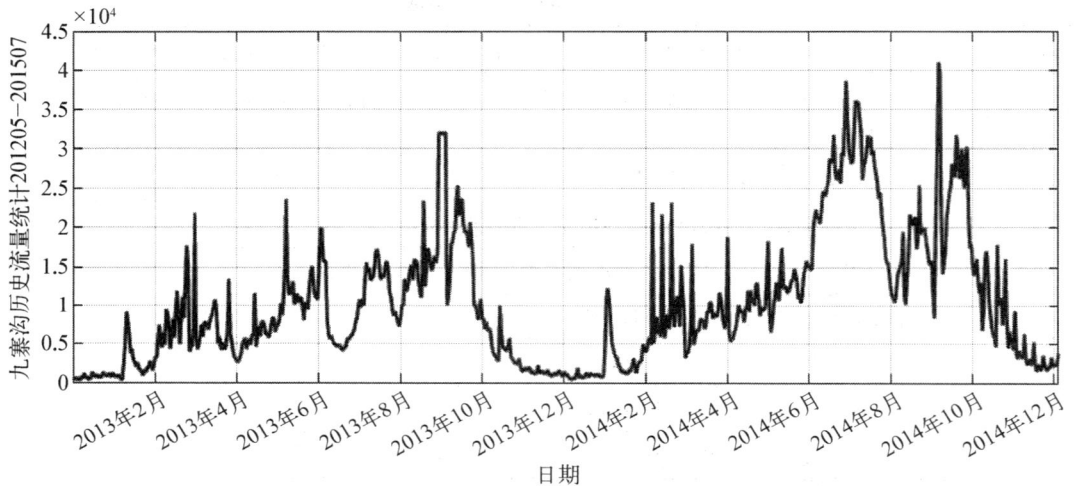

图 4 - 1　原始数据图

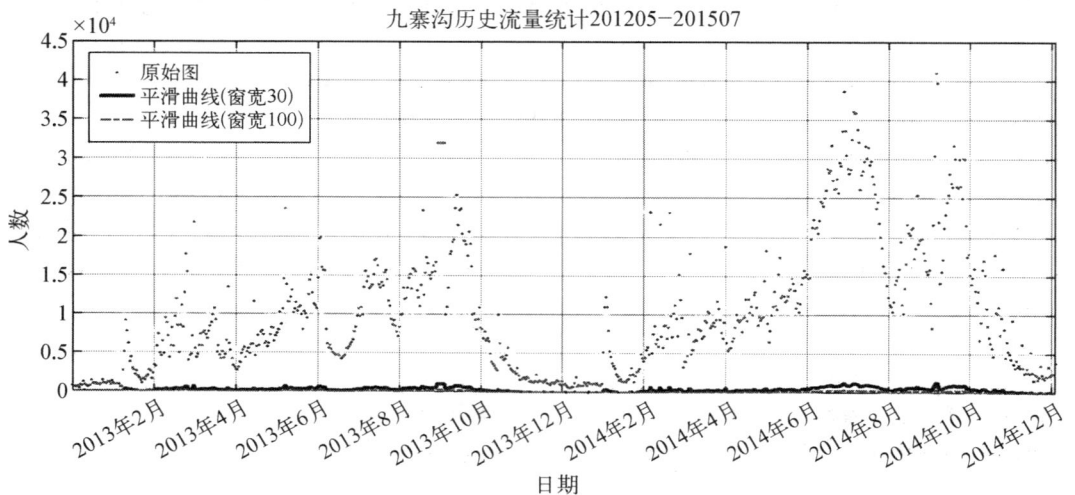

图 4 - 2　利用盒子法对数据进行平滑处理图

output2 = smoothts(ex31,' b ',100);　　%用盒子法平滑数据,窗宽为 100

图 4 - 3 是利用高斯窗方法对数据进行平滑处理。

output3 = smoothts(ex31,' g ',30);　　%窗宽为 30,标准差为默认值 0.65

output4 = smoothts(ex31,' g ',100,100);　　%窗宽为 100,标准差为 100

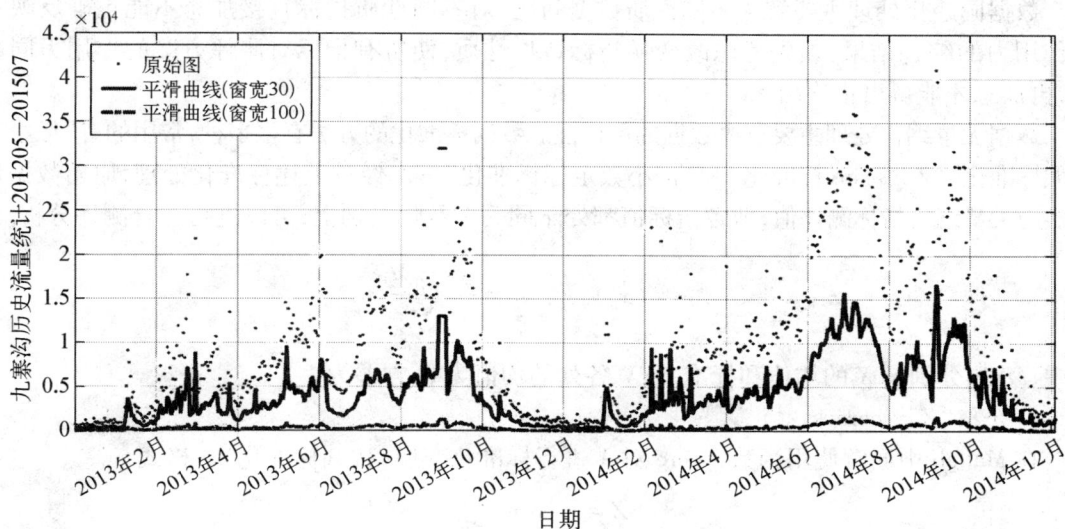

图 4 - 3　利用高斯窗口方法对数据进行平滑处理图

图 4 - 4 是利用指数法对数据进行平滑处理。

output5 = smoothts(ex31,' e ',30);　　%用指数法平滑数据,窗宽为 30

output6 = smoothts(ex31,' e ',100);　　%用指数法平滑数据,窗宽为 100

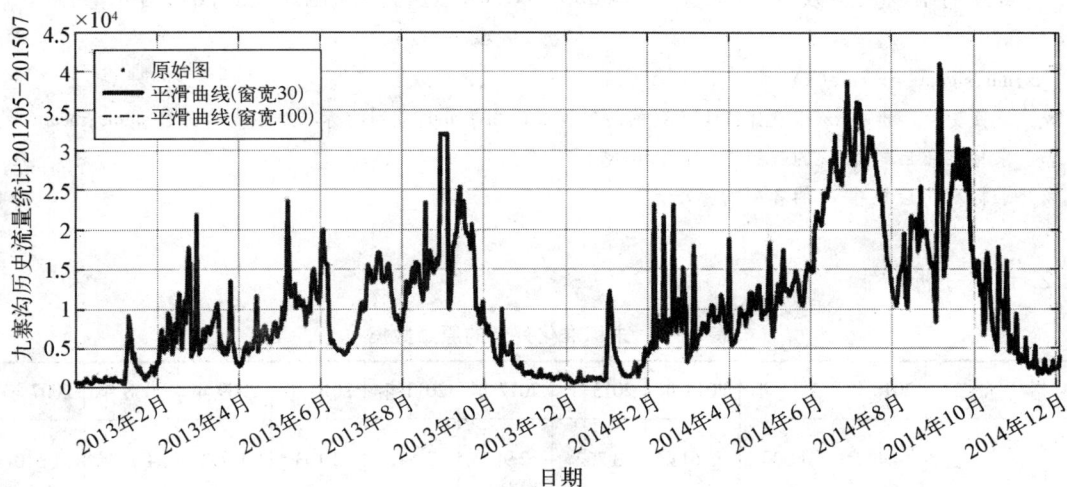

图 4 - 4　利用指数法对数据进行平滑处理图

由图 4 - 4 可知,利用盒子法对数据进行平滑时,数据失真。利用高斯窗口方法对数据进行平滑,当窗口为 30 时,有所失真;当窗口为 100 时,数据失真。利用指数法对数据进行平滑时,无论是窗口 30、窗口 100,数据失真均较小。

二、数据的标准化

在数据分析之前,我们通常需要先将数据标准化(normalization),利用标准化后的数据进行数据分析。数据标准化处理主要包括:数据同趋化处理和无量纲化处理两个方面。

数据同趋化处理主要解决不同性质数据问题,对不同性质指标直接加总不能正确反映不同作用力的综合结果,须先考虑改变逆指标数据性质,使所有指标对测评方案的作用力同趋化,再加总才能得出正确结果。

数据无量纲化处理主要解决数据的可比性。数据标准化的方法有很多种,常用的有"最小—最大标准化""Z-score 标准化"和"按小数定标标准化"等。经过上述标准化处理,原始数据均转换为无量纲化指标测评值,即各指标值都处于同一个数量级别上,可以进行综合测评分析。

$$X^* = (x_{ij}^*)_{n*p}, \ x_{ij}^* = \frac{x_{ij} - M_j}{S_j}$$

式中,M_j、S_j 分别是 X_j 的均值和标准差;X^* 各列的均值为 0、方差为 1

1. 介绍"Z-score 标准化"

在 Matlab 中通常使用函数 zscore 对 X 进行标准化变换(按列标准化)。格式

$$Z = \text{zscore}(X)$$

返回 X 的每个元素的 z 分数,这样,X 的列以平均值 0 为中心,并缩放以具有标准偏差 1。Z 的大小与 X 相同。

如果 X 是一个向量,则 Z 是 z 分数的向量。

如果 X 是矩阵,则 Z 是一个与 X 大小相同的矩阵,而 Z 的每一列都表示 0 和标准偏差 1。

下面分别用以上参数,对数据文件"example34.xlsx"进行标准化处理。代码为如下:

```
[xz,mu,sigma] = zscore(x)
%  返回变换后矩阵 xz,以及矩阵 x 各列的均值构成的向量 mu,各列的标准差构成的向量 sigma;mean(xz)
%  求标准化后矩阵 xz 的各列的均值;std(xz)
%  求标准化后矩阵 xz 的各列的标准差
```

2. 案例分析

表 4-2　未标准化处理的原始数据

指　标	2016 年	2015 年	2014 年	2013 年	2012 年	2011 年	2010 年	2009 年	2008 年	2007 年
国内游客(百万人次)	4 440	4 000	3 611	3 262	2 957	2 641	2 103	1 902	1 712	1 610
城镇居民国内游客(百万人次)	3 195	2 802	2 483	2 186	1 933	1 687	1 065	903	703	612
农村居民国内游客(百万人次)	1 240	1 188	1 128	1 076	1 024	954	1 038	999	1 009	998

（续表）

指　　标	2016 年	2015 年	2014 年	2013 年	2012 年	2011 年	2010 年	2009 年	2008 年	2007 年
国内旅游总花费（亿元）	39 390	34 195.1	30 311.9	26 276.1	22 706.2	19 305.4	12 579.8	10 183.7	8 749.3	7 770.6
城镇居民国内旅游总花费（亿元）	32 241	27 610.9	24 219.8	20 692.6	17 678	14 808.6	9 403.8	7 233.8	5 971.8	5 550.4
农村居民国内旅游总花费（亿元）	7 147.8	6 584.2	6 092.1	5 583.5	5 028.2	4 496.8	3 176	2 949.9	2 777.6	2 220.2
国内旅游人均花费（元）	888.2	857	839.7	805.5	767.9	731	598.2	535.4	511	482.6
城镇居民国内旅游人均花费（元）	1 009.1	985.5	975.4	946.6	914.5	877.8	883	801.1	849.4	906.9
农村居民国内旅游人均花费（元）	576.4	554.2	540.2	518.9	491	471.4	306	295.3	275.3	222.5

表 4 - 3　已标准化处理的数据

国内游客（无量纲）	1.621 9	1.180 33	0.789 97	0.439 74	0.133 67	−0.183 4	−0.723 3	−0.925	−1.115 7	−1.218 1
城镇居民国内游客（无量纲）	1.571 5	1.142 04	0.793 45	0.468 9	0.192 43	−0.076 4	−0.756 1	−0.933 1	−1.151 7	−1.251 1
农村居民国内游客（无量纲）	1.893 1	1.329 31	0.678 75	0.114 93	−0.448 89	−1.207 9	−0.297 1	−0.72	−0.611 5	−0.730 8
国内旅游总花费（无量纲）	1.617 12	1.156 631	0.812 415	0.454 672	0.138 228	−0.163 23	−0.759 4	−0.971 8	−1.098 94	−1.185 7
城镇居民国内旅游总花费（无量纲）	1.645 22	1.160 005	0.804 651	0.435 036	0.119 136	−0.181 55	−0.747 92	−0.975 31	−1.107 56	−1.151 72
农村居民国内旅游总花费（无量纲）	1.452 98	1.130 85	0.849 591	0.558 901	0.241 52	−0.062 2	−0.817 1	−0.946 33	−1.044 81	−1.363 39
国内旅游人均花费（无量纲）	1.202 23	1.001 161	0.889 671	0.669 267	0.426 952	0.189 148	−0.666 69	−1.071 41	−1.228 65	−1.411 68
城镇居民国内旅游人均花费（无量纲）	1.445 03	1.082 891	0.927 907	0.485 974	−0.006 6	−0.569 76	−0.489 96	−1.746 71	−1.005 55	−0.123 22
农村居民国内旅游人均花费（无量纲）	1.125 45	0.960 296	0.856 142	0.697 68	0.490 117	0.344 302	−0.886 2	−0.965 8	−1.114 59	−1.507 4

　　从表 4 - 2 可以得到，城镇居民国内游客的单位是百万人次，城镇居民国内旅游总花费的单位是亿元，而城镇居民国内旅游人均花费的单位是元，不同的指标导致在实际计算时无法进行分析，并且数据本身千差万别，因此需要进行标准化，最后得到表 4 - 3。

三、数据的异常值检测

　　数据中的异常值被称作离群点，它是一个明显偏离于其他数据点的对象。异常检测也称偏差检测和例外挖掘。在数据采集中不可避免地受到各类因素的影响,导致产生异常值,因此许多的研究将这种差异信息视为噪声而丢弃。然而,也有可能数据本身就包含这些异常点,这些点中就有可能蕴含了更加特殊的信息①。

1. 常见异常值检测算法②

(1)基于统计模型的方法。首先需要建立一个数据模型,异常是那些同模型不能完美拟合的对象。

(2)基于邻近度的方法。通常可以在对象之间定义邻近性度量,异常对象是那些远离其他对象的对象。

(3)基于密度的方法。仅当一个点的局部密度显著低于它的大部分近邻时才将其分类为离群点。

(4)基于聚类的方法。聚类分析用于发现局部强相关的对象组,而异常检测用来发现不与其他对象强相关的对象。因此,聚类分析非常自然的可以用于离群点检测。

2. 介绍"基于聚类的方法"

K-means 算法是很典型的基于距离的聚类算法,采用距离作为相似性的评价指标,即认为两个对象的距离越近,其相似度就越大。该算法认为簇是由距离靠近的对象组成的,因此把得到紧凑且独立的簇作为最终目标③。

(1)K-means 算法思路:先随机选取 K 个对象作为初始的聚类中心。然后计算每个对象与各个种子聚类中心之间的距离,把每个对象分配给距离它最近的聚类中心。聚类中心以及分配给它们的对象就代表一个聚类。一旦全部对象都被分配了,每个聚类的聚类中心会根据聚类中现有的对象被重新计算。这个过程将不断重复直到满足某个终止条件。终止条件可以是以下任何一个:

a. 没有(或最小数目)对象被重新分配给不同的聚类;

b. 没有(或最小数目)聚类中心再发生变化;

c. 误差平方和局部最小。

(2)算法步骤:

a. 从数据集中随机挑 K 个数据当簇心;

b. 对数据中的所有点求到这 K 个簇心的距离,假如点 Pi 离簇心 Si 最近,那么 Pi 属于 Si 对应的簇;

c. 根据每个簇的数据,更新簇心,使得簇心位于簇的中心;

d. 重复步骤 e 和步骤 f,直到簇心不再移动(或其他条件,如前后两次距离和不超过特定值),继续下一步;

e. 计算每个簇的正常半径,即阈值(此程序阈值为每个簇的平均距离与 1.5 倍标准差之和);

f. 从每个簇中,找出大于阈值的点,即离群点。

由于 Matlab(2016)中没有直接计算异常值的函数,因此根据 K-means 算法思路需要自己编写。

① Jiawei Han;Micheline Kamber;Jian Pei 著;范明,孟小峰,译.数据挖掘与技术第三版[M].机械工业出版社,2012:356 - 369.
② Anomaly Detection:A Survey VARUN CHANDOLA, ARINDAM BANERJEE, and VIPIN KUMAR 2009.
③ 倪巍伟,陆介平,陈耿,等:基于 k 均值分区的数据流离群点检测算法[J].计算机研究与发展,2006,43(9):1639 - 1643.

格式：Z＝outlinerjg(XX)

```
function bili＝outlinerjg(XX)
k1＝1.5;
k2＝2.5;

inlier＝[ ];
outlier＝[ ];
num＝[ ];
%%%x＝[1 1.1 1.2 1.3 1.4 2 0.2 1.2 1.3 1.4 0.9 1.1 1.2 10];

len＝length(XX);
average1＝mean(XX);
standard1＝std(XX);

for i＝1:len
    if abs(XX(i)−average1)<k1 * standard1
        inlier＝[inlier XX(i)];
    end
end

average2＝mean(inlier);
standard2＝std(inlier);

fori＝1:len
    if abs(XX(i)−average2)>＝k2 * standard2
        outlier＝[outlier XX(i)];
      num＝[num i];

    end
end
```

3. 案例分析

以数据 example31.xlsx(九寨沟历史流量统计 201205–201507)为例,进行运算得出以下异常值的数据。

表 4－4　九寨沟历史流量异常值

日　　期	人　数	日　　期	人　数
2012 年 8 月 3 日	24 481	2012 年 8 月 9 日	24 772
2012 年 8 月 4 日	25 651	2012 年 8 月 10 日	26 310
2012 年 8 月 5 日	26 108	2012 年 8 月 11 日	26 988
2012 年 8 月 7 日	24 921	2012 年 8 月 12 日	27 622

（续表）

日　　期	人　数	日　　期	人　数
2012 年 8 月 13 日	24 798	2014 年 7 月 29 日	33 607
2012 年 8 月 17 日	26 244	2014 年 7 月 30 日	30 509
2012 年 10 月 1 日	32 409	2014 年 7 月 31 日	28 778
2012 年 10 月 2 日	47 353	2014 年 8 月 1 日	28 163
2012 年 10 月 3 日	52 935	2014 年 8 月 2 日	28 669
2012 年 10 月 4 日	46 752	2014 年 8 月 3 日	32 504
2012 年 10 月 5 日	31 036	2014 年 8 月 4 日	36 043
2013 年 10 月 2 日	31 975	2014 年 8 月 5 日	35 843
2013 年 10 月 3 日	31 975	2014 年 8 月 6 日	35 880
2013 年 10 月 4 日	31 975	2014 年 8 月 7 日	33 784
2013 年 10 月 5 日	31 975	2014 年 8 月 8 日	32 171
2013 年 10 月 6 日	31 975	2014 年 8 月 9 日	26 117
2013 年 10 月 7 日	31 975	2014 年 8 月 10 日	28 002
2013 年 10 月 16 日	25 330	2014 年 8 月 11 日	28 508
2014 年 7 月 11 日	24 569	2014 年 8 月 12 日	29 723
2014 年 7 月 12 日	24 424	2014 年 8 月 13 日	31 679
2014 年 7 月 14 日	25 045	2014 年 8 月 14 日	30 143
2014 年 7 月 15 日	26 013	2014 年 8 月 15 日	31 509
2014 年 7 月 16 日	28 750	2014 年 8 月 16 日	29 272
2014 年 7 月 17 日	28 266	2014 年 8 月 17 日	29 777
2014 年 7 月 18 日	28 564	2014 年 8 月 18 日	27 828
2014 年 7 月 19 日	31 775	2014 年 8 月 19 日	26 833
2014 年 7 月 20 日	27 275	2014 年 8 月 20 日	25 570
2014 年 7 月 21 日	26 188	2014 年 8 月 22 日	24 510
2014 年 7 月 22 日	26 252	2014 年 9 月 19 日	25 383
2014 年 7 月 23 日	27 450	2014 年 10 月 3 日	30 425
2014 年 7 月 24 日	25 650	2014 年 10 月 4 日	40 987
2014 年 7 月 25 日	29 578	2014 年 10 月 5 日	39 688
2014 年 7 月 26 日	29 145	2014 年 10 月 12 日	24 478
2014 年 7 月 27 日	33 554	2014 年 10 月 13 日	25 438
2014 年 7 月 28 日	38 611	2014 年 10 月 14 日	28 129

（续表）

日　　期	人　数	日　　期	人　数
2014 年 10 月 15 日	26 939	2014 年 10 月 23 日	25 014
2014 年 10 月 16 日	26 457	2014 年 10 月 24 日	30 112
2014 年 10 月 17 日	31 761	2014 年 10 月 25 日	30 039
2014 年 10 月 18 日	30 078	2015 年 3 月 28 日	30 484
2014 年 10 月 19 日	26 501	2015 年 7 月 10 日	24 463
2014 年 10 月 20 日	26 359	2015 年 7 月 14 日	24 966
2014 年 10 月 21 日	30 005	2015 年 7 月 15 日	28 334
2014 年 10 月 22 日	26 560	2015 年 7 月 16 日	26 922

第四节　相关性分析

1. 函数关系与统计关系

现实生活中，各种变量之间存在可知和未知的关系。这些关系大致可以分成两种：函数关系和统计关系[1]。假设两个变量分别为 Y 和 X，函数关系是指 $Y = F(X)$，则 X 在数学上被称为自变量，Y 是因变量，存在唯一一个 Y 与每个 X 对应的函数关系。统计关系是指两个变量之间存在某种依存关系，但 Y 不等于 $F(X)$，Y 并不是由变量 X 唯一确定的，或者两者之间暂时无法得出确定的函数关系。此时需要了解两个变量间关系，这种关系就是统计关系，即相关关系。两个变量之间若存在线性关系，即 $Y = KX + B$，将 Y 和 X 的关系称为线性相关。Y 和 X 也会存在非线性关系，称为曲线相关。相关分析因其具有可以快捷、高效地发现事物间内在关联的优势而受到广泛的关注。

变量 Y 与变量 X 之间线性相关的程度可以用简单相关系数 r 度量。它的计算公式为：

$$r = \frac{\mathrm{cov}(X,\ Y)}{\sqrt{\mathrm{var}(X)\,\mathrm{var}(Y)}} = \frac{E(XY) - E(X)E(Y)}{\sqrt{\mathrm{var}(X)\,\mathrm{var}(Y)}}$$

式中，$\mathrm{cov}(X,\ Y)$ 为 X，Y 的协方差 $\mathrm{var}(X)$、$\mathrm{var}(Y)$ 分别为 X、Y 的方差，$E(X)$ 为 X 期望值，其中，X 和 Y 分别是变量 Y 和 X_n 个样本数据的平均值。

简单相关系数 r 的取值为偌大的 X 值趋于同大的 Y 值相关联，小的 X 值同小的 Y 值相关联，表明变量 X 与 Y 之间是正相关，这时，$0 < r < 1$；偌大的 X 值趋于同小的 Y 值相关联，小的 X 值同大的 Y 值相关联，表明变量 X 与 Y 之间是负相关，这时，$-1 < r < 0$。

在 Matlab 中通常使用函数 corrcoef( )

格式：$[\mathrm{R\ P}] = \mathrm{corrcoef}(A,\ B)$

返回两个随机变量 A 和 B 之间的系数。系数值的范围是从 -1 到 1，其中 -1 表示直接负相关性，0 表示无相关性，1 表示直接正相关性。返回相关系数的矩阵和 p 值矩阵，用于测试观

---

[1]　张建同，孙昌言，王世进.应用统计学[M].北京：清华大学出版社，2010.

测到的现象之间没有关系的假设(原假设)。此语法可与上述语法中的任何参数结合使用。如果 P 的非对角线元素小于显著性水平(默认值为 0.05),则 R 中的相应相关性被视为显著。如果 R 包含复数元素,则此语法无效。

2. 案例分析

下面以 example32.xlsx 中进行标准化、去量纲后的数据,将旅行社数量与入境游客、国内居民出境人数等指标进行相关性的计算。

代码如下:

```
for i = 3:12
xishu1 = corrcoef(abc(:,1),abc(:,i))
jieguo1(i-2) = xishu1(2);
end
```

表 4-5　与旅行社数量作相关性分析

与旅行社数量作相关性	
入境游客(无量纲)	0.179 836 67
外国人入境游客(无量纲)	0.521 782 87
港澳同胞入境游客(无量纲)	−0.325 679 6
台湾同胞入境游客(无量纲)	0.908 778 7
入境过夜游客(无量纲)	0.657 109 82
国内居民出境人数(无量纲)	0.964 279 9
国内居民因私出境人数(无量纲)	0.964 170 9
国内游客(无量纲)	0.978 699 6
国际旅游外汇收入(无量纲)	0.765 233 62

由表 4-5 可知,台湾同胞入境游客(无量纲),国内居民出境人数(无量纲),国内居民因私出境人数(无量纲),国内游客(无量纲)与旅行社数量具有非常强的相关性,数值均大于 0.9;而入境游客(无量纲)与旅行社数量相关性非常弱。港澳同胞入境游客(无量纲)与旅行社数量呈现弱的负相关。外国人入境游客(无量纲)与旅行社数量呈现一定的相关性。

将星级饭店数量与入境游客、外国人入境游客、港澳同胞入境游客等进行相关性分析。代码如下:

```
for i = 3:12
xishu2 = corrcoef(abc(:,2),abc(:,i))
jieguo2(i-2) = xishu2(2);
end
```

表 4 - 6 与星级饭店数量作相关性分析

与星级饭店数量作相关性	
入境游客(无量纲)	-0.282 39
外国人入境游客(无量纲)	-0.612 03
港澳同胞入境游客(无量纲)	0.237 94
台湾同胞入境游客(无量纲)	-0.817 80
入境过夜游客(无量纲)	-0.713 93
国内居民出境人数(无量纲)	-0.887 596
国内居民因私出境人数(无量纲)	-0.886 384
国内游客(无量纲)	-0.890 395
国际旅游外汇收入(无量纲)	-0.806 06

由表 4-6 可知,台湾同胞入境游客(无量纲)与星级饭店数量呈现较强负相关;港澳同胞入境游客(无量纲)与星级饭店数量呈现正相关;外国人入境游客(无量纲)与星级饭店数量呈现负相关。

综上所述,台湾同胞入境游客、港澳同胞入境游客面对相同的国内旅行社数量、星级饭店数量所产生的反应是不一致的。

第五节 参 数 估 计

1. 参数估计介绍

人们常常需要根据手中的数据,分析或推断数据反映的本质规律。即根据样本数据如何选择统计量去推断总体的分布或数字特征等。统计推断是数理统计研究的核心问题。所谓统计推断是指根据样本对总体分布或分布的数字特征等作出合理的推断。

参数估计(parameter estimation)是统计推断的一种。其主要原理是:根据从总体中抽取的一部分随机样本,对总体分布进行估计推断。它是统计推断的一种基本形式,是数理统计学的一个重要分支,分为点估计和区间估计两部分。

在参数估计中有 2 个核心问题:① 求出未知参数的估计量;② 在一定信度下计算所求的估计量的精度。信度一般用概率表示,如可信程度为 95%;精度用估计量与被估参数之间的接近程度或误差来度量。

2. 案例分析

以 example31.xlsx 中九寨沟旅游人流数作为数据进行参数估计分析。

第一步,绘制出旅游人数的频率直方图。

代码如下:

```
% 调用 ecdf 函数计算旅游人数(LVRS)的经验分布函数值 f
[f, xc] = ecdf(LVRS);
% 绘制频率直方图
ecdfhist(f, xc, 7);
```

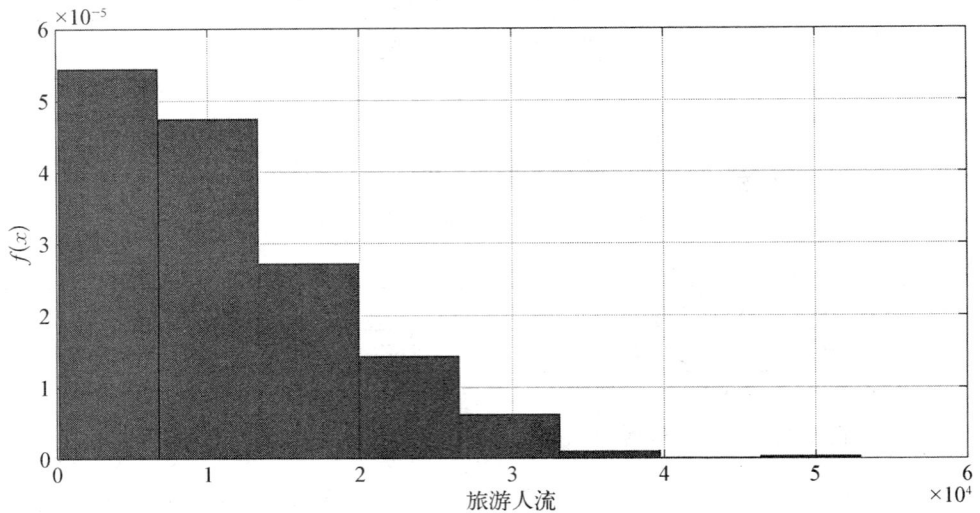

图4-5　旅游人数的频率直方图

第二步,分布的检验。

代码如下:

```
[h, p, stats] = chi2gof(data2)
h = 1
p = 5.1597e-27
chi2stat: 139.9689
        df: 7
     edges: [1x11 double]
         O: [4 108 118 124 183 275 171 100 30 4]
         E: [1x10 double]
edges = 4.86   8.13   11.40   14.67   17.94   21.21   24.47   27.74   31.01   34.28   37.55
```

由于 $h=1, p=5.1597e-27$ 在显著性水平 0.05 下拒绝原假设,不服从正态分布。

由图4-5可见,旅游人流数量不符合正态分布。因此进行变形,将数据的非正态分布转换成正态分布,为了计算方便,这里以将原始数据开三次方跟为例,公式如下

$$x_{\mathrm{new}} = \sqrt[3]{x_{\mathrm{old}}} \ ①$$

代码如下:

```
data2 = data.^(1/3);
% 调用 ecdf 函数计算 xc 处的经验分布函数值 f
[f2, xc2] = ecdf(data2);
```

---

① 杨剑锋,刘玉敏,贺金凤.基于 Box - Cox 幂转换模型的非正态过程能力分析[J].系统工程,2006,24(8):102 - 106.

```
figure;      % 新建图形窗口
% 绘制频率直方图
ecdfhist(f2, xc2, 8);
```

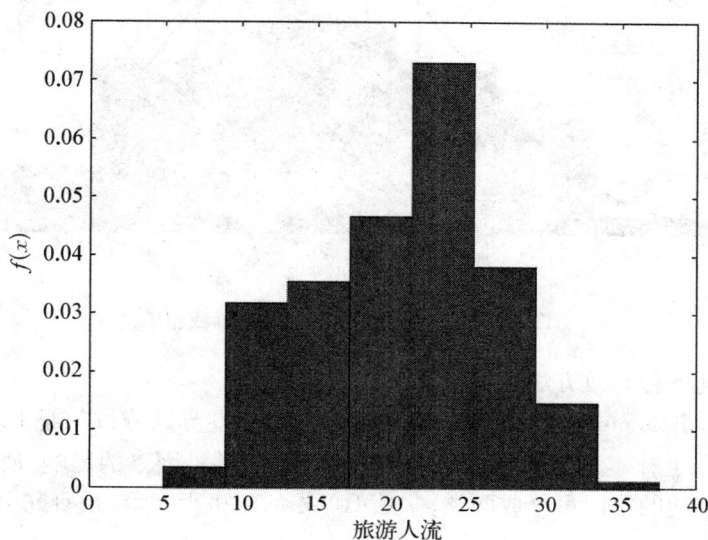

图4-6　转换成正态分布后的旅游人数频率直方图

第三步,绘制理论正态分布密度函数图。
代码如下:

```
x = 0:0.5:40;
y2 = normpdf(x,mean(data2),std(data2));
plot(x,y,'k','LineWidth',2)
```

第四步,绘制经验分布函数图。
代码如下:

```
% 绘制经验分布函数图,并返回图形句柄 h 和结构体变量 stats,
% 结构体变量 stats 有 5 个字段,分别对应最小值、最大值、平均值、中位数和标准差
[h,stats] = cdfplot(score)
set(h,'color','k','LineWidth',2);
```

第六节　方差分析

在现实的旅游数据中,影响旅游各项指标的因素有很多,比如时间、空间。那么在这些因素中哪些影响大些,哪些影响小些,哪些因素起显著性作用,在什么条件下起作用? 方差分析

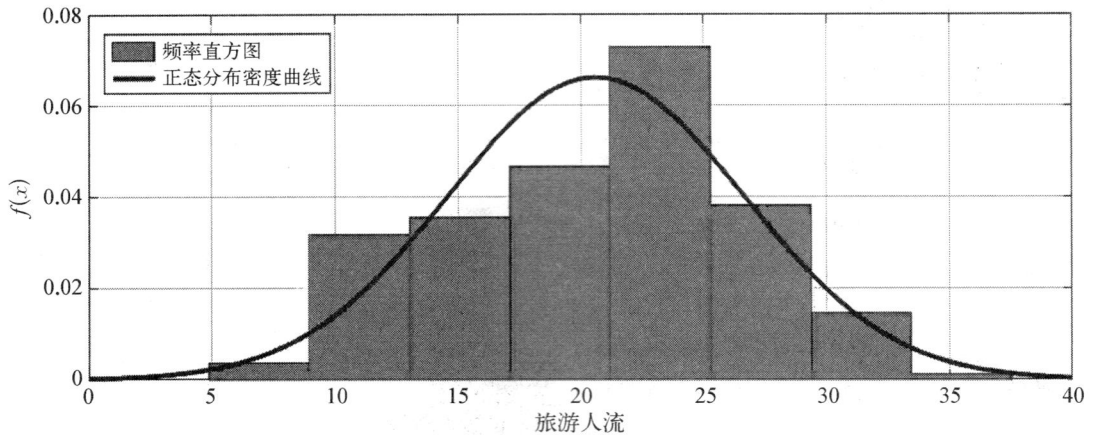

图 4-7　旅游人流数经验分布函数图

是解决这些问题的一种有效方法。

　　方差分析(Analysis of Variance,简称 ANOVA),又称"变异数分析",是 R.A.Fisher 发明的,用于两个及两个以上样本均数差别的显著性检验。由于各种因素的影响,研究所得的数据呈现波动状。造成波动的原因可分成两类,一是不可控的随机因素,二是研究中施加地对结果形成影响的可控因素。

表 4-7　在 Matlab 中常见分布的均值和方差

函数名	调用形式	注　　释
Unifstat	$[M, V]$ = unifstat(a, b)	均匀分布(连续)的期望和方差,M 为期望,V 为方差
unidstat	$[M, V]$ = unidstat(n)	均匀分布(离散)的期望和方差
Expstat	$[M, V]$ = expstat$(p,$ Lambda$)$	指数分布的期望和方差
normstat	$[M, V]$ = normstat(mu, sigma)	正态分布的期望和方差
chi2stat	$[M, V]$ = chi2stat(x, n)	卡方分布的期望和方差
tstat	$[M, V]$ = tstat(n)	t 分布的期望和方差
fstat	$[M, V]$ = fstat(n_1, n_2)	F 分布的期望和方差
gamstat	$[M, V]$ = gamstat(a, b)	γ 分布的期望和方差
betastat	$[M, V]$ = betastat(a, b)	β 分布的期望和方差
lognstat	$[M, V]$ = lognstat(mu, sigma)	对数正态分布的期望和方差
nbinstat	$[M, V]$ = nbinstat(R, P)	负二项式分布的期望和方差
ncfstat	$[M, V]$ = ncfstat$(n_1, n_2,$ delta$)$	非中心 F 分布的期望和方差
nctstat	$[M, V]$ = nctstat$(n,$ delta$)$	非中心 t 分布的期望和方差
ncx2stat	$[M, V]$ = ncx2stat$(n,$ delta$)$	非中心卡方分布的期望和方差
raylstat	$[M, V]$ = raylstat(b)	瑞利分布的期望和方差

（续表）

函数名	调用形式	注　　释
Weibstat	$[M, V] =$ weibstat(a, b)	韦伯分布的期望和方差
Binostat	$[M, V] =$ binostat(n, p)	二项分布的期望和方差
Geostat	$[M, V] =$ geostat(p)	几何分布的期望和方差
hygestat	$[M, V] =$ hygestat(M, K, N)	超几何分布的期望和方差
Poisstat	$[M, V] =$ poisstat$(Lambda)$	泊松分布的期望和方差

以 example33.xlsx 作为数据源,分析在不同的年份下,各个年龄段的外国人入境游客是否具有显著性影响。

一、单因素方差分析举例[①]

1. 单因素方差分析概念理解步骤

是用来研究一个控制变量的不同水平是否对观测变量产生了显著影响。这里,由于仅研究单个因素对观测变量的影响,因此称为单因素方差分析。

单因素方差分析的第一步是明确观测变量和控制变量。

单因素方差分析的第二步是剖析观测变量的方差。方差分析认为:观测变量值的变动会受控制变量和随机变量两方面的影响。据此,单因素方差分析将观测变量总的离差平方和分解为组间离差平方和与组内离差平方和两部分,用数学形式表述为:SST = SSA + SSE。

单因素方差分析的第三步是通过比较观测变量总离差平方和各部分所占的比例,推断控制变量是否给观测变量带来了显著影响。

2. 单因素方差分析基本步骤

a. 提出原假设:H0——无差异;H1——有显著差异;

b. 选择检验统计量:方差分析采用的检验统计量是 F 统计量,即 F 值检验;

c. 计算检验统计量的观测值和概率 P 值:该步骤的目的就是计算检验统计量的观测值和相应的概率 P 值;

d. 给定显著性水平,并作出决策。

3. 案例分析

首先进行标准化。

表 4 - 8　原 始 数 据

指　标	2016 年	2015 年	2014 年	2013 年	2012 年	2011 年	2010 年	2009 年	2008 年	2007 年
14 岁以下外国人入境游客(万人次)	114.73	101.43	103.92	107.89	111.79	111.94	109.44	92.05	98.52	107.77
15~24 岁外国人入境游客(万人次)	303.32	205.03	204.78	206.65	215.87	212.44	203.09	171.9	206.13	209.43

① 贾俊平,何晓群,金勇进.统计学[M].北京:中国人民大学出版社,2015.

指　　标	2016 年	2015 年	2014 年	2013 年	2012 年	2011 年	2010 年	2009 年	2008 年	2007 年
25～44 岁外国人入境游客（万人次）	1 473.6	1 184.25	1 210.24	1 209.16	1 229.72	1 227.62	1 171.31	1 004.28	1 129.1	1 192.54
45～64 岁外国人入境游客（万人次）	1 078.4	949.76	961	950.54	988.7	992.28	965.2	796.56	871.7	948.39
65 岁以上外国人入境游客（万人次）	178.37	158.07	156.13	154.78	173.07	166.92	163.65	128.95	127.09	152.83

表 4 - 9　标准化后去量纲的数据

指　　标	2016 年	2015 年	2014 年	2013 年	2012 年	2011 年	2010 年	2009 年	2008 年	2007 年
14 岁以下外国人入境游客（无量纲）	1.257	-0.646 68	-0.290 28	0.277 966	0.836 188	0.857 658	0.499 824	-1.989 27	-1.063 2	0.260 79
15～24 岁外国人入境游客（无量纲）	2.660 17	-0.262 7	-0.270 13	-0.214 52	0.059 653	-0.042 35	-0.320 39	-1.247 89	-0.229 99	-0.131 85
25～44 岁外国人入境游客（无量纲）	2.331 6	-0.163 22	0.060 898	0.051 585	0.228 881	0.210 772	-0.274 81	-1.715 17	-0.638 8	-0.091 74
45～64 岁外国人入境游客（无量纲）	1.722 63	-0.006 61	0.144 491	0.003 872	0.516 877	0.565 005	0.200 954	-2.066 17	-1.056 02	-0.025 03
65 岁以上外国人入境游客（无量纲）	1.329 05	0.123 738	0.008 55	-0.071 61	1.014 365	0.649 208	0.455 051	-1.605 27	-1.715 7	-0.187 39

其次，数据正态性的检验。

代码如下：

```
% 调用 lillietest 函数分别对不同年份进行正态性检验
for i = 1:10
     data1 = data(:,i);  % 提取第 i 年的数据
     [h,p] = lillietest(data1);  % 正态性检验
     result(i,:) = p;  % 把检验的 p 值赋给 result 变量
  end
% 查看正态性检验的 p 值
result

result =

    0.500000000000000
    0.500000000000000
    0.375058106502901
    0.500000000000000
```

0.500000000000000

0.500000000000000

0.458910707143834

0.500000000000000

0.500000000000000

0.253366073688756

以上结果均大于 0.05，说明在显著性水平 0.05 下，均接受原假设。认为以上不同年龄段的数据服从正态分布。

接着，进行方差齐性检验：

```
% 调用 vartestn 函数进行方差齐性检验
[p,stats] = vartestn(data)
```

表 4 - 10　Group Summary Table

Group	Count	Mean	Std Dev
2016 年	5	1.860 1	0.617 87
2015 年	5	−0.191 1	0.294 37
2014 年	5	−0.069 294	0.198 67
2013 年	5	0.009 458 5	0.180 72
2012 年	5	0.531 19	0.400 13
2011 年	5	0.448 06	0.360 11
2010 年	5	0.112 13	0.391 34
2 009 年	5	−1.724 8	0.327 22
2 008 年	5	−0.940 74	0.553 44
2 007 年	5	−0.035 044	0.175 65
Pooled	50	−8.121 3e−16	0.377 85

Bartlett's statistic11.8876

Degrees of freedom9

p-value0.21972

从以上结果可以得出 p-value＝0.219 72＞0.05，因此说明在显著性水平 0.05 下，接受原假设，即认为这 10 年的变化服从方差相同的正态分布。

二、箱线图的解释

箱形图（Box-plot）又称为盒须图、盒式图或箱线图，是一种用作显示一组数据分散情况资

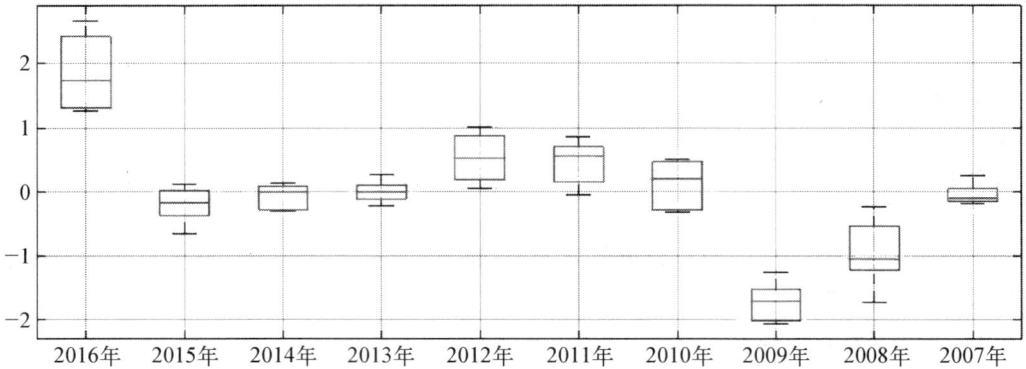

图4-8　方差齐性检验

料的统计图。因形状如箱子而得名。在各种领域也经常被使用,常见于品质管理。它主要用于反映原始数据分布的特征,还可以进行多组数据分布特征的比较。箱线图的绘制方法是:先找出一组数据的最大值、最小值、中位数和两个四分位数;然后,连接两个四分位数画出箱子;再将最大值和最小值与箱子相连接,中位数在箱子中间。

最后进行方差分析①。

代码:

```
[p,table,stats] = anova1(data)   % 单因素一元方差分析
set(gca,'FontName','宋体','FontSize',9,…
    'XTickLabel',{'2016 年','2015 年','2014 年','2013 年','2012 年','2011 年','2010 年','2009 年',
'2008 年','2007 年'});
```

表4-11　ANOVA Table

Source	SS	df	MS	F	Prob>F
Columns	39.289 2	9	4.365 5	30.576 8	3.330 9e-15
Error	5.710 8	40	0.142 77		
Total	45	49			

结果 p=3.330 935 814 846 422e-15<0.05,因此认为这10年不同年龄游客有显著的差异。为了评价某一年的各项因素的差异,进行多重比较。

代码如下:

```
[c,m,h,gnames] = multcompare(stats);   % 多重比较
```

图4-10 中圆圈表示各组的平均值,线段表示该组的置信区间(默认95%),可以看出两个组时间是否具有显著性差异。其中,2016 年、2009 年、2008 年与其他年份相比具有显著性

---

① 贾俊平,何晓群,金勇.统计学(第四版)[M].北京:中国人民大学出版社,2009:66-67.

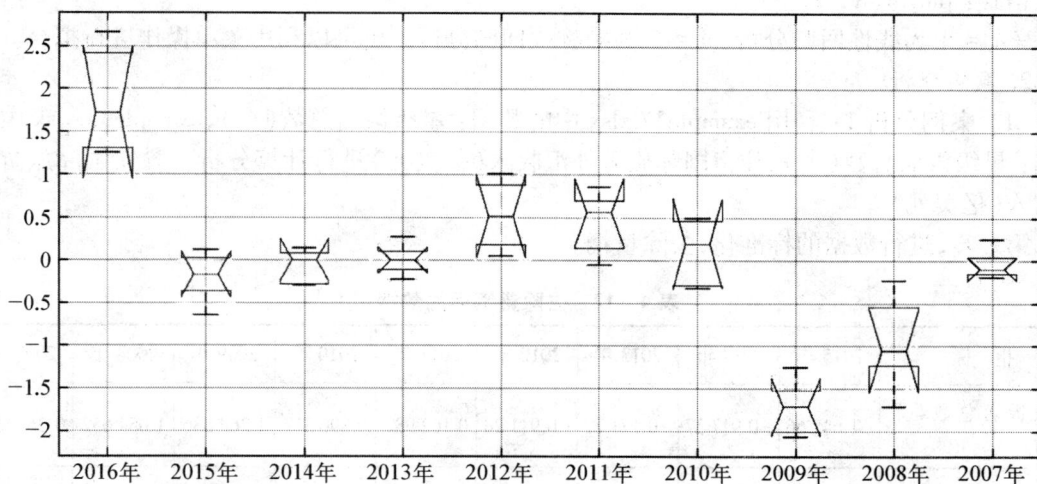

图 4 - 9　方差分析

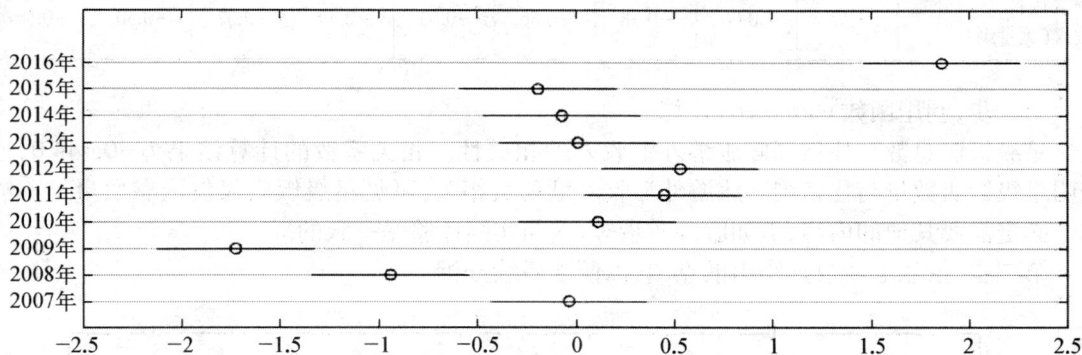

图 4 - 10　各项因素多重比较

差异。通过查询 2016 年、2009 年、2008 年三年中国发生的重大事件,得知:2008 年奥运会,2009 年新中国成立 60 周年,2016 年 G20 会议、全国召开两会、博鳌亚洲论坛、上海迪士尼乐园正式开门迎客等。

第七节　回　归　分　析

如果两个变量之间存在线性关系,其中一个是自变量,另一个是因变量,利用它们的样本数据,建立起表述它们之间关系的数学模型,对模型进行各种统计检验,并利用这一模型进行预测和控制,就是一元线性回归。

1. 一元线性回归的数学模型

如果两个变量之间存在相关关系,并且一个变量的变化会引起另一个变量按某一线性关系变化,则两个变量间的关系可以用一元线性回归模型表述。

回归分析是用统计数据寻求变量间关系的近似表达式,经验公式为:$Y = KX + B$。

在 Matlab 中通常使用函数 ployfit( ) 进行回归分析。

格式：ploytfit(X，Y，n)

%n = 1 为线性回归分析；n = 2 为抛物线回归分析。也可以利用菜单操作进行拟合。

2. 案例分析

（1）案例分析 1：利用 example32.xlsx 中的数据：星级饭店总数（个），example33.xlsx 中的数据：星级饭店总数（个），住宿国际旅游外汇收入（亿美元）进行计算分析。餐饮国际旅游外汇收入（亿美元）。

第一步，进行数据的标准化，去除量纲。

表 4 - 12　去除量纲后的数据

指　　标	2015 年	2014 年	2013 年	2012 年	2011 年	2010 年	2009 年	2008 年	2007 年
星级饭店总数（无量纲）	-1.641 66	-0.917 37	-0.171 77	-0.911 28	0.162 982	0.890 317	1.264 636	1.054 652	0.269 496
住宿国际旅游外汇收入（无量纲）	2.10	0.03	-0.29	-0.54	-0.58	-0.54	-0.79	-0.65	-0.30
餐饮国际旅游外汇收入（无量纲）	1.53	-0.06	-0.38	-0.56	-0.63	-0.39	-0.62	-0.50	-0.56

第二步，利用函数 corrcoef( )计算。

星级饭店总数与住宿国际旅游外汇收入的相关性。相关系数的计算结果为-0.744 0，这表明星级饭店数量与住宿国际旅游外汇收入呈现负相关，可见星级饭店仅仅依靠数量是不够的。必定需要其他的内容，例如服务质量等，这与实际体验是一致的。

第三步，依靠上述数据绘出散点图，以便于后续分析。

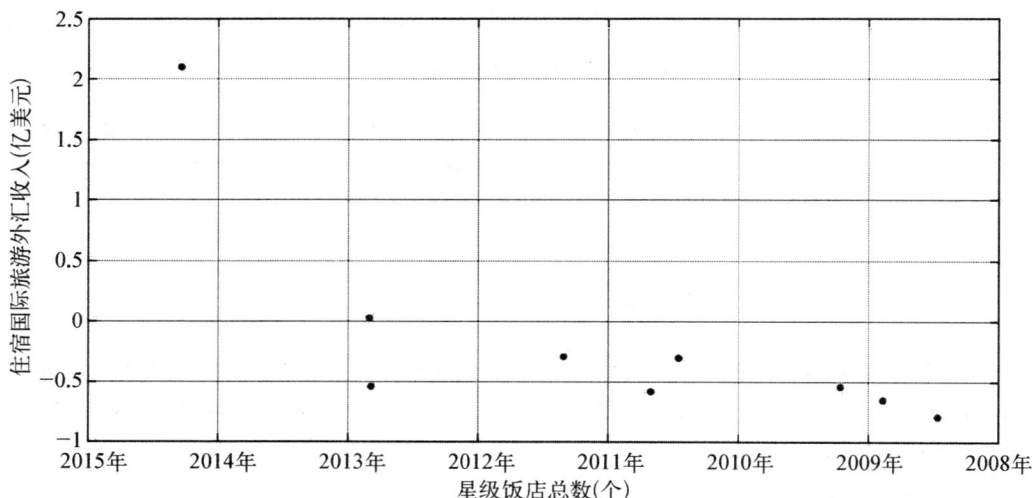

图 4 - 11　回归分析散点图

接着，利用菜单"工具"→"基本拟合"，根据需求进行拟合，可以选择线性，也可以选择高阶二项式，并显示残差。本文以线性和二次方演示说明。见图 4 - 12、图 4 - 13 所示。

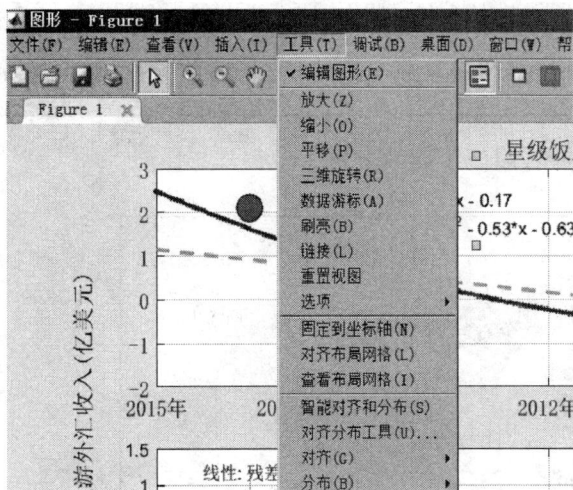

图 4-12　打开菜单工具　　　　　图 4-13　打开基本拟合

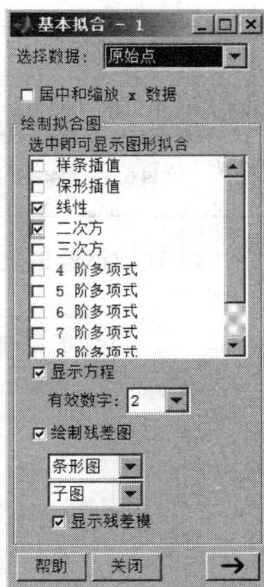

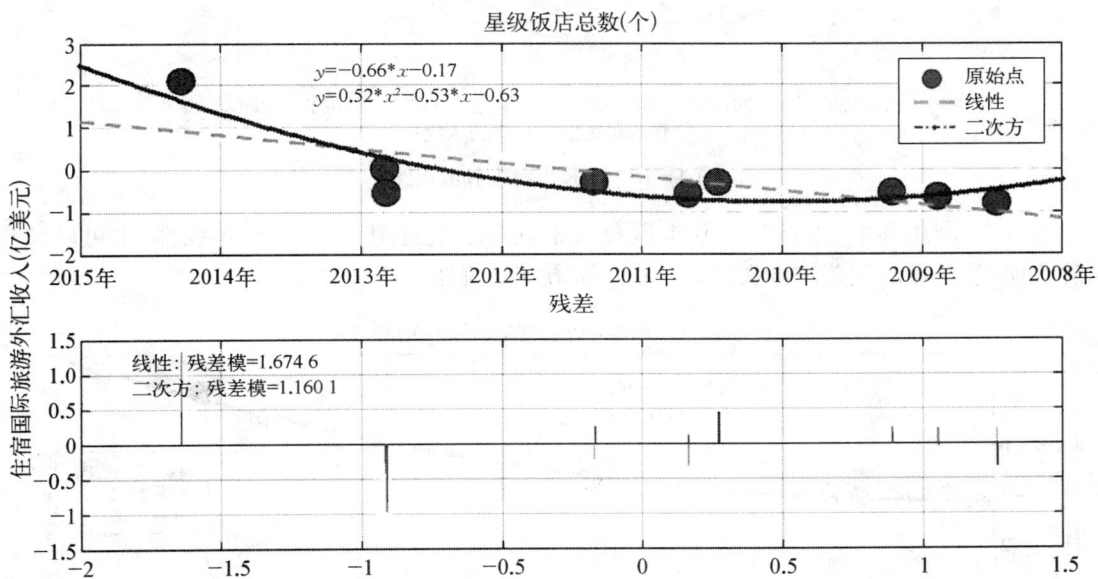

图 4-14　线性回归分析和二次方拟合数据

　　由图 4-14 可知：利用线性和二次方拟合的残差分别为 1.674 6 和 1.160 1，精度尚可。并且从图 4-14 可知，从 2007 年至 2015 年间，星级饭店总数和住宿国际旅游外汇收入均有所增长。

　　(2) 案例分析 2：研究分析旅行社数(个)和国内居民因私出境人数(万人次)的关系。

第一步，进行数学标准化。

表 4 - 13　标准化后的数据

指　　标	2015 年	2014 年	2013 年	2012 年	2011 年	2010 年	2009 年	2008 年	2007 年
旅行社数(无量纲)	1.331 26	1.020 143	0.829 18	0.473 527	0.071 736	-0.218 55	-0.982 73	-1.075 32	-1.449 24
国内居民因私出境人数(无量纲)	1.614 636	1.246 763	0.678 53	0.209 184	-0.197 91	-0.594 7	-0.887 28	-0.952 69	-1.116 54

第二步,依靠上述数据绘出散点图,以便于后续分析。

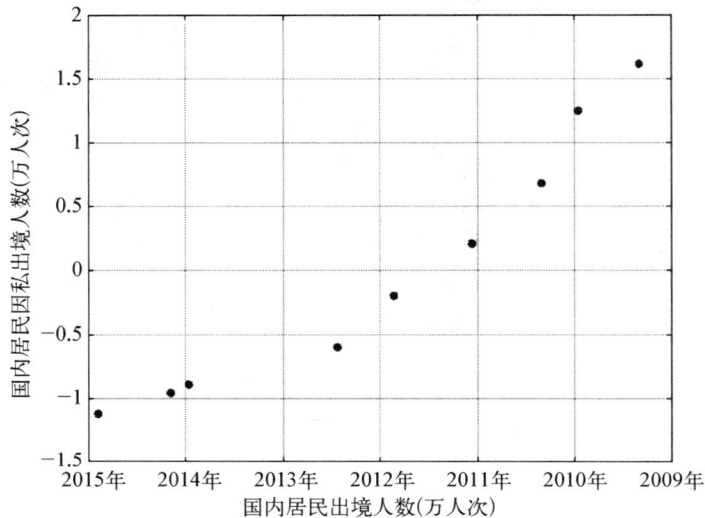

图 4 - 15　因私出境人数散点图

第三步,利用菜单"工具"→"基本拟合",根据需求进行拟合,可以选择线性,也可以选择高阶二项式,并显示残差。本文以线性和二次方演示说明。

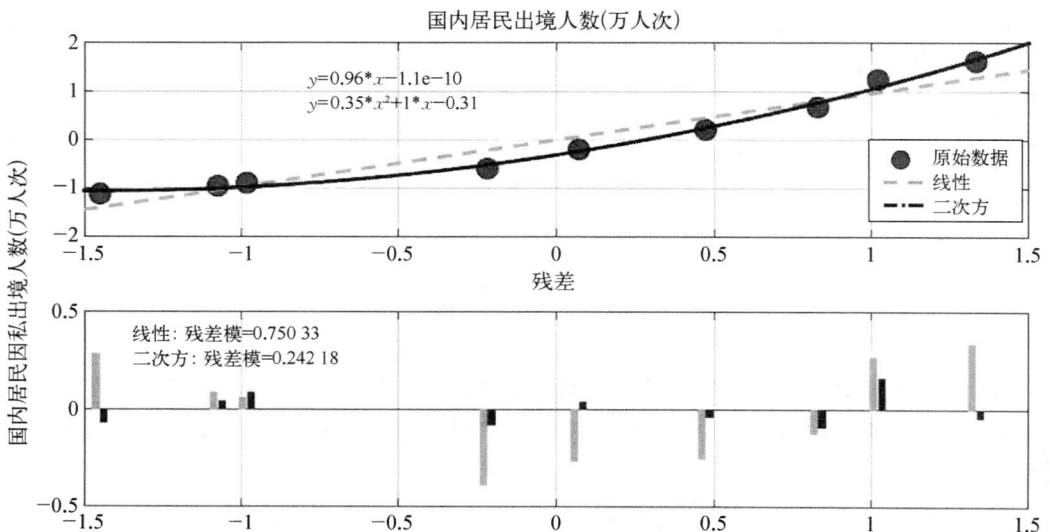

图 4 - 16　因私出国线性回归与二次方拟合数据

由以上可知,利用线性和二次方拟合的残差分别为 0.750 33 和 0.242 18,精度较高。2007年至 2015 年间,国内旅行社数(个)、国内居民因私出境人数(万人次)均呈现明显增长。

第八节　主　成　分　分　析

用主成分分析(Principal Component Analysis)的方法,即 PCA 对结果进行分析。主成分分析是多元统计分析中一个非常重要的内容,它是一种从多个变量化为少数变量的统计方法。

由于多个变量之间是相互影响的,它们之间的关系是非常复杂的,为简化分析又不损失信息,并提取它们之间相互关系的主要特征,主成分分析利用多个变量之间的相互关系构造一些新变量,这些新变量不仅能综合反映原来多个变量的信息,而且彼此之间是相互独立的,同时是按方差贡献大小排列的。

方差贡献率小的变量通常规律性很差,其实际物理意义也不清晰,因此在实际分析过程中常常被视为误差量或噪声而被忽略,只取方差贡献率大的变量来研究,从而达到降维分析的目的。主成分分析在实际应用中称为经验正交函数(EOF)分解[1]。

EOF 的用途,对于一个研究物体,我们通常有 m 个因素点,有 n 次观测,这样组成的矩阵中的任意元素就表示了某一空间某一时刻的函数,我们希望能将这样的时空函数分解成空间函数与时间函数两部分的线性组合。根据主成分的性质,主成分是按其方差贡献大小排列的,而且是相互独立的,那么可以用前几个时间函数与对应的空间函数的线性组合,对原始场做出估计和解释,这就是经验正交函数分解的主要目的。

EOF 的检验方法大致有三种,其检验的角度各不相同,包括 North 检验、Monte Carlo 检验、合成分析检验。

North 检验是最简单也是必须要做的检验,其检验的目的是考察各个模态之间是否相互独立,也就是能否称为一个有着独立特征的模态。North 检验是通过计算特征值误差范围来进行的显著性检验。

合成分析检验,其目的是检查主模态对原始场的拟合度,选取前几个模态的时间系数大于一倍标准差的时刻做合成分析。

Monte Carlo 检验,是利用大量重复的随机试验来排除虚假的结果。其原理是选取一组与实验数据特征相似(正态分布或者均匀分布、变化范围一致)的随机数,对其进行 EOF 分解,得到前 p 个模态的方差贡献。将这样的实验变化随机数组分解 1 000 次,对得到的每一个模态的方差贡献从大到小的排序,取排在第五的数值作为 0.005 显著性的临界值。假如我们得到的该模态的方差贡献大于这一临界值,那么就说明该模态通过了 0.005 的显著性检验。

三种检验的侧重点不同,检验的结果也可能不同,在实际应用中,应尽量全部使用,然后对检测结果取交集,以达到最严格的检验效果。

时间系数的分析包括敏感性分析,突变分析,周期分析,相关因子分析和回归分析。还是以年际和年代际为例,假设预处理时已经去除了线性趋势和年以内的变化。

由上面的分析过程可以看出,EOF 分析的核心是计算矩阵 C 的特征根和特征向量。计算

① Beckers J M, Rixen M. EOF Calculations and Data Filling from Incomplete Oceanographic Datasets [J]. Journal of Atmospheric & Oceanic Technology, 2003, 20(12):1839 - 1856.

矩阵特征根和特征向量的方法很多,在 MATLAB 中通常使用函数 princomp( )。

格式:[COEFF,SCORE,latent,tsquare] = princomp(data)

调用 princomp 函数根据标准化后原始样本观测数据作主成分分析,返回主成分表达式的系数矩阵 COEFF。

% 主成分得分数据 SCORE,样本相关系数矩阵的特征值向量 latent 和每个观测的霍特林 T2 统计量。

案例分析

以 example35.xlsx 中的数据:外国人入境游客(万人次),14 岁以下外国人入境游客(万人次),15~24 岁外国人入境游客(万人次),25~44 岁外国人入境游客(万人次),45~64 岁外国人入境游客(万人次),65 岁以上外国人入境游客(万人次)进行计算,分析哪个年龄段占外国人入境游客主体。

表 4－14　外国人入境游客的原始数据

指　标	2016 年	2015 年	2014 年	2013 年	2012 年	2011 年	2010 年	2009 年	2008 年	2007 年
外国人入境游客(万人次)	2 815.1	2 598.54	2 636.08	2 629.03	2 719.16	2 711.2	2 612.69	2 193.75	2 432.53	2 610.97
14 岁以下外国人入境游客(万人次)	114.73	101.43	103.92	107.89	111.79	111.94	109.44	92.05	98.52	107.77
15~24 岁外国人入境游客(万人次)	303.32	205.03	204.78	206.65	215.87	212.44	203.09	171.9	206.13	209.43
25~44 岁外国人入境游客(万人次)	1 473.6	1 184.25	1 210.24	1 209.16	1 229.72	1 227.62	1 171.31	1 004.28	1 129.1	1 192.54
45~64 岁外国人入境游客(万人次)	1 078.4	949.76	961	950.54	988.7	992.28	965.2	796.56	871.7	948.39
65 岁以上外国人入境游客(万人次)	178.37	158.07	156.13	154.78	173.07	166.92	163.65	128.95	127.09	152.83

表 4－15　外国人入境游客标准化后数据,去除量纲

指　标	2016 年	2015 年	2014 年	2013 年	2012 年	2011 年	2010 年	2009 年	2008 年	2007 年
外国人入境游客(无量纲)	1.269 898	0.015	0.233	0.192	0.714	0.668	0.097	-2.330	-0.946	0.087
14 岁以下外国人入境游客(无量纲)	1.257 002	-0.647	-0.290	0.278	0.836	0.858	0.500	-1.989	-1.063	0.261
15~24 岁外国人入境游客(无量纲)	2.660 167	-0.263	-0.270	-0.215	0.060	-0.042	-0.320	-1.248	-0.230	-0.132
25~44 岁外国人入境游客(无量纲)	2.331 602	-0.163	0.061	0.052	0.229	0.211	-0.275	-1.715	-0.639	-0.092
45~64 岁外国人入境游客(无量纲)	1.722 629	-0.007	0.144	0.004	0.517	0.565	0.201	-2.066	-1.056	-0.025
65 岁以上外国人入境游客(无量纲)	1.329 053	0.124	0.009	-0.072	1.014	0.649	0.455	-1.605	-1.716	-0.187

代码：

```
[COEFF,SCORE,latent,tsquare] = princomp(data)
% 为了直观,定义元胞数组 result1,用来存放特征值、贡献率和累积贡献率等数据
% 这样做能以元胞数组形式显示 result1 的结果
explained = 100 * latent/sum(latent);   %计算贡献率
[m, n] = size(data);   %求 X 的行数和列数
result1 = cell(n+1, 4);   %定义一个 n+1 行,4 列的元胞数组
result1(1,:) = {'特征值', '差值', '贡献率', '累积贡献率'};
result1(2:end,1) = num2cell(latent);   %存放特征值
result1(2:end-1,2) = num2cell(-diff(latent));   %存放特征值之间的差值
result1(2:end,3:4) = num2cell([explained, cumsum(explained)])   %存放(累积)贡献率
```

'特征值'	'差值'	'贡献率'	'累积贡献率'
4.372 947	3.875 048	87.462 78	87.462 78
0.497 899	0.405 385	9.958 424	97.421 2
0.092 515	0.060 379	1.850 378	99.271 58
0.032 136	0.027 852	0.642 74	99.914 32
0.004 284	[ ]	0.085 684	100

由此可见第一主成分贡献率为 87.46%,前两个主成分累计贡献率 97.42%。因此只用前面两个主成分即可。

表 4 - 16　主成分结果 COEFF

	第一主成分	第二主成分
14 岁以下外国人入境游客(万人次)	0.443 538	−0.412 25
15~24 岁外国人入境游客(万人次)	0.417 704	0.678 047
25~44 岁外国人入境游客(万人次)	0.460 867	0.360 298
45~64 岁外国人入境游客(万人次)	0.472 557	−0.122 16
65 岁以上外国人入境游客(万人次)	0.439 419	−0.474 94

由表 4 - 16 可知,入境游客中 25~44 岁外国人和 45~64 岁外国人的人数要高于其他年龄段。但是在第二主成分中"15~24 岁外国人入境游客"所起的作用大于其他,表明未来此年龄段的游客会有所增长,同时"14 岁以下外国人入境游客"和"65 岁以上外国人入境游客"会有所下降。

下面将以上结果进行绘图,代码如下:

```
cityname=['2016 年','2015 年','2014 年','2013 年','2012 年','2011 年','2010 年',...
'2009 年','2008 年','2007 年'];
plot(SCORE(:,1),SCORE(:,2),'ko');   %绘制两个主成分得分的散点图,散点为黑色圆圈
xlabel('第一主成分得分');   % 为 X 轴加标签
```

```
ylabel('第二主成分得分');  %为 Y 轴加标签
gname(cityname);  %交互式标注每个地区的名称
```

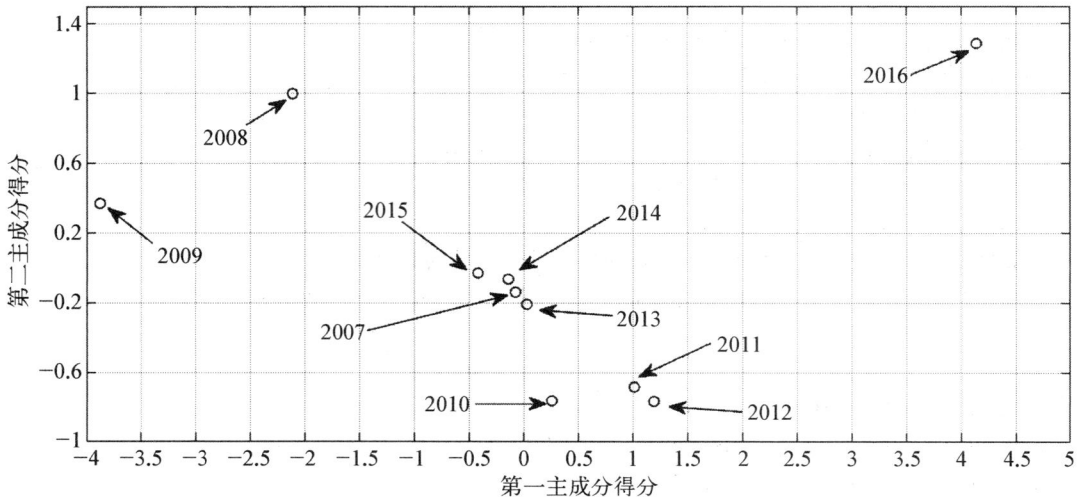

图 4-17 入境游客数据分析

由此可见,在不同年份中第一,第二主成分中 2016 年、2008 年、2009 年贡献率大于其他年份。2011 年、2012 年的贡献率略大。

第九节 聚 类 分 析

聚类分析指将物理或抽象对象的集合分组为由类似的对象组成的多个类的分析过程。它是一种重要的人类行为。

聚类分析的目标就是在相似的基础上收集数据来分类。聚类源于很多领域,包括数学、计算机科学、统计学、生物学和经济学。聚类分析就是研究如何将相似的事物归为一类。聚类是把相似的对象通过静态分类的方法分成不同的组别或者更多的子集(subset),这样让同一个子集中的成员对象都有相似的一些属性。

基本聚类技术分为以下几类:硬划分(K-均值)、软化分(模糊 C-均值算法)、基于密度的方法(DBSCAN)。

K-均值是聚类分析算法中最常用、最基本的聚类算法。假设数据集 D 包含 n 个欧式空间中的对象,该算法是把 n 个对象(可以是样本的一次观察或一个实例)划分到 k 个聚类中,使得每个对象都属于离他最近的均值(此即聚类中心)对应的聚类,以之作为聚类的标准。该算法属于硬划分,需要人为指定划分的类数目(即 k)。通常,我们将误差的平方和作为全局的目标函数。此时,簇的中心就是该簇内所有数据点的平均值。K-均值算法的优点是简单快捷、易于理解、时间复杂度低。但 K-均值对高维度数据处理效果差,并且不能识别非球形的簇。[1]

在 MATLAB 中通常使用函数[xz,mu,sigma] = zscore(data')。

---

[1] 孙吉贵,刘杰,赵连宇.聚类算法研究[J].软件学报,2008,19(1):48-61.

案例分析1：入境游客来自不同洲的聚类分析。

以 example36.xlsx 中的数据外国入境游客的来源地进行分析,包括：亚洲入境游客(万人次),非洲入境游客(万人次),欧洲入境游客(万人次),拉丁美洲入境游客(万人次),北美洲入境游客(万人次),大洋洲及太平洋岛屿入境游客(万人次)。

第一步,将原始数据进行标准化。

表 4-17　入境游国家的原始数据

指　标	2016 年	2015 年	2014 年	2013 年	2012 年	2011 年	2010 年	2009 年	2008 年	2007 年
亚洲入境游客(无量纲)	1 803.7	1 659.5	1 633.1	1 606	1 662.22	1 662.32	1 617.86	1 377.93	1 455.1	1 606.12
非洲入境游客(无量纲)	58.9	58	59.7	55.3	52.49	48.88	46.36	40.12	37.84	37.91
欧洲入境游客(无量纲)	547.2	491.7	551.4	568.8	594.82	593.78	569.79	459.11	612.33	621.68
拉丁美洲入境游客(无量纲)	39	35	34.6	35.4	35.31	33.69	30.05	23.1	26.03	24.26
北美洲入境游客(无量纲)	299.1	276.6	276	277	282.64	286.42	269.49	226.01	232.12	256.15
大洋洲及太平洋岛屿入境游客(无量纲)	82.6	77.6	81	86.3	91.49	85.93	78.93	67.24	68.88	72.85

表 4-18　标准化数据处理的结果

	2016 年	2015 年	2014 年	2013 年	2012 年	2011 年	2010 年	2009 年	2008 年	2007 年
亚洲入境游客(无量纲)	1.66	0.44	0.21	-0.02	0.46	0.46	0.08	-1.96	-1.31	-0.02
非洲入境游客(无量纲)	1.08	0.98	1.17	0.66	0.34	-0.08	-0.37	-1.09	-1.35	-1.34
欧洲入境游客(无量纲)	-0.27	-1.34	-0.19	0.15	0.65	0.63	0.17	-1.97	0.99	1.17
拉丁美洲入境游客(无量纲)	1.35	0.62	0.54	0.69	0.67	0.38	-0.29	-1.57	-1.03	-1.35
北美洲入境游客(无量纲)	1.32	0.36	0.34	0.38	0.62	0.78	0.06	-1.80	-1.54	-0.51
大洋洲及太平洋岛屿入境游客(无量纲)	0.42	-0.21	0.22	0.89	1.56	0.85	-0.04	-1.53	-1.33	-0.82

第二步,利用最短距离法创建系统聚类树的计算。

代码如下：

```
[xz,mu,sigma] = zscore(data');   % 观测数据,行是年份,列是地区
% ************************ 分步聚类,绘制聚类树形图 ******
y = pdist(xz,'cityblock');       % 计算样品间绝对值距离
z = linkage(y);          % 利用最短距离法创建系统聚类树
% 设定每个观测的标签
obslabel = {'G1 = {亚洲}';'G2 = {非洲}';'G3 = {欧洲}';'G4 = {拉丁美洲}';'G5 = {北美洲}';
'G6 = {大洋洲}'};
% 创建聚类树形图,方向为从右至左,叶节点标签在左边
[H,T] = dendrogram(z,'orientation','Right','labels',obslabel);
set(H,'LineWidth',2,'Color','k')     % 设置线宽为2,颜色为黑色
xlabel('并类距离')          % 设定 X 轴标签
text(1.1,1.65,'G6')       % 在点(1.1,1.65)处放置字符串'G6'
text(2.1,3.65,'G7')       % 在点(2.1,3.65)处放置字符串'G7'
text(3.1,4.4,'G8')        % 在点(3.1,4.4)处放置字符串'G8'
text(4.1,3,'G9')          % 在点(4.1,3)处放置字符串'G9'
```

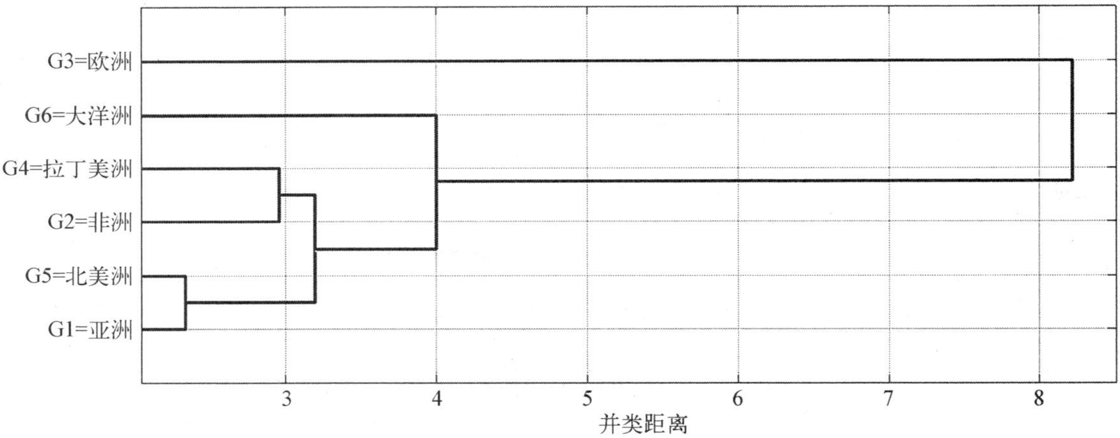

图 4-18 不同地区的系统聚类图

由图 4-18 可知:2007 年至 2015 年间,外国入境游客的来源地亚洲和北美洲属于一类,非洲和拉丁美洲属于一类,这两小类属于同一大类,并且整体与大洋洲属于一类,欧洲单独一类。

第三步,利用 K 均值聚类的计算。

代码如下:

```
[xz,mu,sigma] = zscore(data');   % 观测数据,行是年份,列是地区
%%%%%%%%%%%%%%K 均值聚类
%----------------------------------------------------------------

xz;      % 观测数据,行是年份,列是地区
opts = statset('Display','final');     % 显示每次聚类的最终结果
% 将原始的 5 个点聚为 3 类,距离采用绝对值距离,重复聚类 5 次
```

idx = kmeans(xz,3,'Distance','city','Replicates',5,'Options',opts)

% ********** 绘制聚类轮廓图 ********************************
xz;　　% 观测数据,行是年份,列是地区
% 将原始的 5 个点聚为 3 类,距离采用绝对值距离,重复聚类 5 次
idx = kmeans(xz',3,'Distance','city','Replicates',5);
[S,H] = silhouette(xz',idx)　　% 绘制轮廓图,并返回轮廓值向量 S 和图形句柄 H

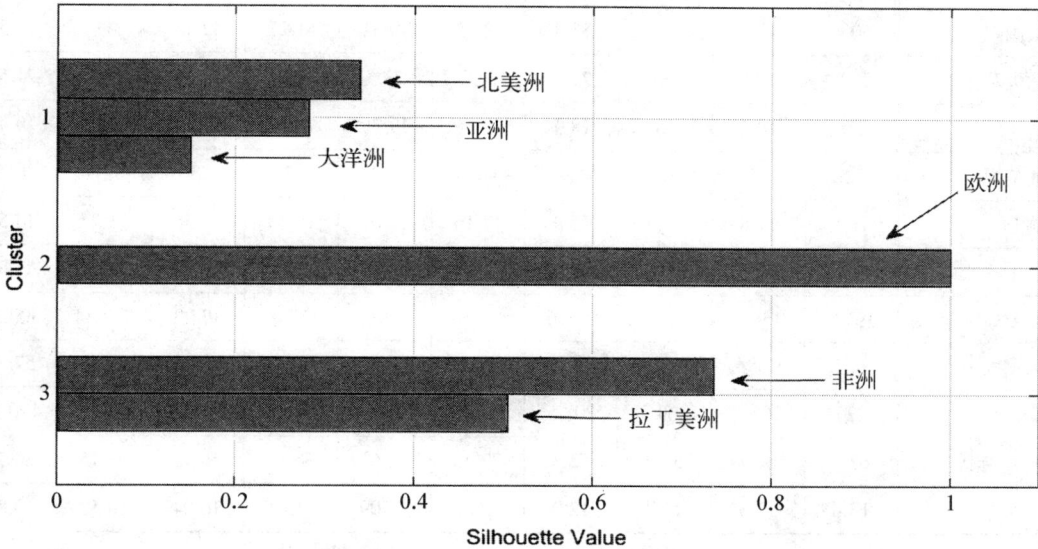

图 4-19　不同地区的 K 均值聚类图

由图可知:北美洲、亚洲、大洋洲属于一类,非洲和拉丁美洲属于一类,欧洲单独一类。
案例分析 2:按照国家对入境游客进行聚类分析。
第一步,数据的标准化。

表 4-19　分国家聚类原始数据

入境游客 (万人次)	2016 年	2015 年	2014 年	2013 年	2012 年	2011 年	2010 年	2009 年	2008 年	2007 年
朝鲜	21	18.8	18.4	20.7	18.06	15.23	11.64	10.56	10.18	11.37
印度	80	73	71	67.7	61.02	60.65	54.93	44.89	43.66	46.25
印度尼西亚	63.4	54.5	56.7	60.5	62.2	60.87	57.34	46.9	42.63	47.71
日本	259	249.8	271.8	287.8	351.82	365.82	373.12	331.75	344.61	397.75
马来西亚	116.5	107.5	113	120.7	123.55	124.51	124.52	105.9	104.05	106.2
蒙古	158.1	101.4	108.3	105	101.05	99.42	79.44	57.67	70.53	68.2
菲律宾	113.5	100.4	96.8	99.7	96.2	89.43	82.83	74.89	79.53	83.3
新加坡	92.5	90.5	97.1	96.7	102.77	106.3	100.37	88.95	87.58	92.2

（续表）

入境游客（万人次）	2016 年	2015 年	2014 年	2013 年	2012 年	2011 年	2010 年	2009 年	2008 年	2007 年
韩国	477.5	444.4	418.2	396.9	406.99	418.54	407.64	319.75	396.04	477.71
泰国	75.3	64.1	61.3	65.2	64.76	60.8	63.55	54.18	55.43	61.16
英国	59.5	58	60.5	62.5	61.84	59.57	57.5	52.88	55.15	60.51
德国	62.5	62.3	66.3	64.9	65.96	63.7	60.86	51.85	52.89	55.67
法国	50.4	48.7	51.7	53.4	52.48	49.31	51.27	42.48	43	46.34
意大利	26.7	24.6	25.3	25.1	25.2	23.5	22.92	19.14	19.44	21.52
荷兰	20	18.2	18	18.9	19.55	19.75	18.91	16.69	18.09	19.41
葡萄牙	5.5	5.3	5.2	4.9	4.86	4.7	4.77	4.36	4.39	4.83
瑞典	11.5	11.8	14.2	15.9	17.16	17.01	15.45	12.58	13.77	14.51
瑞士	7.3	7.3	8	8.1	8.28	7.53	7.43	6.26	6.34	6.46
俄罗斯	197.7	158.2	204.6	218.6	242.61	253.63	237.03	174.3	312.34	300.39
加拿大	74.1	68	66.7	68.4	70.83	74.8	68.53	55.03	53.47	57.72
美国	225	208.6	209.3	208.5	211.81	211.61	200.96	170.98	178.64	190.12
澳大利亚	67.5	63.7	67.2	72.3	77.43	72.62	66.13	56.15	57.15	60.74
新西兰	13.6	12.5	12.7	12.9	12.83	12.09	11.61	10.04	10.52	10.87

第二步，利用最短距离法创建系统聚类树的计算，并绘图。

代码如下：

```
[xz,mu,sigma] = zscore(data');  % 观测数据,行是年份,列是地区
% ************************* 分步聚类,绘制聚类树形图 ******
y = pdist(xz','cityblock');    % 计算样品间绝对值距离
z = linkage(y);      % 利用最短距离法创建系统聚类树
% 设定每个观测的标签
obslabel = {'G1={朝鲜}';'G2={印度}';'G3={印度尼西亚}';'G4={日本}';'G5={马来西亚}';'G6={蒙古}';...
'G7={菲律宾}';'G8={新加坡}';'G9={韩国}';'G10={泰国}';'G11={英国}';'G12={德国}';'G13={法国}';...
'G14={意大利}';'G15={荷兰}';'G16={葡萄牙}';'G17={瑞典}';'G18={瑞士}';'G19={俄罗斯}';...
'G20={加拿大}';'G21={美国}';'G22={澳大利亚}';'G23={新西兰}';};

% 创建聚类树形图,方向为从右至左,叶节点标签在左边
[H,T] = dendrogram(z,'orientation','Right','labels',obslabel);
set(H,'LineWidth',2,'Color','k')      % 设置线宽为2,颜色为黑色
xlabel('并类距离')      % 设定 X 轴标签
```

```
text(1.1,1.65,'G6')        % 在点(1.1,1.65)处放置字符串'G6'
text(2.1,3.65,'G7')        % 在点(2.1,3.65)处放置字符串'G7'
text(3.1,4.4,'G8')         % 在点(3.1,4.4)处放置字符串'G8'
text(4.1,3,'G9')           % 在点(4.1,3)处放置字符串'G9'
```

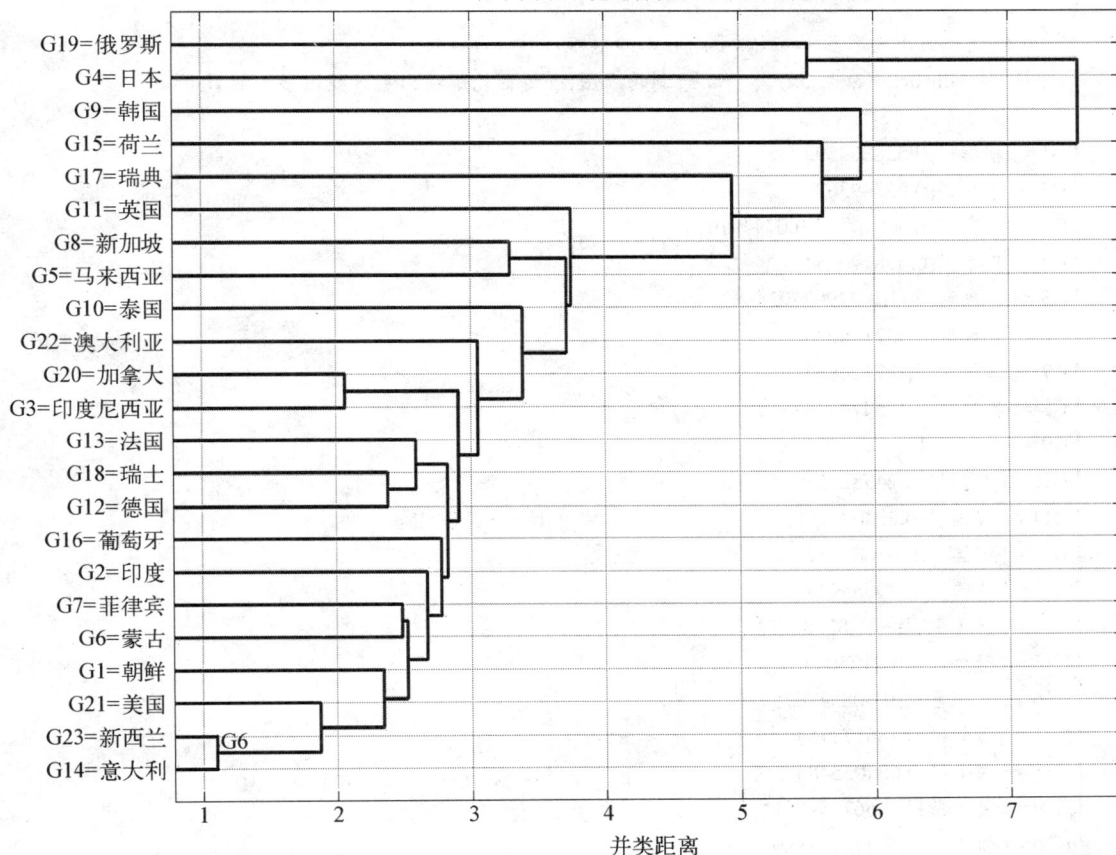

图 4-20　不同国家的系统聚类图

由图 4-20 可知,新西兰和意大利属于一类;菲律宾和蒙古属于一类;瑞士和德国属于一类;加拿大和印度尼西亚属于一类;新加坡和马来西亚属于一类;俄罗斯和日本属于一类。韩国、荷兰、瑞典等国家属于一大类。

亚洲入境游客(无量纲)0.282 025 32

非洲入境游客(无量纲)0.735 452 496

欧洲入境游客(无量纲)1

拉丁美洲入境游客(无量纲)0.505 452 924

北美洲入境游客(无量纲)0.340 065 658

大洋洲及太平洋岛屿入境游客(无量纲)0.150 640 296

第三步,利用 K 均值聚类的计算。

代码:

```
%%%%%%%%%%%%%%%K 均值聚类
opts = statset('Display','final');     % 显示每次聚类的最终结果
% 将原始的 23 个点聚为 6 类,距离采用绝对值距离,重复聚类 5 次,显示每次聚类的最终结果
idx = kmeans(xz',6,'Distance','city','Replicates',23);

% *****绘制聚类轮廓图 *******************************
[S, H] = silhouette(xz',idx)     % 绘制轮廓图,并返回轮廓值向量 S 和图形句柄 H
```

'G1 = {朝鲜}';0.528803592

'G2 = {印度}';0.63249362

'G3 = {印度尼西亚}';   0.079491914

'G4 = {日本}';0.598190954

'G5 = {马来西亚}';0.229027034

'G6 = {蒙古}';0.537126026

'G7 = {菲律宾}';0.712485719

'G8 = {新加坡}';0.547473434

'G9 = {韩国}';1

'G10 = {泰国}';0.24581757

'G11 = {英国}';0.334073767

'G12 = {德国}';0.45683312

'G13 = {法国}';0.496359496

'G14 = {意大利}';-0.482683553

'G15 = {荷兰}';-0.212504869

'G16 = {葡萄牙}';0.508527675

'G17 = {瑞典}';0.486173754

'G18 = {瑞士}';0.624055483

'G19 = {俄罗斯}';0.667759861

'G20 = {加拿大}';0.348158889

'G21 = {美国}';-0.006187259

'G22 = {澳大利亚}';0.385030694

'G23 = {新西兰}';0.34152646

由图 4-21 可知:加拿大和印度尼西亚属于一类;美国、荷兰、意大利属于一类;菲律宾、瑞士、蒙古、朝鲜、葡萄牙、新西兰、泰国属于一类;俄罗斯、日本属于一类;新加坡、瑞典、马来西亚属于一类;印度、法国、德国、澳大利亚、英国属于一类;韩国单独一类。

第十节　小波变化

所谓波,就是在时间域或者空间域的震荡方程,比如正弦波,就是一种波。傅立叶变换定义了"频率"的概念,可用其分析信号能量在各个频率成分中的分布状况。小波是一种能量在

不同国家入境游客(万人次)K均值聚类分析

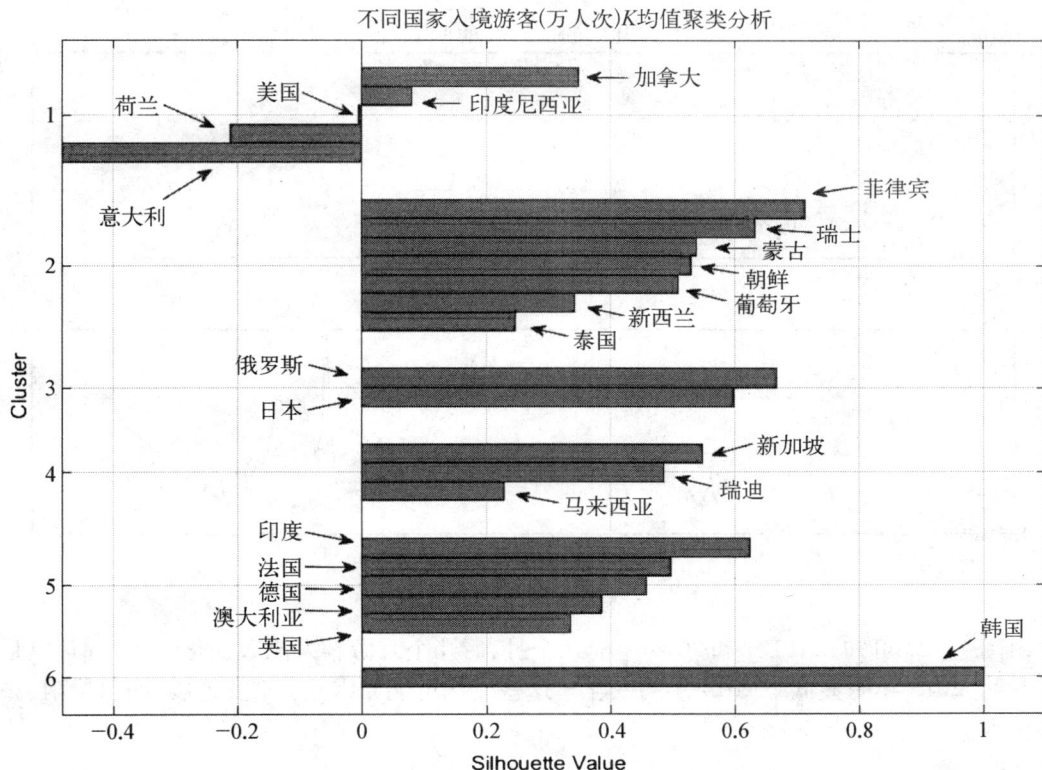

图 4 - 21　不同国家的 K 均值聚类图

时域非常集中的波。它的能量是有限的,而且集中在某一点附近。这种小波对于分析瞬时时变信号非常有用。它有效地从信号中提取信息,通过伸缩和平移等运算功能对函数或信号进行多尺度细化分析,解决了傅立叶变换不能解决的许多困难问题[①]。

　　小波(Wavelet)变换是由法国数学家 Morlet 于 1980 年提出。他与法国理论物理学家 Grossman 共同提出连续小波变换的几何体系,其基础是平移和伸缩(即放射群)下的不变性。这使得能将一个信号分解成对空间和尺度(即时间与频率)的独立贡献,同时又不丢失原有信号的信息[②]。傅立叶变换适合周期性的,统计特性不随时间变化的信号;而小波变换则适用于大部分信号,尤其是瞬时信号。它针对绝大部分信号的压缩、去噪、检测效果都特别好。

　　在 MATLAB 中通常使用函数 dwt( )。

　　格式:[ca13,cd13]=dwt(data,'sym4')

　　%使用小波'wname'对信号 X 进行单层分解,求得的近似系数存放在数组 cA 中,细节系数存放在数组 cD 中。

　　案例分析

　　以 example31.xlsx 中数据——九寨沟人流数据进行分析。

　　按照年份分割后,对九寨沟人流的时间变化进行小波分析。

①　赵蕾.主成分分析方法综述[J].软件工程,2016,19(6):1-3.
②　曹怀信,赵建伟.小波分析发展综述[J].咸阳师范学院学报,2002,17(6):5-8.

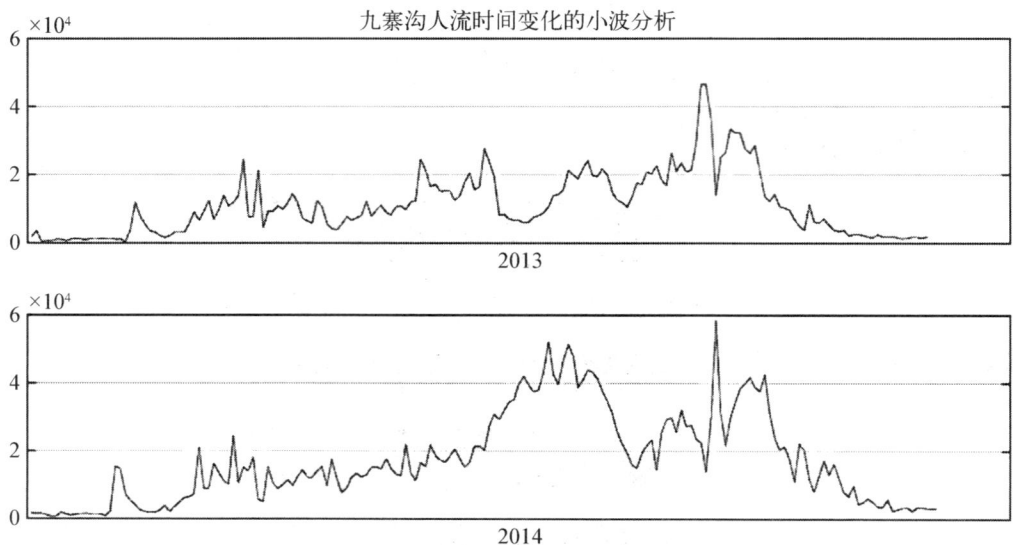

图 4 - 22　不同年份小波变化结果

　　由图 4 - 22 可知,2013 年和 2014 年前几个月,后几个月游客人流数变化曲线相似,但是在 7~9 月间,2013 年明显低于 2014 年的变化。这些变化可能原因是:雅安地震、四川暴雨、禽流感等因素。

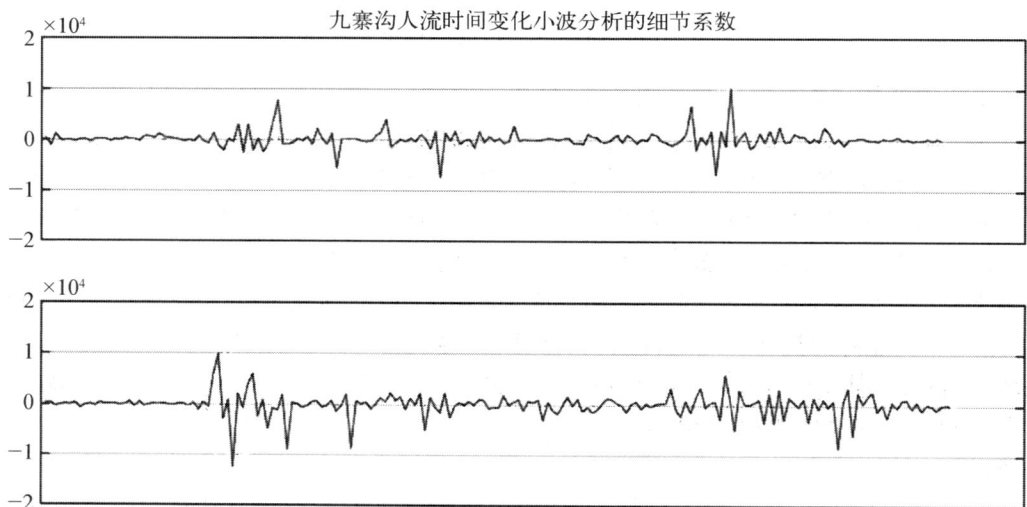

图 4 - 23　不同年份小波变换细节图

　　对比图 4 - 22,由图 4 - 23 可知:尽管从数值上看,在 6~9 月间 2013 年低于 2014 年,但是细节变化上 6~9 月间两年的差异不明显。差异较大的反而是在三四月前后,10 月之后的短时间内。通过查询新闻资料,得知:2013 年 3 月出现禽流感病例;4 月 20 日在雅安市芦山县发生的 7.0 级地震;2013 年 10 月 2 日,九寨沟景区由于人流太多,发生滞留事件。部分游客可能因没有赶上公交车,导致交通线路瘫痪,拥堵数公里长。

第十一节　层次分析法

1. 层次分析法简介

层次分析法(Analytic Hierarchy Process,简称 AHP)是一种主观的决策方法,可以用来确定一些指标权重,辅助决策依据的一种定性分析方法。层次分析法运用前需要构造层次模型:决策层、中间层(指标层)、底层(选择层);形成等级层次;然后构造两两对比矩阵,通过9分位数来进行构造;对对比矩阵进行求最大特征值和特征向量,进行一致性检验;最后得到权重向量[①]。

层次分析法是对一些较为复杂、较为模糊的问题作出决策的简易方法,它特别适用于那些难于完全定量分析的问题。它是美国运筹学家 T.L.Saaty 教授于 20 世纪 70 年代初期提出的一种简便、灵活而又实用的多准则决策方法。

人们在进行社会的、经济的以及科学管理领域问题的系统分析时,面临的常常是一个由相互关联、相互制约的众多因素构成的复杂而往往缺少定量数据的系统。层次分析法为这类问题的决策和排序提供了一种新的、简洁而实用的建模方法。

运用层次分析法建模,大体上可按下面四个步骤进行: ① 建立递阶层次结构模型;② 构造出各层次中的所有判断矩阵;③ 层次单排序及一致性检验;④ 层次总排序及一致性检验。

2. 层次分析法四个步骤的实现过程

递阶层次结构的建立与特点

应用 AHP 分析决策问题时,首先要把问题条理化、层次化,构造出一个有层次的结构模型。在这个模型下,复杂问题被分解为元素的组成部分。这些元素又按其属性及关系形成若干层次。上一层次的元素作为准则对下一层次有关元素起支配作用。这些层次可以分为三类:

(1)最高层。这一层次中只有一个元素,一般它是分析问题的预定目标或理想结果,因此也称为目标层。

(2)中间层。这一层次中包含了为实现目标所涉及的中间环节,它可以由若干个层次组成,包括所需考虑的准则、子准则,因此也称为准则层。

(3)最底层。这一层次包括了为实现目标可供选择的各种措施、决策方案等,因此也称为措施层或方案层。递阶层次结构中的层次数与问题的复杂程度及需要分析的详尽程度有关,一般层次数不受限制。每一层次中各元素所支配的元素一般不要超过 9 个。这是因为支配的元素过多会给两两比较判断带来困难。

3. 案例分析

以 example37.xlsx 中国际旅游外汇收入数据为例,进行层次分析。为了获取国际旅游外汇收入(亿美元)的最大化,其他各项指标需要获得怎么样的值。

第一步,建立递阶层次结构模型。

(1)最高层:提高"国际旅游外汇收入(亿美元)"。

(2)中间层:各类指标,民航国际旅游外汇收入(亿美元),铁路国际旅游外汇收入(亿美

---

① 　郭金玉,张忠彬,孙庆云.层次分析法的研究与应用[J].中国安全科学学报,2008,18(5): 148 - 153.

元),汽车国际旅游外汇收入(亿美元),轮船国际旅游外汇收入(亿美元),游览国际旅游外汇收入(亿美元),住宿国际旅游外汇收入(亿美元),餐饮国际旅游外汇收入(亿美元),商品销售国际旅游外汇收入(亿美元),娱乐国际旅游外汇收入(亿美元)。

（3）最底层：各项指标的权重系数。

表 4-20　国际旅游外汇收入原始数据

指　标	2016 年	2015 年	2014 年	2013 年	2012 年	2011 年	2010 年	2009 年	2008 年	2007 年
国际旅游外汇收入(亿美元)	1 200	1 136.5	1 053.8	516.64	500.28	484.64	458.14	396.75	408.43	419.19
民航国际旅游外汇收入(亿美元)	290.6	294.8	145.79	134.1	131.64	114.7	98.08	85.84	90.47	87.91
铁路国际旅游外汇收入(亿美元)	53.2	43.2	20.9	16	16.46	14.06	12.47	12.77	13.46	7.71
汽车国际旅游外汇收入(亿美元)	31.6	32.5	15.68	13.65	15.54	14.06	10.81	9.58	10.47	6.94
轮船国际旅游外汇收入(亿美元)	71	78	13.59	10.82	9.14	8.35	9.56	9.22	10.47	8.87
游览国际旅游外汇收入(亿美元)	67.1	44.8	32.54	30.92	25.55	25.32	21.07	20.8	22.02	18
住宿国际旅游外汇收入(亿美元)	116.3	132.9	69.5	59.76	52.11	50.98	51.95	44.34	48.6	59.38
餐饮国际旅游外汇收入(亿美元)	96.2	82.6	48.28	41.28	37.47	35.98	41.15	36.14	38.73	37.48
商品销售国际旅游外汇收入(亿美元)	209.5	209	113.28	111.82	111.54	118.56	115.9	91.49	85.34	104.94
娱乐国际旅游外汇收入(亿美元)	77.1	53.9	36.74	35.91	36.13	34.66	31.72	28.82	29.7	21.1
邮电通讯国际旅游外汇收入(亿美元)	28.9	23.9	11.04	7.92	7.91	10.36	10.68	9.55	10.02	7.61
市内交通国际旅游外汇收入(亿美元)	40.4	22.4	16.04	14.44	16.1	16.19	14.6	13.29	13.55	12.42
其他服务国际旅游外汇收入(亿美元)	118	118.6	45.77	40.01	40.68	41.41	40.15	34.91	35.6	46.83

第二步,进行计算分析。

由上文分析可知,层次分析法重要的过程就是对判断矩阵的运算,即求判断矩阵的特征值[①]。在 MATLAB 中通常使用函数 eig( )。

格式：$[V, D] = eig(A)$

---

① 钱贺斌.层次分析法在 MATLAB 中的应用与实现[J].中国科技信息,2014(2)：200-201.

返回特征值的对角矩阵 D 和矩阵 V,其列是对应的右特征向量。

代码:

```
A=abs(A');                  %因素对比矩阵 A,只需要改变矩阵 A,绝对值
[m,n]=size(A);              %获取指标个数
RI=[0 0 0.58 0.90 1.12 1.24 1.32 1.41 1.45 1.49 1.51];
R=rank(A);                  %求判断矩阵的秩
[V,D]=eig(A);              %求判断矩阵的特征值和特征向量,V 特征值,D 特征向量;
tz=max(D);
B=max(tz);                  %最大特征值
[row,col]=find(D==B);       %最大特征值所在位置
C=V(:,col);                 %对应特征向量
CI=(B-n)/(n-1);             %计算一致性检验指标 CI
CR=CI/RI(1,n);
if CR<0.10
    disp('CI=');disp(CI);
    disp('CR=');disp(CR);
    disp('对比矩阵 A 通过一致性检验,各向量权重向量 Q 为:');
    Q=zeros(n,1);
    for i=1:n
        Q(i,1)=C(i,1)/sum(C(:,1));%特征向量标准化
    end
    Q                       %输出权重向量
else
    disp('对比矩阵 A 未通过一致性检验,需对对比矩阵 A 重新构造');
end
```

第三步,得出结果,见表 4-21 所示。

表 4-21　层次分析法结果

长途交通国际旅游外汇收入(亿美元)	0.455 9
住宿国际旅游外汇收入(亿美元)	0.031 2
餐饮国际旅游外汇收入(亿美元)	0.039 9
游览国际旅游外汇收入(亿美元)	0.040 0
商品销售国际旅游外汇收入(亿美元)	0.045 4
娱乐国际旅游外汇收入(亿美元)	0.066 2
邮电通讯国际旅游外汇收入(亿美元)	0.107 0
市内交通国际旅游外汇收入(亿美元)	0.094 1
其他服务国际旅游外汇收入(亿美元)	0.120 4

由表 4-21 可知,要提高"国际旅游外汇收入(亿美元)",首先需要提升长途交通国际旅

游外汇收入(亿美元);其次,提高邮电通讯国际旅游外汇收入(亿美元),其他服务国际旅游外汇收入(亿美元),市内交通国际旅游外汇收入(亿美元),娱乐国际旅游外汇收入(亿美元);再次,提高游览国际旅游外汇收入(亿美元),商品销售国际旅游外汇收入(亿美元);最后提高住宿国际旅游外汇收入(亿美元),餐饮国际旅游外汇收入(亿美元)。

本 章 小 结

本章主要围绕着如何发现旅游数据背后所代表的意义展开。由于旅游数据量较大,因此需要建立矩阵的概念,而 Matlab 平台对矩阵的运算处理是具有极大优势的。因此,读者如果具备一些矩阵和 Matlab 的基础知识的话,本章上手就容易了。

从发掘旅游数据这一主题出发,由于数据获取中存在的诸多实际问题(如:计算方法、统计单位、统计时间范围等),因此首先需要将获取到数据预处理,从而消除一些数据本身的量纲影响,一些异常值的影响。面对数据缺失的还应做插值处理(但是本章的数据主要来源于国家统计局,时间在 2007~2015 年间,因此不做插值计算)。

其次,建立一个设想模型,即想要通过数据获得哪种可能的结论,当然最终结果有可能与设想完全不符合,或者完全与设想无关。为了这一设想,因此选择合适的计算方式,通过 Matlab 平台,利用各类函数(有时需要使用者本人编写),将数据进行研究分析,例如:为了应用数理统计推断预测,应将数据转化为正态分布,接着进行回归分析,然后应用推断预测。

最后,为了验证上述的结果,还应将计算分析后的数据结合旅游现象的实际情况进行分析,找出现实中导致这一结果的可能原因,严密期间还需用其他的数据、文献研究加以佐证,最终得到结论。

第五章 大数据分析方法简介

本章主要介绍目前常见的几种大数据分析方法,并结合旅游大数据,完成基本代码的编写。本章的代码分 R 语言及 Python 语言两部分,如读者对其他语言有擅长,则可使用其他语言。

第一节 数据分析编程语言

一、R 语言

R 语言是用于统计分析、绘图的语言和操作环境。它是属于 GNU 系统的一个自由、免费、源代码开放的软件,用于统计计算和统计制图。

R 是一套完整的数据处理、计算和制图软件系统。其功能包括:数据存储和处理系统;数组运算工具(其向量、矩阵运算方面功能尤其强大);完整连贯的统计分析工具;优秀的统计制图功能;简便而强大的编程语言;可操纵数据的输入和输出,可实现分支、循环,用户可自定义功能。

该语言的语法表面上类似 C,但在语义上是函数设计语言(functional programming language)的变种并且和 Lisp 以及 APL 有很强的兼容性。特别的是,它允许在"语言上计算"(computing on the language)。这使得它可以把表达式作为函数的输入参数,而这种做法对统计模拟和绘图非常有用。

R 是一个免费的自由软件,它有 UNIX、LINUX、MacOS 和 WINDOWS 版本,都是可以免费下载和使用的。R 的源代码可自由下载使用,亦有已编译的执行档版本可以下载,可在多种平台下运行,包括 Unix(也包括 FreeBSD 和 Linux)、Windows 和 MacOS。R 主要是以命令行操作,同时有人开发了几种图形用户界面。

R 的另一强项是绘图功能,制图具有印刷的素质,也可加入数学符号。虽然 R 主要用于统计分析或者开发统计相关的软件,但也有人用作矩阵计算。其分析速度可媲美 GNU Octave 甚至商业软件 MATLAB。

二、Python

Python 是一门有条理的和强大的面向对象的程序设计语言,类似于 Perl、Ruby、Scheme、Java。

Python 语言相对于其他编程语言来说,属于比较容易学习的一门编程语言,它注重的是如何解决问题而不是编程语言的语法和结构。正是因为 Python 语言简单易学,所以,已经有越来越多的初学者选择 Python 语言作为编程的入门语言。例如,在浙江省 2017 年高中信息技术改革中,《算法与程序设计》课程将使用 Python 语言替换原有的 VB 语言。

Python 语言力求代码简洁、优美。在 Python 语言中,采用缩进来标识代码块,通过减少无用的大括号,去除语句末尾的分号等视觉杂讯,使得代码的可读性显著提高。阅读一段良好的

Python 程序就感觉像是在读英语一样,它使你能够专注于解决问题,而不用太纠结编程语言本身的语法。

丰富强大的库:Python 语言号称自带电池(Battery Included)。Python 语言的类库非常的全面,包含了解决各种问题的类库。无论实现什么功能,都有现成的类库可以使用。

如果一个功能比较特殊,标准库没有提供相应的支持,那么,很大概率也会有相应的开源项目提供了类似的功能。合理使用 Python 的类库和开源项目,能够快速地实现功能,满足业务需求。

开发效率高:Python 的各个优点是相辅相成的。例如,Python 语言因为有了丰富强大的类库,所以,Python 的开发效率能够显著提高。相对于 C、C++和 Java 等编译语言,Python 开发者的效率提高了数倍。实现相同的功能,Python 代码的文件往往只有 C、C++和 Java 代码的 $1/5 \sim 1/3$。虽然 Python 语言拥有很多吸引人的特性,但是,各大互联网公司广泛使用 Python 语言,很大程度上是因为 Python 语言开发效率高这个特点。

应用领域广泛:Python 语言的另一大优点就是应用领域广泛,工程师可以使用 Python 做很多的事情。例如,Web 开发、网络编程、自动化运维、Linux 系统管理、数据分析、科学计算、人工智能、机器学习等。Python 语言介于脚本语言和系统语言之间,我们根据需要,既可以将它当作一门脚本语言来编写脚本,也可以将它当作一个系统语言来编写服务。

三、Java

Java 是一门面向对象编程语言,具有 C++语言的优点,降低和摒弃了 C++里的多继承、指针等概念,Java 语言的简单易用和功能强大是它的使用者不断增加的原因。

Java 语言的应用范围很广,已经连续几年成为除 C 语言之外,最受欢迎的编程语言。它可开发各种应用,其中范围比较广泛的有:

1. Android 应用

许多的 Android 应用都是 Java 程序员开发者开发。虽然 Android 运用了不同的 JVM 以及不同的封装方式,但是代码还是用 Java 语言所编写。相当一部分的手机中都支持 Java 游戏,这就使很多非编程人员都认识了 Java。

2. 在金融业应用的服务器程序

Java 在金融服务业的应用非常广泛,很多第三方交易系统、银行、金融机构都选择用 Java 开发,因为相对而言,Java 较安全。大型跨国投资银行用 Java 来编写前台和后台的电子交易系统,结算和确认系统,数据处理项目以及其他项目。大多数情况下,Java 被用在服务器端开发,但多数没有任何前端,它们通常是从一个服务器(上一级)接收数据,处理后发向另一个处理系统(下一级处理)。

3. 网站

Java 在电子商务领域以及网站开发领域占据了一定的席位。开发人员可以运用许多不同的框架来创建 Web 项目,Spring MVC,Struts2.0 以及 Frameworks。即使是简单的 servlet,jsp 和以 struts 为基础的网站在政府项目中也经常被用到。例如医疗救护、保险、教育、国防以及其他的不同部门网站都是以 Java 为基础来开发的。

4. 大数据技术

Hadoop 以及其他大数据处理技术很多都是用 Java,例如 Apache 的基于 Java 的 HBase 和

Accumulo 以及 ElasticSearch。

此时,不得不提 Hadoop,人人都在说使用 Hadoop 开发大数据,它到底是什么呢? Hadoop 是一个开源的大数据处理框架,通过运行分布式应用来处理大规模的数据。相当于一个文件系统和数据处理的大家族,在这个家族中,有为了解决特定类型的大数据处理问题而存在的一些子项目,包括我们说的 Hive 和 HBase 等。

在大数据开发中,不仅仅只有 Hadoop 这一种框架,还有 Spark,Flink,Storm,Samaza,每种不同,但却又有着相同的目的,那就是处理数据。

Hadoop 主要用于分布式批量处理数据,可以批量处理的数据,先被分割成小的处理任务,分发到计算集群,然后综合计算结果,整个过程都逻辑清晰。

Spark 拥有比 Hadoop 更先进的架构、更灵活的应用,有取代 Hadoop 的趋势。

Flink 是数据流引擎,主要针对流数据进行操作。

Storm 分布式计算框架,应用都被设计成有向无环图,很容易处理无限流数据,并且适用于任何编程语言。

第二节　旅游大数据来源

一、旅游大数据来源分类

旅游意味着空间的变换,当前的旅游者在活动过程中往往会携带一些智能设备(比如手机),并用这些设备拍照、拍视频、评论景点等,在交互的过程中将会产生非常庞大的数据。本章所指数据主要指旅游用户生成的数据内容。

还有一类大数据是游客在使用智能设备时在运营商或旅游服务提供商后台产生的数据,如网站交易数据、搜索引擎、网站的浏览痕迹、旅行 GPS 轨迹数据、运营商基站数据等,总结来说是搜索引擎数据,网站分析系统数据和现代追踪设备数据。能够获取与分析这些多类型的数据,可以为旅游景区发展与旅游相关领域的研究带来深远影响。

1. 搜索引擎

游客作为搜索引擎的使用者,产生的网络搜索数据记录了他们的关注与需求,这些数据的产生就为研究旅游经济行为提供了必要的数据基础。搜索引擎已经成为旅游者查询和筛选信息的最重要的途径之一,同时也成为旅游服务提供商发现潜在的游客的最佳方式。

搜索引擎的大数据主要由游客的原始查询记录、搜索引擎提供的常见搜索组成。Google 是世界上最流行的搜索引擎,百度是中国市场份额最大的搜索引擎,他们都提供免费的历史搜索数据查询,分别被称为 Goole Trends 和 Baidu Index,并且已经有研究者运用这些数据作为数据源,进行了游客预测研究。

目前,大数据处理人员面临的最大挑战是日益增长的数据量,现在百度已经开放了专门的大数据旅游 API 接口,研究者可以通过程序设计与百度 API 对接来获取数据。

2. 现代追踪技术

随着通信技术的飞速发展,旅游研究的方法、管理的工具以及市场营销的方式也发生了改变。现代追踪技术及通信数据的积累让研究者重新思考用一些新的概念和方法来研究旅游数据。

中国旅游研究院和中国电信联合实验室利用电信提供的手机定位数据,形成了国内首份大数据乡村旅游发展报告。但是我们从报告中可以看出,国内的报告无论是形式上还是内容的处理上都显得非常粗糙,还停留在简单的数据描述上,还没有对数据进行深入挖掘。虽然研究者们对电信运营商的数据关注与日俱增,但是它的使用仍然存在着诸多困难,尤其在对数据的监测和隐私的处理方面,往往很难取得平衡。

目前关于追踪定位技术的大数据方面的实证研究主要来自国外的学者和研究机构,国内的相关研究主要还集中在方法和技术的讨论,并没有落到实处。

3. 旅游者用户生成内容

游客自主数据的生成主要来自对旅游产品评价和对社交媒体网站的评价。电商平台为游客提供了对商品进行交流、评价的空间,这也使得消费者与零售商的距离变得更近。研究者对产品和景点的评价的关注也越来越多。

目前,旅游评价及游记主要集中在几大旅游搜索网站上,如携程、飞猪和马蜂窝等,有研究者利用爬虫采集了评论,通过分析他们发现,字数较少的评论主要都集中于情感评价,例如"喜欢""吸引人""失望"等,这些对旅游的体验仅提供较少的信息;负面的评价大多和网站及景点体验有关。他们对于所有评论进行了文本分析,通过分词系统分析了不同词语出现的频率。

旅游数据还存在于社交媒体中,游客经常会将自己的行为和体验,态度和偏好,旅游目的地的影响都分享在社交媒体中,如 Facebook、Instagram、微博等。这些数据同样给数据研究者提供了很好的数据获取平台。

二、数据获取中存在的问题

1. 隐私与数据所有权

国内外学者在获取大数据时面临的最大的问题就是隐私的保护。这其中既有数据隐私权的立法保护问题,也有因保护隐私而带来的数据处理的困难。首先,健全的隐私保护法律制度,是学者在允许的范围内自由取用数据基础,也是大数据学术研究的基础。

2. 数据记录与存储的口径不一致

各种不同来源的相同类型的数据汇总在一起,是大数据形成的基础,但同时我们又认识到,各种不同类型的企业、平台在之前的数据存储的过程中并没有考虑过整合,因此在汇总时就出现了因数据的口径不一致而导致的整合困难。

这种困难首先体现在存储方式上,不同机构的数据存储方式可能千差万别,比如有些机构把数据存储在关系型的数据库中,有些机构把数据存储在非关系型的数据库中;有些机构把数据存储在文本文件或者超文本文件中,还有些机构把数据存储在图片或者音频、视频中。各种存储的类型之间差异巨大,如果要进行数据分析首先必须保证数据记录与存储的口径一致。其次还体现在数据的格式方面,比如不同的网站在存储用户 ID 时的策略有可能不同,有些网站的 ID 是邮箱,有些是字母,有些是字母和数字的组合,等等。

因此,在数据收集与处理的过程中,数据清洗的很重要的作用就是保证数据的口径一致,这也耗费了数据工作者非常大的精力。尽管"脏数据"不可避免,但是在未来的数据记录与存储的过程中,我们也应该提倡更加标准化的存储方式,以减少数据清洗的压力。

3. 行业技术壁垒高

互联网时代的到来,给我们的生活带来极大的便捷,游客不出家门便可以找到合适的旅游产品。可是对于企业来说,信息不对称却开始变得难以忍受,极少数的公司利用长期运营的优势积累了大量的数据,在大数据时代到来之后,这些公司才意识到这些数据将会是一笔巨大的财富。而新进入的公司却因为没有业务数据积累导致很难追赶已经存储了大量数据的少数公司,这种情况可能还会随着时间的推移继续加剧。

三、网络数据获取——爬虫技术

大数据时代,如何获取网络上大量的公开数据呢?我们可以通过爬虫技术来完成。网络爬虫,是一种按照一定的规则,自动地抓取万维网信息的程序或者脚本。又被称为网页蜘蛛,聚焦爬虫,网络机器人。

如果把互联网比喻成一个蜘蛛网,那么网络爬虫就是在网上爬来爬去的蜘蛛。网络蜘蛛通过网页的链接地址来寻找网页,从网站某一个页面(通常是首页)开始,读取网页的内容,找到在网页中的其他链接地址,然后通过这些链接地址寻找下一个网页,一直循环下去,直到把整个网站所有的网页都抓取完为止。

1. 其基本工作流程

(1)将这些种子 URL 集合放入待抓取 URL 队列。

(2)从待抓取 URL 队列中,取出待抓取 URL,解析 DNS,并且得到主机的 IP,并将 URL 对应的网页下载下来,存储进已下载网页库中。此外,将这些 URL 放进已抓取 URL 队列。

(3)分析已抓取 URL 队列中的 URL,分析其中的其他 URL,并且将 URL 放入待抓取 URL 队列,从而进入下一个循环。如此反复进行,直到遍历了整个网络或者满足某种条件后,才会停止下来。

网络上已经存在很多爬虫软件,我们想要获取网络公开数据,可以依靠下载爬虫软件或者利用 Python 或者 R 语言,编程得出适合项目的爬虫工具。好用的爬虫软件有很多,目前市面上常见的爬虫软件一般可以分为两种:云爬虫和采集器。云爬虫就是无须下载安装软件,直接在网页上创建爬虫并在网站服务器上运行。但是需要代理 IP,需收费使用。采集器就是安装在本机的软件,使用的是本地带宽,常用的软件有后羿采集器、八爪鱼采集器等,部分功能免费,如需更深层次的操作,则需要购买相应功能。

2. 采集软件

本书介绍八爪鱼采集器软件,并且分别用 R 语言及 Python 语言编写爬虫程序,具体操作如下:

(1)软件操作。软件界面如图 5-1 所示,爬虫模式主要分两种:简单采集、自定义采集。在简单采集模式中,会有八爪鱼软件为我们定制好的部分网站数据采集程序,我们只要选择相应的网站来采集数据即可。如图 5-2 所示,我们来采集马蜂窝网站中,游记点评记录。

输入要爬虫的景点名称,点击启动,即可进行爬虫。启动后,软件就会按照设定的要求,进行爬虫操作,如图 5-3 所示。爬虫完毕后,将所得到的数据保存成 Excel 格式或者 CSV 格式,如图 5-4、图 5-5 所示。网页不一样,则爬出的数据不同,待数量符合要求后,停止爬虫,导出数据。我们的爬虫操作就结束了,最终结果如图 5-6 所示。

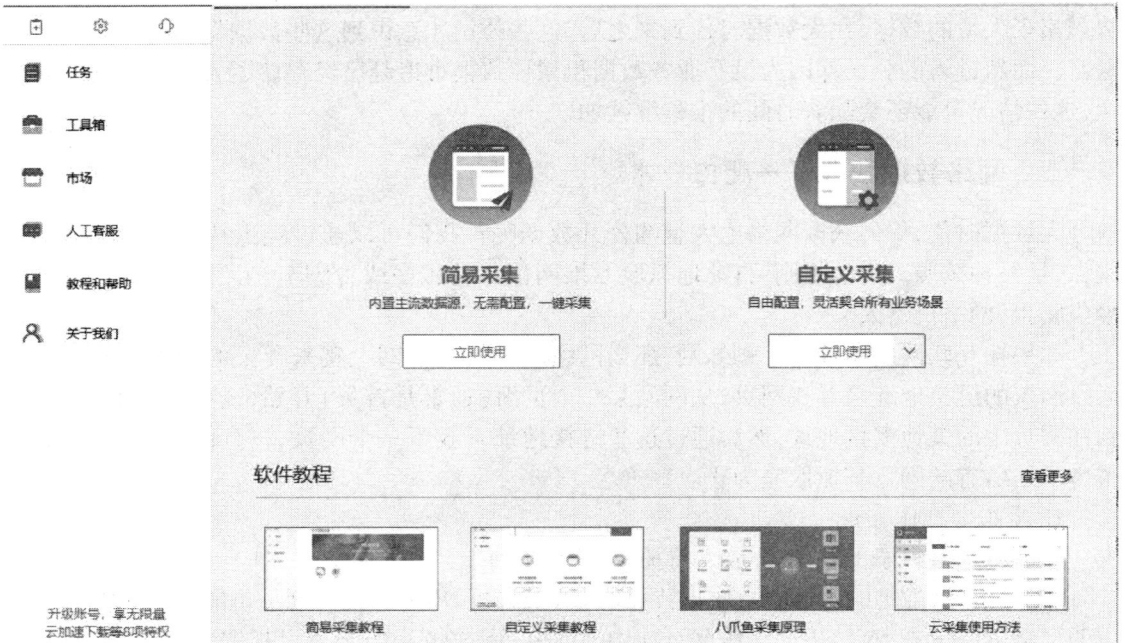

图 5-1　软件界面

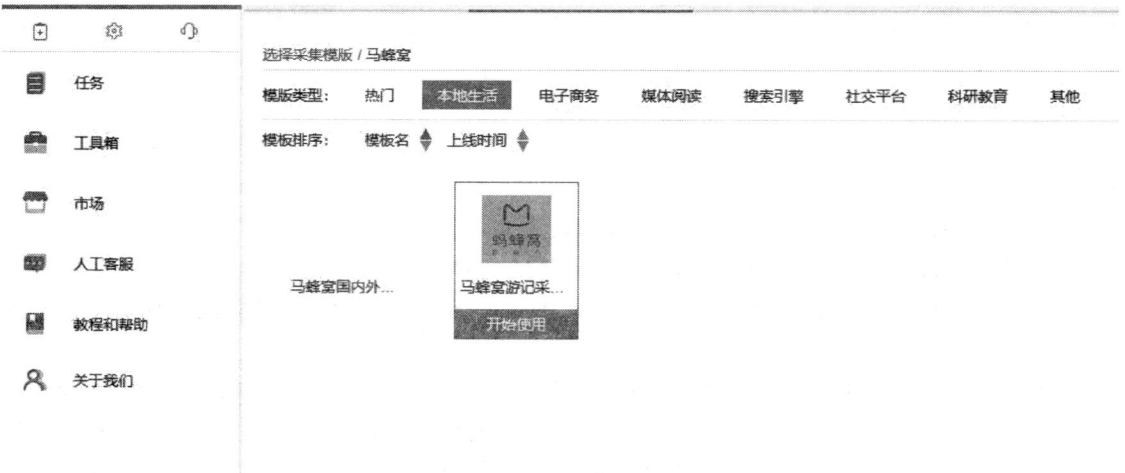

图 5-2　采集马蜂窝网站

图 5-3　选择爬取内容

图 5-4　输入要爬取的景点游记

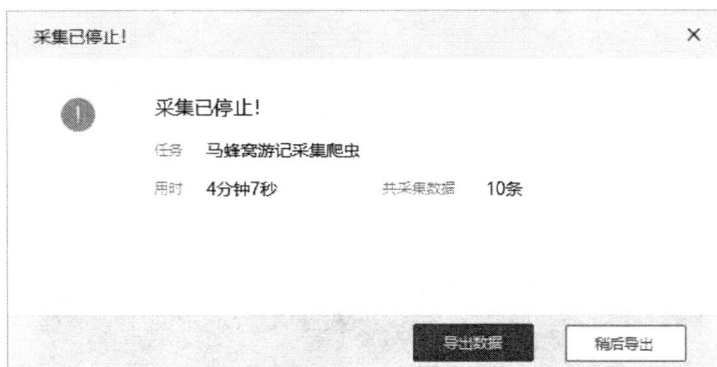

图 5-5　爬取结束

图 5-6　爬取结果导出为 Excel 图表

（2）Python 语言爬虫主要代码。

```
import requests
from lxml import html
url=' http://www.mafengwo.cn '#需要爬数据的网址
page=requests.Session().get(url)
tree=html.fromstring(page.text)
result=tree.xpath('//td[@class="title"]//a/text()') #获取需要的数据
```

爬虫前,我们首先简单明确两点:① 爬虫的网址,马蜂窝;② 需要爬取的内容(数据),这正是爬虫时最难的一部分,我们通过具体的步骤,完成关键字的选取。

（3）操作步骤如下:

① 在代码中修改要爬的网址为——马蜂窝丽江旅游线路推荐:

http://www.mafengwo.cn/mdd/route/10186.html

② 打开网页,点击 F12,进入到网页后台代码中,如图 5-7 所示,在左边网页上选取要爬

虫的关键字就会出现相应关键字的代码内容,如图 5－8 所示。

③ 在图 5－8 中,"全部线路"的代码如下所示。

```
<li class="on"><a href="javascript:void(0)" data-type="2">全部路线</a></li>
```

结合 Python 代码结构,我们可将最后一行代码改为符合要求的数据。

//td：这个相当于指定是大目录,具体为 li;

[@class="title"]：这个相当于指定的小目录,具体为[@class="on"]

//a：这个相当于最小的目录;

/text()：这个是提取其中的数据。

那我们的最后一行的代码就可以更改为:

```
result=tree.xpath('//li[@class="on"]//a/text()')
```

按以上步骤,我们就可以将丽江旅游线路爬出来了(具体代码详见附录 A)。

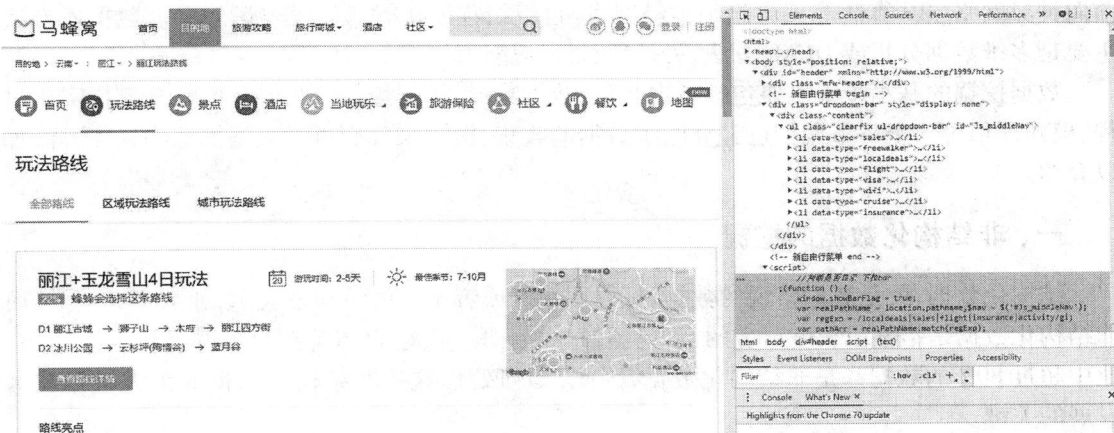

图 5－7 爬取网页代码

图 5－8 找到要爬取模块

第三节　大数据挖掘技术

什么是数据挖掘？数据挖掘就是从大量的、随机的数据中,提取隐含在其中的人们事先不知道的但又是潜在有用的信息和知识的过程,总结起来就是从数据中获取知识。在应用中往往根据实际作用细分为以下几种分析方法:分类、估值、预测、相关性分析、序列、时间序列、描述和可视化等。

数据挖掘涉及的学科领域和技术很多,有多种分类法。根据挖掘任务分,可分为分类或预测模型发现、数据总结、聚类、关联规则发现、序列模式发现、依赖关系或依赖模型发现、异常和趋势发现等;根据挖掘对象分,有关系数据库、面向对象数据库、空间数据库、时态数据库、文本数据源、多媒体数据库、异质数据库、遗产数据库以及环球网Web;根据挖掘方法分,可粗分为:机器学习方法、统计方法、神经网络方法和数据库方法。机器学习中,可细分为:归纳学习方法(决策树、规则归纳等)、基于范例学习、遗传算法等。统计方法中,可细分为:回归分析(多元回归、自回归等)、判别分析(贝叶斯判别、费歇尔判别、非参数判别等)、聚类分析(系统聚类、动态聚类等)、探索性分析(主元分析法、相关分析法等)等。神经网络方法中,可细分为:前向神经网络(BP算法等)、自组织神经网络(自组织特征映射、竞争学习等)等。数据库方法主要是多维数据分析或OLAP方法,另外还有面向属性的归纳方法等。

数据挖掘的基本步骤主要包括数据收集、数据集成、数据规约、数据清洗、数据挖掘实施过程、模式评估等。上一节我们已经介绍了数据的收集,接下来我们再对数据挖掘的具体方法加以介绍。

一、非结构化数据的挖掘

结构化数据,就是我们常说的数据,可以用数据或者统一的结构来表示,如数字、符号。而非结构化数据是指字段长度可变的文本、图像、声音、影视、超媒体等信息。并且报告表明,企业中超过80%的数据都是非结构化数据,因此,如何处理这些非结构化数据成为大数据技术发展的关键。

1. 文本挖掘

文本挖掘就是在文本数据库中发现新的知识,从大量的文本数据中发现未知的、有实用价值的内容。

文本挖掘的基本思想:先利用文字切分技术将文本数据分词,然后再利用聚类技术、分类算法、关联规则等算法来数据挖掘,获取新的概念以及新的关系,如图5-9所示。

在文本分词阶段,最常用的算法有最大匹配法和最大概率法。但是歧义以及一些生僻地名或文字的识别仍是两大难题。最大匹配法的思想是选取6~8个汉字作为最大字符串,再与词典中的词条匹配,直到找到相应的单词。最大概率法是在词语切分时存在多种可能,选择概率最大的作为分词的结果。

不管是词语还是短语,出现的频率都不同,并且可能还会存在规律性,因此,可以将一些有特征的词条抽取出构成特征,用这些特征来表示文本,即特征的提取过程。常用的特征提取模型有布尔模型和向量空间模型。布尔模型是严格匹配模型,出现则为1,不出现则记为0,速度当然是快的,但是规则过于严格,往往会忽略许多文本。

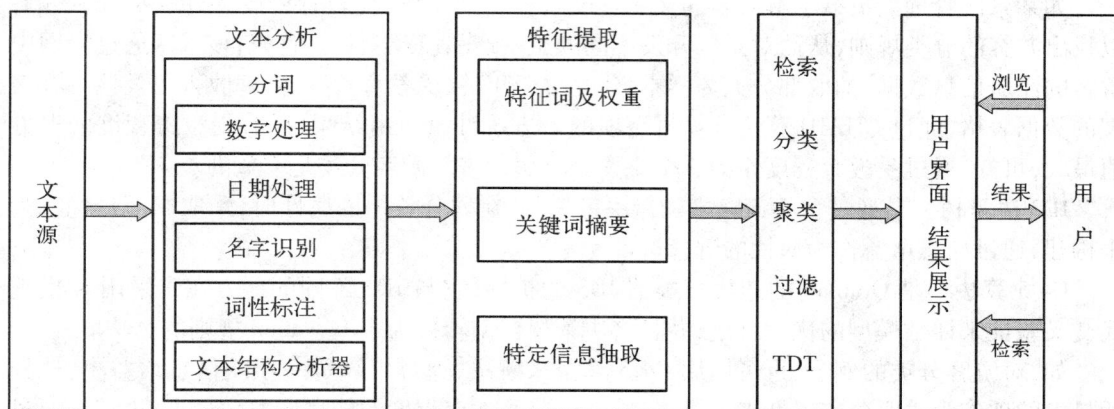

图 5 - 9　文本挖掘模型结构

文本分类,指在给定的分类体系下,根据文本内容确定有关联关系的类别。用到的算法是后面章节介绍的 K 近邻分类算法、贝叶斯网络决策树等。

2. Web 数据挖掘

Web 挖掘涉及 Internet 技术、人工智能、统计学多个领域,是指利用数据挖掘技术从 Web 文档中发现并提取有用的信息。在 Web 数据挖掘中,我们应注意对数据来源的分析,一般既含有数字,又含有文本,应分别分析。

二、数据挖掘中的一些基本算法

1. 分类算法

在数据挖掘领域,有大量基于海量数据的分类问题,它是一种重要的数据挖掘方法。分类算法的应用非常广泛,只要是涉及把客户、人群、地区、商品等按照不同属性区分开的场景都可以使用分类算法。

通常我们把数据分成训练集和测试集,通过对训练集的训练,生成一个或多个分类器;将这些分类器应用到测试集中,就可以对分类器的性能和准确性作出评价。如果效果不佳,那么可以重新选择训练集,或者调整训练模式,直到性能最佳。最后将选出的分类器应用到未经分类的新数据中,就可以对数据的类别作出预测了。

通过以上分析,我们可发现分类算法中的关键点为构造分类器。分类器的构造又分有多种算法,如决策树分类法、神经网络分类、支持向量机,以及基于规则的算法等。分类完成后,我们要比较分类模型的性能,通常通过绘制 ROC 曲线来完成,具体操作参考实例部分。

(1)决策树算法。决策树是由节点和分支构成,从树的根结点开始,将测试条件用于待分类数据,根据数据是否满足测试条件形成分支,到达另外一个内部节点或者叶子节点。通过建立好的决策树,就可完成分类预测的功能。决策树算法有监督学习功能,因此需要预分类目标变量,要提供一个训练数据集,并且训练数据集应当是丰富多彩的。

构建决策树的算法有很多种,比较著名的有 CHAID 算法,即卡方自动交互检测、ID3 决策树以及 C4.5 决策树。

CHAID 算法　是一个可发现变量之间关系的算法,可用于预测以及分类。它的核心是卡方检验,可用于在多个自变量中搜索与因变量最具相关性的变量。

如某景区管理人员欲了解游客的文明程度是否受到年龄、受教育程度、家庭收入的影响，以找出游客的分类规则，从而对景区开发不同的旅游产品以及项目。首先，该景区通过官网中游客的注册信息数据，抽取部分人为样本，建立关于年龄、受教育程度、家庭收入以及该游客表现的数据表格，通过 CHAID 算法计算每一项的卡方统计量。由结果可知，受教育程度的卡方值最大，可知，通过受教育程度作为一个主要分支属性来对游客分类是有效的。

ID3 决策树　是通过贪心策略来构造决策树的，在划分数据的属性时，采取局部最优决策来构建，通过信息增益作为属性的选择标准。

C4.5 算法　是 Quinlan 的迭代分类器 ID3 的扩展，它与 ID3 不同的地方在于采用 K 次迭代交叉验证来评估模型的优劣程度，并且将决策树模型转换为了 IF－then 规则的算法。

如，对游客分类的例子，也可以用 C4.5 算法来解决，通过计算每一项的信息增益率，选择值最大的项作为主要分支属性来分类。通过计算，受教育程度的信息增益率最大，也符合通过 CHAID 算法得出的结果（具体代码详见附录 B）。

（2）最近邻分析（KNN）。K 近邻法又称为 KNN 分类法，它是一个比较成熟的算法。基本思想为：若一个样本在特征空间中的 K 个最相似的样本中大多属于同一个类别，则此样本也属于这个类别。

KNN 算法可在 SPSS 中执行，我们通过一个案例"预测客户是否流失"来介绍其应用。我们现在有历史的客户流失数据和当月或未来的客户数据，想要通过历史数据预测分析未来客户是否会流失。

首先，对于历史数据，同门通过相关性分析找到与"是否流失"变量相关性最大的若干字段；将历史数据与当月客户数据合并，通过 KNN 算法分析；KNN 算法在 SPSS"分析"→"分类"→"最近邻元素"中，将特征选为第一步得到相关性最大的若干变量，目标即为"是否流失"；即可输出 KNN 预测结果。

（3）贝叶斯分析。最常用的为贝叶斯信念网络，简称为贝叶斯网络，是用图形表示一组随机变量之间的概率关系。它主要由两个部分组成，一个有向无环图，可表示变量之间的依赖关系；第二个为一个概率表，把各节点与它的父节点关联起来。

在构造网络的时候贝叶斯可能是既费时又费力，但是一旦网络结构确定下来，添加新变量就会变得十分容易，它比较适合于处理不完整的数据。

（4）神经网络。人工神经网络是一大热点，它包括了输入层、输出层以及隐含层。又分为单层和多层。

在结构上，可以把一个神经网络划分为输入层、输出层和隐含层。输入层的每个节点对应一个个的预测变量。输出层的节点对应目标变量，可有多个。在输入层和输出层之间是隐含层（对神经网络使用者来说不可见），隐含层的层数和每层节点的个数决定了神经网络的复杂度。

神经网络可以使用激活函数，将这一层的输出加权作为下一层的输入。在使用神经网络时要有足够的隐藏单元和训练样本，并且比较耗时，对硬件要求较高。

2. 聚类

所谓聚类，就是类或簇的聚合。和分类一样，聚类的目的也是把所有的对象分成不同的群组，但是在采用聚类算法划分对象之前，我们并不知道要把数据分成几组，也不知道依赖什么条件来划分。

聚类系统通常能够把相似的对象通过静态分类的方法分成不同组别或者更多子集,这样每个子集的成员都有相似的属性。

聚类算法分为层次聚类算法和非层次聚类算法。比较常用的算法有以下几种。

(1) K-均值聚类,是一种发现数据簇的简单有效的算法,主要是随机分配 K 个记录成为初始簇中心位置,找到簇质心,并重新更换位置,一直重复,直到收敛或终止。核心代码如下所示:

```
f = open('city.txt')   #从磁盘读取城市经纬度数据
for v in f:
x.append([float(v.split(',')[1]),float(v.split(',')[2])])
X = np.array(X)   #转换成 numpy array
n_clusters = 5 #类簇的数量
cls = KMeans(n_clusters).fit(X) #现在把数据和对应的分类书放入聚类函数中进行聚类
cls.labels_   #X 中每项所属分类的一个列表
```

(2) Kohonen 网络。是基于 Kohonen 学习的自组织映射网络。输出的节点相互竞争以产生针对特定评分函数的最佳值,最常用的是欧式距离,获胜的节点因此成为神经元的中心,之后进行学习,权重重新调整,进一步改进评分函数。

(3) BIRCH 聚类。特别适合海量数据集或流媒体数据,能够通过一次扫描获得一个良好的聚类解决方案。

3. 关联

所谓关联,反映的是一个事件和其他事件之间依赖或关联的知识。如果两项或多项属性之间存在关联,那么其中一项的属性值就可以依据其他属性值进行预测。关联分析的目的是找出数据库中隐藏的关联网。关联规则挖掘可发现大量数据之间有趣的关联。关联可分为简单关联、时序关联、因果关联。有时并不知道数据库中数据的关联函数,即使知道也是不确定的,因此关联分析生成的规则带有可信度。

(1) Apriori 算法。Apriori 算法是第一个关联规则挖掘算法,并且它开创新的使用基于支持度的剪枝技术。支持度,是关联规则的评估指标,指包含特定项的个数,如最著名的尿布和啤酒问题,研究表明尿布和啤酒销售之间存在很强的联系,买尿布的顾客很多也会购买啤酒,那支持度就是既包括尿布,又包括啤酒项的个数。

Apriori 算法的伪代码:① 先单遍扫描数据集,确定每个项的支持度;② 通过支持度,将迭代频繁的项集组成新的候选项集,再计算候选项集的支持度;③ 当没有新的频繁项集产生时,算法结束。

(2) FP-tree 算法。我们使用搜索引擎时会发现这样一个功能,输入一个单词的一部分,搜索引擎会自动帮我们补全查询的单词,实现这种功能,就用了 FP-tree 算法,称为频繁模式树。

FP 树是一种输入数据的压缩表示,它的基本原理是:逐个读入数据事务,并把这些数据映射到 FP 树中的一条路径,以此来构造 FP 树。它的伪代码:① 扫描一次数据集,确定每项的支持度。丢弃非频繁项;② 第二次扫描数据,构建 FP 树,读入一项,创建一个节点,并且形成了从根结点到这一节点的路径;③ 继续该过程,直到每个事务都映射到 FP 树的一条路径上,就形成了关联。

三、大数据挖掘实例

1. 文本分析实例

(1) 研究背景。通过爬虫得到的数据,分析出游客对丽江的评价及游客对丽江使用的高频词语,以使丽江部门了解游客或得出改进措施。通过 Python 语言,对丽江游记数据加以筛选及挖掘,得到丽江的高频词。

(2) 所用技术及步骤如下。

首先是预处理。文本分析之前,需对爬下来的数据进行预处理,即数据的清洗阶段,此内容在第三章 SPSS 的应用中已详细介绍,主要是删除或者补充数据的缺失值,删除重复值等,根据我们的实际分析需求,删除不必要数据。并且将丽江游记段落修改格式为 txt 文档,只取出文字部分即可,如图 5 - 10 所示。

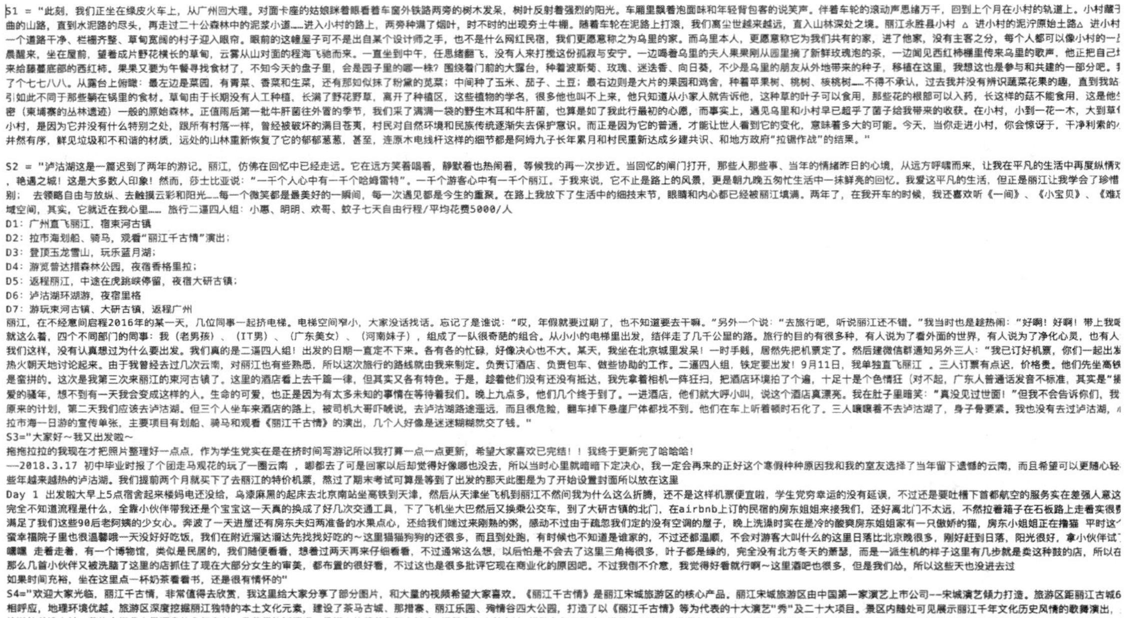
S1 = "此刻，我们正坐在绿皮火车上，从广州回大理。对面卡座的姑娘眯着眼看着车窗外铁路两旁的树木发呆，树叶反射着强烈的阳光。车厢里飘着泡面味和年轻背包客的说笑声。伴着车轮的滚动声思绪万千，回到上个月在小村的轨道上。小村藏
曲的山路，直到水泥路的尽头，再走过二十公森林中的泥浆小道……进入小村的路上，两旁种满了烟叶，时不时的出现夯土牛棚。随着车轮在泥路上打滚，我们离尘世越来越远，直入山林深处之境。丽江永胜县小村 △ 进小村的泥泞原始土路△ 进小村
一个道路干净、栏栅齐整、草甸宽阔的村子迎入眼帘。眼前的这幢屋子可不是出自某个设计师之手，也不是什么网红民宿，我们更愿意称之为乌里的家。而乌里本人，更愿意称它为我们共有的家，进了他家，没有主客之分，每个人都可以像小村的一
晨醒来，坐在屋前，望着成片野花横长的草甸，云雾从山对面的程海飞驰而来。一直坐到中午，任思绪翻飞，没有人来打搅这份孤寂与安宁。一边喝着乌里的夫人果果刚从园里摘了新鲜玫瑰泡的茶，一边闻见西红柿棚里传来乌里的歌声，他正把自己
来给藤蔓底部的西红柿。果果又要为午餐寻找食材了，不知今天的盘子里，会是园子里的哪一株？围绕着门前的大露台，种着波斯菊、玫瑰、迷迭香、向日葵，不少是乌里的朋友从外地带来的种子，移植在这里，我想这也是参与和共建的一部分吧。
了个七七八八。从露台上俯瞰：最左边是菜园，有青菜、香菜和生菜，还有那如似抹了粉黛的苋菜；中间种了玉米、茄子、土豆；最右边则是大片的果园和鸡舍，种着苹果树、桃树、核桃树……不得不承认，过去我并没有辨识蔬菜花果的趣，直到我站
引如此不同于那些躺在锅里的食材。草甸由于长期没有人工种植，长满了野花野草，离开了种植区，这些植物的学名，很多他也叫不上来，他只知道从小家人就告诉他，这种草的叶子可以食用，那些花的根部可以入药，长这样的菇不能食用，这是他
密（柬埔寨的丛林遗迹）一般的原始森林。正值雨后第一批牛肝菌往外冒的季节，我们采了满满一袋的野生木耳和牛肝菌，也算是如了我此行最初的心愿，而事实上，遇见乌里和小村早已超乎了菌子给我带来的收获。在小村，小到一花一木，大到草
小村，是因为它并没有什么特别之处，跟所有村落一样，曾经被破坏的满目苍夷，村民对自然环境和民族传统逐渐失去保护意识。而正是因为它的普通，才能让世人看到它的变化，意味着多大的可能。今天，当你走进小村，你会惊讶于，干净利索的
井然有序，鲜见垃圾和不和谐的材质，远处的山林重新恢复了它的郁郁葱葱，甚至，连原木电线杆这样的细节都是阿姆九子长年累月和村民重新达成乡建共识、和地方政府"拉锯作战"的结果。"

S2 = "泸沽湖这是一篇迟到了两年的游记。丽江，仿佛在回忆中已经走远。它在远方笑着唱着，静默着也热闹着，等候我的再一次步近。当回忆的闸门打开，那些人那些事、当年的情绪昨日的心境，从远方呼啸而来，让我在平凡的生活中再度纵情
，艳遇之城！这是大多数人印象！然而，莎士比亚说："一千个人心中有一千个哈姆雷特"。一千个游客心中有一千个丽江。于我来说，它不止是路上的风景，更是朝九晚五匆忙生活中一抹鲜亮的回忆。我爱这平凡的生活，但正是丽江让我学会了珍惜
别； 去领略自由与放纵、去触摸云彩和阳光……每一个微笑都是最美好的一瞬间，每一次遇见都是今生的重聚。在路上我放下了生活中的细枝末节，眼睛和内心都已经被丽江填满。两年了，在我开车的时候，我还喜欢听《一间》、《小宝贝》、《
域空间，其实，它就近在我心里…… 旅行二逼四人组：小惠、明明、欢哥、蚊子七天自由行程/平均花费5000/人
D1：广州直飞丽江，宿束河古镇
D2：拉市海划船、骑马，观看"丽江千古情"演出；
D3：登顶玉龙雪山，玩乐蓝月湖；
D4：游览普达措森林公园，夜宿香格里拉；
D5：返程丽江，中途在虎跳峡停留，夜宿大研古镇；
D6：泸沽湖环湖游，夜宿里格
D7：游玩束河古镇、大研古镇，返程广州
丽江，在不经意间启程2016年的某一天，几位同事一起挤电梯。电梯空间窄小，大家没话找话。忘记了是谁说："哎，年假就要过期了，也不知道要去干嘛。"另外一个说："去旅行吧，听说丽江还不错。"我当时也是趁热闹："好啊！好啊！带上我
就这么着，四个不同部门的同事：我（老男孩）、（IT男）、（广东美女）、（河南妹子），组成了一队很奇葩的组合。从小小的电梯里出发，结伴走了几千公里的路。旅行的目的有很多种，有人说为了看外面的世界，有人说为了净化心灵，也有人
我们这样，没有认真想过为什么要出发。我们真的是二逼四人组！出发的日期一直定不下来。各有各的忙碌，好像决心也不大。某天，我坐在北京城里发呆！一时手贱，居然先把机票定了。然后建微信群通知另外三人："我已订好机票，你们一起出
热火朝天地讨论起来。由于我曾经去过几次云南，对丽江也有些熟悉，所以这次旅行的路线就由我来制定。负责订酒店、负责包车、做些协助的工作。二逼四人组，铁定要出发！9月11日，我单独直飞丽江 。三人订票有点迟，价格贵。他们先坐高
是蛮拼的。这次是我第三次来丽江的束河古镇了。这里的酒店看上去千篇一律，但其实又各有特色。于是，趁着他们没有还没有抵达，我先拿着相机一阵狂扫，把酒店环境拍了个遍，十足十是个色情狂（对不起，广东人普通话发音不标准，其实是"
爱的骚年，想不到有一天我会变成这样的人。生命的可爱，也正是因为有太多未知的事情在等待着我们。晚上九点多，他们几个终于到了。一进酒店，他们就大呼小叫，说这个酒店真漂亮。我在肚子里暗笑："真没见过世面！"但我不会告诉你们，我
原来的计划，第二天我们应该去泸沽湖。但三个人坐车来酒店的路上，被司机大哥吓唬说，去泸沽湖路途遥远，而且很危险，翻车掉下悬崖尸体都找不到。他们在车上听着顿时石化了。三人嚷嚷着不去泸沽湖了，身子骨要紧。我也没有去过泸沽湖，
拉市海一日游的宣传单张，主要项目有划船、骑马和观看《丽江千古情》的演出，几个人好像是迷迷糊糊就交了钱。"
S3="大家好～我又出发啦～
拖拖拉拉的我现在才把照片整理好一点点，作为学生党实在是在挤时间写游记所以我打算一点一点更新，希望大家喜欢已完结！！我终于更新完了哈哈哈！
——2018.3.17 初中毕业时报了个团走马观花的玩了一圈云南 ，哪都去了可是回家以后却觉得好像哪也没去，所以当时心里就暗暗下定决心，我一定会再来的正好这个寒假种种原因我和我的室友选择了当年留下遗憾的云南，而且希望可以更随心轻
些年越来越热的泸沽湖。我们提前两个月就买下了去丽江的特价机票，熬过了期末考试可算是等到了出发的那天此图是为了开始设置封面所以放在这里
Day 1 出发啦大早上5点宿舍起来楼妈电还没给，乌漆麻黑的起床去北京南站坐高铁到天津，然后从天津坐飞机到丽江不然问我为什么这么折腾，还不是这样机票便宜啦，学生党穷幸运的没有延误，不过还是要吐槽下首都航空的服务实在差强人意这
完全不知道流程是什么，全靠小伙伴带我还是个宝宝这一天真的换成了好几次交通工具，下了飞机坐大巴然后又换乘公交车，到了大研古镇的北门，在airbnb上订的民宿的房东姐姐来接我们，还好离北门不太远，不然拉着箱子在石板路上走着实很
满足了我们这些90后老阿姨的少女心。奔波了一天进屋还有房东夫妇两准备的水果点心，还给我们端过来刚熟的粥，感动不过由于疏忽我们定的没有空调的屋子，晚上洗澡时实在是冷的酸爽房东姐姐家有一只傲娇的猫，房东小姐姐正在撸猫 平时这
蛮幸福院子里也很温馨哦一天没好好吃饭，我们在附近溜达溜达先找找好吃的～这里猫猫狗狗的还很多，而且到处跑，有时候也不知道是谁家的，不过还都温顺，不会对游客大叫什么的这里日落比北京晚很多，刚好赶到日落，阳光很好，拿小伙伴试
嘿嘿 走着走着，有一个博物馆，类似是民居的，我们随便看看，想着过两天再来仔细看看，不过通常这么想，以后怕是不会去了这里三角梅很多，叶子都是绿的，完全没有北方冬天的萧瑟，而是一派生机的样子这里有几步就是卖这种鼓的店，所以在
那么几首小伙伴又被洗脑了这里的店抓住了现在大部分女生的审美，都布置的很好看，不过这也是很多批评它现在商业化的原因吧。不过我倒不介意，我觉得好看就行啊～这里酒吧也很多，但是我们怂，所以这些天也没进去过
如果时间充裕，坐在这里点一杯奶茶看看书，还是很有情怀的"
S4="欢迎大家光临，丽江千古情，非常值得去欣赏，我这里给大家分享了部分图片，和大量的视频希望大家喜欢。《丽江千古情》是丽江宋城旅游区的核心产品。丽江宋城旅游区由中国第一家演艺上市公司——宋城演艺倾力打造。旅游区距丽江古城
相呼应，地理环境优越。旅游区深度挖掘丽江独特的本土文化元素，建设了茶马古城、那措寨、丽江乐园、殉情谷四大公园，打造了以《丽江千古情》等为代表的十大演艺"秀"及二十大项目。景区内随处可见展示丽江千年文化历史风情的歌舞演出，
旅游的首选之地。藏族白塔具有很深奥的象征意义，是藏民的祈福塔。佛塔上的莲花象征六随念；塔基象征十善之地；塔阶象征四随念；塔瓶象征法力；塔瓶象征菩提心；不染世俗的莲花上的法轮象征十力和三近住；观音咒藏象征大慈大悲和十六大空合
象征事业兴盛；太阳和月亮象征二先知。丽江千古情大剧院高25米、周长500米，剧院外形设计从丽江千古情演绎的爱情故事和纳西文字中吸取灵感，整个建筑用大红色作为主基调，在蓝天白云之间，显的格外醒目，剧院的外形建筑符号用纳西象形

图 5 - 10 txt 文档

其次是文本分析。预处理完成后,就可对数据进行文本分析。Python 中对于文本分析,用到的方法为"词云",是对网络文本中出现频率较高的关键词予以视觉上的突出,形成"关键词云层"或"关键词渲染",从而过滤掉大量的文本信息,每一个文本段落只需一眼扫过,就可领略文本的主旨。

安装文件包:用 Python 做词云,需要安装两个文件包: wordcloud 和 jieba。安装后结果如图 5 - 11 所示。

命令自动安装:

```
pip install jieba
pip install wordcloud
```

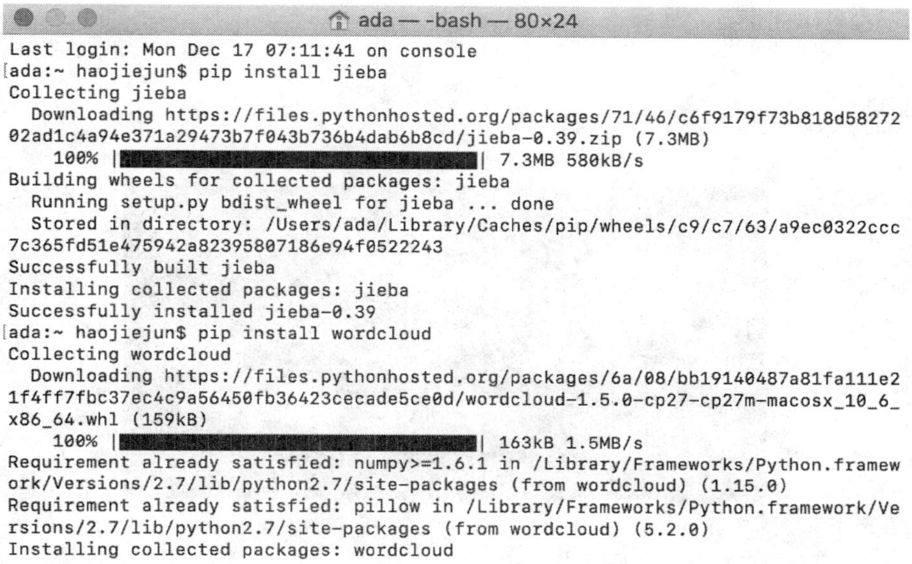

```
Last login: Mon Dec 17 07:11:41 on console
[ada:~ haojiejun$ pip install jieba
Collecting jieba
  Downloading https://files.pythonhosted.org/packages/71/46/c6f9179f73b818d58272
02ad1c4a94e371a29473b7f043b736b4dab6b8cd/jieba-0.39.zip (7.3MB)
    100% |                                | 7.3MB 580kB/s
Building wheels for collected packages: jieba
  Running setup.py bdist_wheel for jieba ... done
  Stored in directory: /Users/ada/Library/Caches/pip/wheels/c9/c7/63/a9ec0322ccc
7c365fd51e475942a82395807186e94f0522243
Successfully built jieba
Installing collected packages: jieba
Successfully installed jieba-0.39
[ada:~ haojiejun$ pip install wordcloud
Collecting wordcloud
  Downloading https://files.pythonhosted.org/packages/6a/08/bb19140487a81fa111e2
1f4ff7fbc37ec4c9a56450fb36423cecade5ce0d/wordcloud-1.5.0-cp27-cp27m-macosx_10_6_
x86_64.whl (159kB)
    100% |                                | 163kB 1.5MB/s
Requirement already satisfied: numpy>=1.6.1 in /Library/Frameworks/Python.framew
ork/Versions/2.7/lib/python2.7/site-packages (from wordcloud) (1.15.0)
Requirement already satisfied: pillow in /Library/Frameworks/Python.framework/Ve
rsions/2.7/lib/python2.7/site-packages (from wordcloud) (5.2.0)
Installing collected packages: wordcloud
```

图 5 - 11　安装词云分析安装包

文本分析：本实例分析的文本数据为游客书写的丽江景点游记,共爬出 10 条数据,每一条数据包含若干段文字。通过 Python 代码,分析若干段落的文字频率,通常使用字体的大小来反映词语出现的频率,出现频率越高,则字体越大。

代码：

```
import jieba
from wordcloud import WordCloud
import matplotlib.pyplot as plt
text = io.open("/Users/ada/Desktop/shu/data/text1.txt","r",encoding="utf-8")
mylist = list(text)
word_list=[" ".join(jieba.cut(sentence))for sentence in mylist]
new_text = ".join(word_list)
wordcloud = WordCloud(font_path='SimHei.ttf',background_color = "black").generate(new_text)
plt.imshow(wordcloud)
plt.axis("off")
plt.show()
```

分析丽江游记关键词结果,如图 5 - 12 所示。

由图 5 - 12 这些关键词可知,游客最在意丽江有它的千古情演出,玉龙雪山、洱海、拉海市等自然风景区。其中,关于景区可预定项目,必须预订两小时后才可使用,是很多游记都提及的,因此相关负责人员可加以改正。

2. 旅游大数据典型案例

(1) 研究背景。我们通过携程旅游的数据来分析并预测用户的流失。在此案例中,我们要明确业务目的、业务目标以及如何利用大数据进行分析。

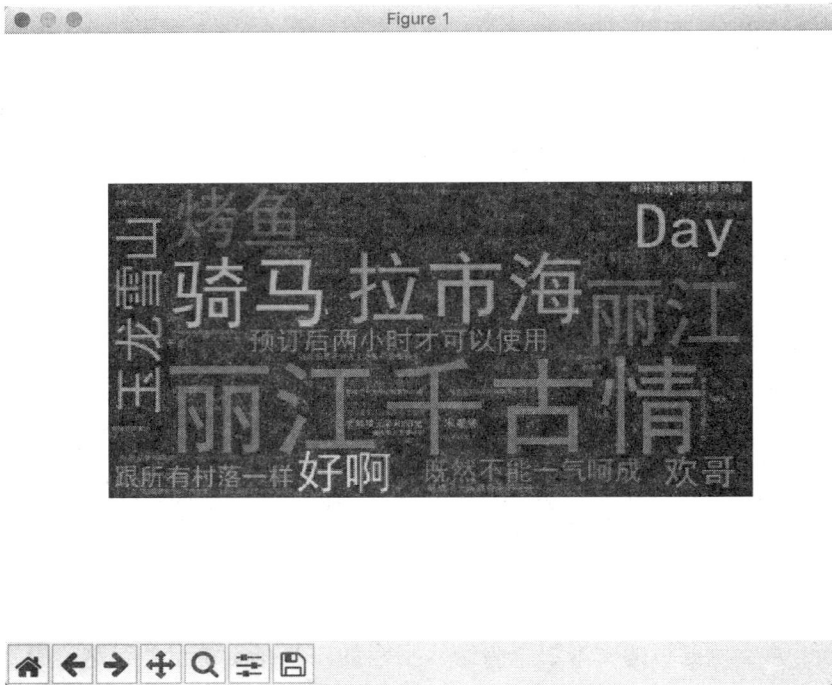

图 5 - 12   高频词结果

在本案例中,我们要通过携程数据,深入了解携程用户偏好以及携程用户流失的关键因素,并通过算法来分析预测客户访问的结果,从而能够更好地完善携程的产品设计,提升用户体验。

在实现阶段,想要找出影响客户流失的关键因素,即找出算法中权重较大的特征或者利用决策树找到它的分叉点等。

依次,将通过以下步骤进行数据的建模分析,流程图如图 5 - 13 所示。

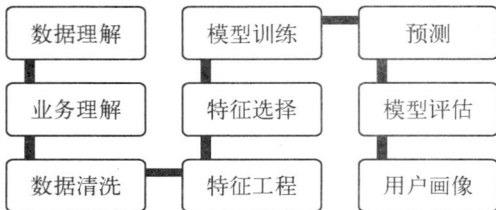

图 5 - 13   流程图

当已经对数据和业务了解清除后,就要具体进行数据分析了,这也是我们要学习的重点。

(2)所用技术和步骤如下。

一是数据清洗。如前章所述,数据清洗即数据的预处理,主要是删除重复、缺失或无效数据,以使得我们的数据能够更好地用于实验分析,用 SPSS 软件或 Excel 软件都可。如,可使用图表,确定具体数据的缺失值,如图 5 - 14 所示。

对于得到的缺失值,我们可采用删除数据,或用均值填充的方法来处理。在 Excel 软件中,我们还可使用条件格式操作来大致看出哪个是缺失值,并对其加以修改,如图 5 - 15 所示。

在图 5 - 15 中,利用条件格式与实际意义分析,确定此条数据是删除还是填充均值。蓝色、黄色和绿色特征分别为酒店特征、用户特征和订单特征,通过实际意义与数据的条件格式,判断缺省值。

二是特征选择。预处理完成后,就可对数据进行分组,通过酒店特征、用户特征和订单特征 3 大类别特征,分别重新编码数据为可用变量。

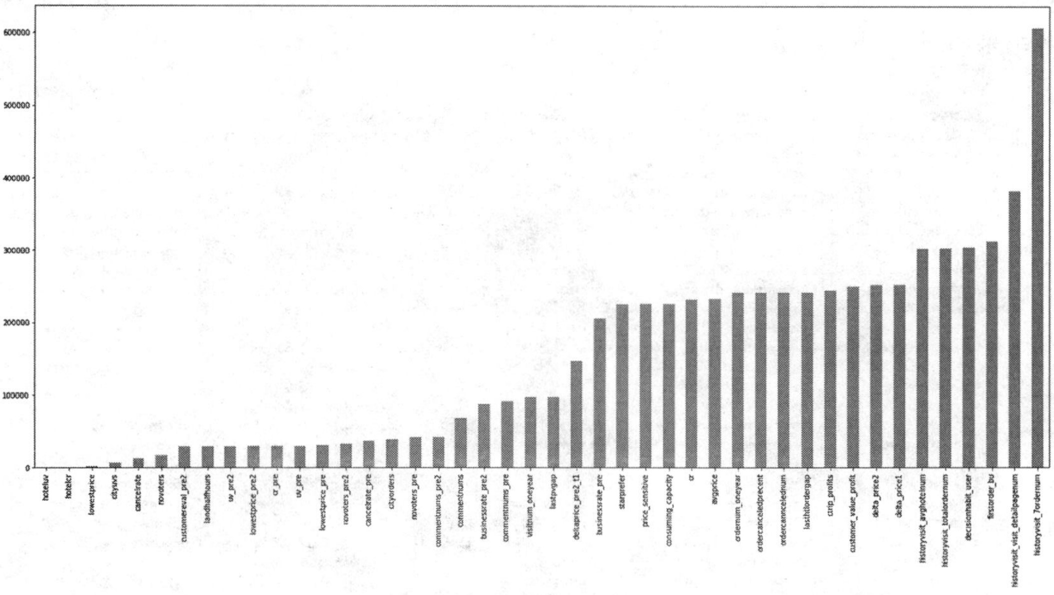

图 5-14　查看缺失值

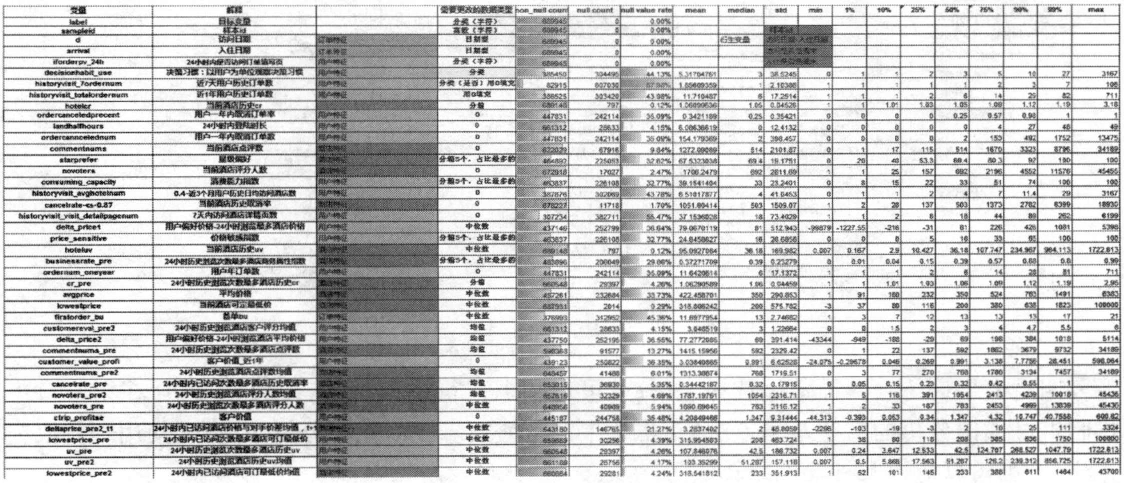

图 5-15　条件格式

在选择数据和变量时,我们应根据实际需要进行数据的理解,只选择对业务有需要的数据,可采用 RFM 原理。

三是 RFM 原理。

① 最近一次消费(Recency);

② 消费频率(Frequency);

③ 消费金额(Monetary)。

特征选择最常用到的两个随机森林算法 RF 和 RFE,原理为:RF 通过随机选择节点上的一部分样本特征,这个数字小于 n,假设为 nsub,然后在这些随机选择的 nsub 个样本特征中,选择一个最优的特征来做决策树的左右子树划分。这样进一步增强了模型的泛化能力。特征选择结果如图 5 - 16 所示。

final变量	RF	RFE	Filter方法	相关系数大于0.8的变量
iforderpv_24h	('iforderpv_24h', '0.02671209')	('iforderpv_24h', 1)	('iforderpv_24h', True)	historyvisit_totalordernum
historyvisit_totalordernum	('historyvisit_totalordernum',	('historyvisit_totalordernum'	('historyvisit_totalordernum',	commentnums vs novot...
hotelcr	('hotelcr', '0.01487058')	('hotelcr', 1)	('hotelcr', True)	commentnums vs cancelr...
ordercanceledprecent	('ordercanceledprecent',	('ordercanceledprecent', 27)	('ordercanceledprecent', Fal...	delta_price1 vs delta_price...
landhalfhours	('landhalfhours', '0.00665171')	('landhalfhours', 25)	('landhalfhours', False)	
ordercanncelednum	('ordercanncelednum', '0.0654...	('ordercanncelednum', 29)	('ordercanncelednum', True)	commentnums_pre vs c...
commentnums	('commentnums', '0')	('commentnums', 20)	('commentnums', False)	commentnums_pre vs no...
starprefer	('starprefer', '0')	('starprefer', 30)	('starprefer', False)	commentnums_pre2 vs no...
novoters	('novoters', '0')	('novoters', 34)	('novoters', False)	commentnums_pre2 vs...
consuming_capacity	('consuming_capacity', '0')	('consuming_capacity', 8)	('consuming_capacity', False	lowestprice_pre vs lowes...
historyvisit_avghotelnum	('historyvisit_avghotelnum', '0	('historyvisit_avghotelnum',	('historyvisit_avghotelnum',	novoters_pre2 vs novoter...
cancelrate	('cancelrate', '0')	('cancelrate', 9)	('cancelrate', False)	lowestprice_pre vs lowes...
historyvisit_visit_detailpagenum	('historyvisit_visit_detailpager	('historyvisit_visit_detailpag	('historyvisit_visit_detailpager	uv_pre vs uv_pre2
delta_price1	('delta_price1', '0')	('delta_price1', 18)	('delta_price1', False)	cityuvs vs cityorders
price_sensitive	('price_sensitive', '0')	('price_sensitive', 22)	('price_sensitive', False)	
hoteluv	('hoteluv', '0')	('hoteluv', 10)	('hoteluv', False)	
businessrate_pre	('businessrate_pre', '0')	('businessrate_pre', 28)	('businessrate_pre', True)	commentnums　　2次
ordernum_oneyear	('ordernum_oneyear', '0.05593	('ordernum_oneyear', 1)	('ordernum_oneyear', True)	novoters　　2次
cr_pre	('cr_pre', '0.09167124')	('cr_pre', 1)	('cr_pre', True)	cancelrate　　2次
avgprice	('avgprice', '0')	('avgprice', 11)	('avgprice', False)	commentnums_pre2　　2次
lowestprice	('lowestprice', '0')	('lowestprice', 1)	('lowestprice', False)	commentnums_pre2　　2次
firstorder_bu	('firstorder_bu', '0')	('firstorder_bu', 26)	('firstorder_bu', False)	novoters_pre2　　3次
customereval_pre2	('customereval_pre2', '0')	('customereval_pre2', 21)	('customereval_pre2', False)	novoters_pre　　3次
delta_price2	('delta_price2', '0')	('delta_price2', 12)	('delta_price2', False)	
commentnums_pre	('commentnums_pre', '0')	('commentnums_pre', 1)	('commentnums_pre', False)	(红色代表总和相关性和信...
customer_value_profit	('customer_value_profit', '0.06	('customer_value_profit', 13)	('customer_value_profit', True)	
commentnums_pre2	('commentnums_pre2', '0')	('commentnums_pre2', 5)	('commentnums_pre2', False)	
cancelrate_pre	('cancelrate_pre', '0')	('cancelrate_pre', 33)	('cancelrate_pre', False)	
novoters_pre2	('novoters_pre2', '0')	('novoters_pre2', 6)	('novoters_pre2', False)	
novoters_pre	('novoters_pre', '0')	('novoters_pre', 1)	('novoters_pre', False)	
ctrip_profits	('ctrip_profits', '0')	('ctrip_profits', 23)	('ctrip_profits', False)	
deltaprice_pre2_t1	('deltaprice_pre2_t1', '0.01554	('deltaprice_pre2_t1', 32)	('deltaprice_pre2_t1', False)	
lowestprice_pre	('lowestprice_pre', '0')	('lowestprice_pre', 17)	('lowestprice_pre', False)	
uv_pre	('uv_pre', '0')	('uv_pre', 19)	('uv_pre', False)	
uv_pre2	('uv_pre2', '0.01761603')	('uv_pre2', 4)	('uv_pre2', False)	
lowestprice_pre2	('lowestprice_pre2', '0')	('lowestprice_pre2', 7)	('lowestprice_pre2', True)	
lasthtlordergap	('lasthtlordergap', '0.05005303')	('lasthtlordergap', 1)	('lasthtlordergap', True)	
businessrate_pre2	('businessrate_pre2', '0.070115	('businessrate_pre2', 15)	('businessrate_pre2', True)	
cityuvs	('cityuvs', '0.03607968')	('cityuvs', 1)	('cityuvs', True)	
cityorders	('cityorders', '0.0409732')	('cityorders', 2)	('cityorders', True)	
lastpvgap	('lastpvgap', '0')	('lastpvgap', 1)	('lastpvgap', False)	
cr	('cr', '0.20483878')	('cr', 1)	('cr', True)	
sid	('sid', '0')	('sid', 1)	('sid', False)	
visitnum_oneyear	('visitnum_oneyear', '0')	('visitnum_oneyear', 1)	('visitnum_oneyear', False)	
h	('h', '0')	('h', 1)	('h', False)	

图 5 - 16　特征选择

四是模型训练。特征数据选择完毕,就可对数据进行模型训练,即数据分析,在第三章中我们讲过数据分析的一些基本方法,在本章中都可使用。在大数据分析中,更会使用一些聚类算法、决策树算法以及神经网络算法等。

首先,我们使用逻辑回归模型,回归分析反映了数据属性值的特性,通过函数表达数据映射的关系来发现属性值之间的依赖关系,由图 5 - 17 可以看出,ROC Curve AUC = 0.642,逻辑回归模型的准确率并不高。然而,通过逻辑回归模型预测,我们可以看到表 5 - 1 中的数据关系:

表 5 - 1　逻辑回归模型预测

24小时内是否访问订单填写页	用户一年内取消订单数	一年内距离上次下单时长	用户转化率	访问时间点	入住日期与访问日期时间差	昨日访问当前城市同入住日期的app uv数	24 小时历史浏览次数最多酒店历史 cr	当前酒店历史 cr
iforderpv_24h	ordercanncelednum	lasthtlordergap	cr	h	chr	cityuvs	cr_pre	hotelcr

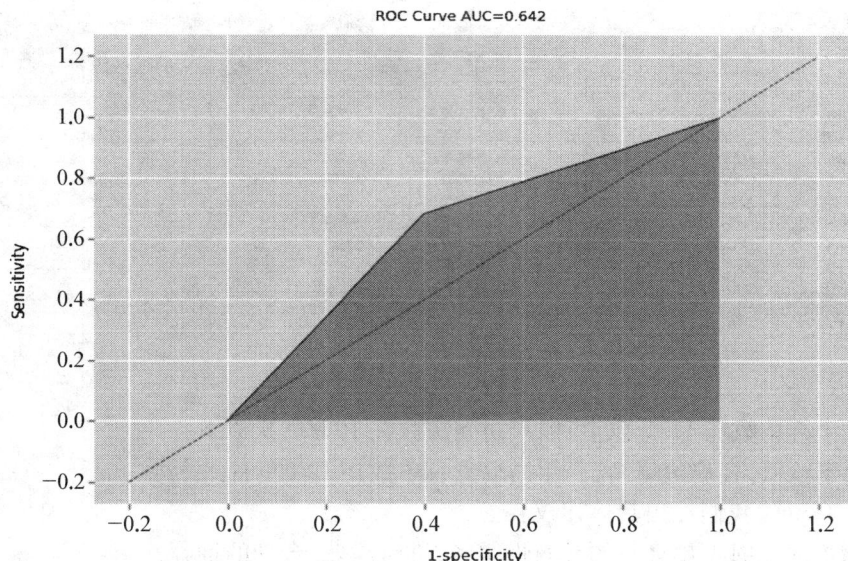

图 5 - 17　ROC 模型

表 5 - 1 为系数较大的变量,通过逻辑回归训练,我们找到了最佳的回归系数,通过这组系数,我们对后来数据进行输入,就可自动判定它们所属类别。

在大数据分析中,最流行的算法为决策树算法,它的特点是:

a. 它的每次划分都是基于最显著的特征的;

b. 所分析的数据样本被称作树根,算法从所有特征中选出一个最重要的,用这个特征把样本分割成若干子集;

c. 重复这个过程,直到所有的分支下面的实例都是"纯"的,即子集中各个实例都属于同一个类别,这样的分支即可确定为一个叶子节点。在所有子集变成"纯"的之后,树就停止生长了。

在本例中,我们通过以下步骤建立决策树模型:

① 划分测试集与训练集:采用随机抽样,划分 70% 为训练集,30% 为测试集。

② 构建决策树模型:采用 rpart 函数,设置误差增益值,启动决策树模型。

③ 决策树剪枝:在决策树生长过程中,如果决策树建得太深,容易造成过拟合现象,因此通过后剪法,将贡献最小的分支减去。

④ 模型检验:主要可通过交叉验证方法。

四是用户画像　用户画像,即通过以上的模型分析及预测,对所研究用户个性和属性加以区分,即用户信息的标签化,它的核心是对用户潜在的意图和兴趣表示和存储,根据用户的基础信息、视频信息、访问信息、行为偏好等归纳出可读取,可计算的用户模型。

通过决策树算法,得到流失用户的规则,如图 5 - 18 所示。

我们可总结流失用户的特征有:

① 临时预订酒店,一般为 3 天内;

② 预订酒店较为频繁,一般距上次下单时间不超过 43 天;

③ 访问的时间点主要集中在白天上班时间,具体为晚上 8 点以前;

概率	入住日期与访问日期时间差	一年内距离上次下单时长	用户转化率	访问时间点	用户年订单数	24小时内是否访问订单填写页	客户价值_近1年	用户一年内取消订单数	年访问次数
prob	chr	lasthtlordergap	cr	h	ordernum_oneyear	iforderpv_24h	customer_value_profit	ordercanncelednum	visitnum_oneyear
0.70	3天以内	43天以内	非低	晚上8点以前	11个以上	否			
0.66	3天以内	1天内	低	晚上8点以前	11个以上	是		低	
0.63	3天以内	43天以内	低	晚上8点以前	15个以上	否			小于10000
0.61	3天以内	43天以内	非低	晚上8点以前	11个以上	否			
0.61	3天以内	6天以内	低	晚上8点以前	11个以上	是		非低	
0.61	3天以内	43天以内	非低	晚上8点以前	11以下	否			小于10000
0.58	3天以内	43天以内	非低	晚上8点以前	3-11个	是			小于314
0.57	3天以内	大于43天	非低	晚上8点以前		否	低		小于10000
0.57	3天以内	43天以内	低	晚上8点以前	15个以下	否			小于10000
0.57	3天以内	大于6天小于43天	低	凌晨2点到晚上8点以前	11个以上	是		非低	大于等于120
0.56	3天以内	43天以内	非低	晚上8点以前	3-11个	是			

图 5－18　用户画像

④ 用户年订单数在 11 个以上,但年访问次数在 10 000 次以下;

⑤ 转化率较低,客户价值高,一年内取消订单数在 120 左右。

通过用户特征,我们提出具体建议:

第一,增加对临时下单客户的针对性服务,进行高效、合理的推荐;

第二,针对经常出差的上班族,可以办理携程商务卡,提供个性化服务;

第三,针对高价值的客户提供 VIP 服务,积分卡累计,换取酒店住宿;

第四,多渠道营销,增强客户与网站的互动性,建立客户社区。

本 章 小 结

本章介绍了时下大数据的一些分析方法以及分析步骤。包括如何得到大数据,如何对数据进行挖掘,并通过具体的事例,简要介绍大数据挖掘的作用。大数据分析是当前数据分析的热门研究,我们除了要掌握大数据分析步骤以及其他数据挖掘算法代码,还要能够使用大数据分析软件,包括 Hadoop 等软件的应用,每一种软件的应用都是一门博大精深的课程,有兴趣的同学可下载并借阅有关书籍,通过熟悉的图形软件,实际操作大数据分析,得到我们的预测结果。

附　录

附录 A　基于 Python 的旅游线路爬取代码

```python
import requests
import re
import sys
reload(sys)
sys.setdefaultencoding("utf-8")
class func(object):
    def __init__(self):
        print u'开始爬取内容...'
#getsource 获取网页源代码
def getsource(self,url):
    html = requests.get(url)
    #print str(html.text) 可以在此打印,来检查是否抓到内容
    return html.text
#geteverydiv 抓取每个课程块的信息
def geteverydiv(self,source):
    everydiv = re.findall('(<div class="moco-course-wrap".*? </div>)',source,re.S) return everydiv
#getinfo 从每个课程块中提取出课程标题和内容描述
def getinfo(self,eachclass):
    info = {}
    info['title'] = re.search('<h3>(.*?)</h3>',eachclass,re.S).group(1)
    info['content'] = re.search('<p>(.*?)</p>',eachclass,re.S).group(1)
    #print info 可以在此打印,来检查是否抓到内容
    return info
#saveinfo 用来保存结果到 info.txt 文件中
def saveinfo(self,classinfo):
    f = open('info.txt','a')
        for each in classinfo:
            f.writelines('title:' + each['title'] + '\n')
            f.writelines('content:' + each['content'] + '\n\n')
        f.close()
        print "write file finished"
        #主函数
        if __name__ == '__main__':
            classinfo = []
            url = 'http://www.imooc.com/'
            testspider = func()
```

```
        print u '正在处理页面：' + url
        html = testspider.getsource( url)
        everydiv = testspider.geteverydiv( html)
        for each in everydiv：
            info = testspider.getinfo( each)
            classinfo.append( info)
    testspider.saveinfo( classinfo)
```

附录 B　基于 C4.5 算法的游客分类代码

```
import cv2
import time
import numpy as np
import pandas as pd
from sklearn.cross_validation import train_test_split
from sklearn.metrics import accuracy_score
# 二值化
def binaryzation( img)：
    cv_img = img.astype( np.uint8)
    cv2.threshold( cv_img,50,1,cv2.THRESH_BINARY_INV,cv_img)
    return cv_img
def binaryzation_features( trainset)：
    features = [ ]
    for img in trainset：
        img = np.reshape( img,( 28,28) )
        cv_img = img.astype( np.uint8)
        img_b = binaryzation( cv_img)
        # hog_feature = np.transpose( hog_feature)
        features.append( img_b)
    features = np.array( features)
    features = np.reshape( features,( -1,feature_len) )
    return features
class Tree( object)：
    def __init__( self,node_type,Class = None, feature = None)：
        self.node_type = node_type    # 节点类型( internal 或 leaf)
        self.dict = {} # dict 的键表示特征 Ag 的可能值 ai,值表示根据 ai 得到的子树
        self.Class = Class    # 叶节点表示的类,若是内部节点则为 none
        self.feature = feature # 表示当前的树即将由第 feature 个特征划分( 即第 feature 特征是使得当前
树中信息增益最大的特征)
    def add_tree( self,key,tree)：
        self.dict[ key] = tree
    def predict( self,features)：
        if self.node_type == ' leaf' or ( features[ self.feature] not in self.dict)：
            return self.Class
```

```
            tree = self.dict.get(features[ self.feature])
            return tree.predict(features)
# 计算数据集 x 的经验熵 H(x)
def calc_ent(x):
    x_value_list = set([x[i] for i in range(x.shape[0])])
    ent = 0.0
    for x_value in x_value_list:
        p = float(x[x == x_value].shape[0]) / x.shape[0]
        logp = np.log2(p)
        ent -= p * logp
    return ent
# 计算条件熵 H(y/x)
def calc_condition_ent(x, y):
    x_value_list = set([x[i] for i in range(x.shape[0])])
    ent = 0.0
    for x_value in x_value_list:
        sub_y = y[x == x_value]
        temp_ent = calc_ent(sub_y)
        ent += (float(sub_y.shape[0]) / y.shape[0]) * temp_ent
    return ent
# 计算信息增益
def calc_ent_grap(x,y):
    base_ent = calc_ent(y)
    condition_ent = calc_condition_ent(x, y)
    ent_grap = base_ent - condition_ent
    return ent_grap
# C4.5 算法
def recurse_train(train_set,train_label,features):
    LEAF = 'leaf'
    INTERNAL = 'internal'
    # 步骤1——如果训练集 train_set 中的所有实例都属于同一类 Ck
    label_set = set(train_label)
    if len(label_set) == 1:
        return Tree(LEAF,Class = label_set.pop())
    # 步骤2——如果特征集 features 为空
    class_len = [(i,len(list(filter(lambda x:x==i,train_label)))) for i in range(class_num)] # 计算每
一个类出现的个数
    (max_class,max_len) = max(class_len,key = lambda x:x[1])
    if len(features) == 0:
        return Tree(LEAF,Class = max_class)
    # 步骤3——计算信息增益,并选择信息增益最大的特征
    max_feature = 0
    max_gda = 0
```

```
        D = train_label
        for feature in features：
            # print(type(train_set))
            A = np.array(train_set[:,feature].flat) # 选择训练集中的第 feature 列(即第 feature 个特征)
            gda = calc_ent_grap(A,D)
            if calc_ent(A) ! = 0：   ####### 计算信息增益比,这是与 ID3 算法唯一的不同
                gda / = calc_ent(A)
            if gda > max_gda：
                max_gda,max_feature = gda,feature
        # 步骤 4——信息增益小于阈值
        if max_gda < epsilon：
            return Tree(LEAF,Class = max_class)
        # 步骤 5——构建非空子集
        sub_features = list(filter(lambda x:x! =max_feature,features))
        tree = Tree(INTERNAL,feature=max_feature)
        max_feature_col = np.array(train_set[:,max_feature].flat)
        feature_value_list = set([max_feature_col[i] for i in
        range(max_feature_col.shape[0])]) # 保存信息增益最大的特征可能的取值 (shape[0]表示计算
行数)
        for feature_value in feature_value_list：
            index = []
            for i in range(len(train_label))：
                if train_set[i][max_feature] = = feature_value：
                    index.append(i)
            sub_train_set = train_set[index]
            sub_train_label = train_label[index]
            sub_tree = recurse_train(sub_train_set,sub_train_label,sub_features)
            tree.add_tree(feature_value,sub_tree)
        return tree
def train(train_set,train_label,features)：
        return recurse_train(train_set,train_label,features)
def predict(test_set,tree)：
    result = []
    for features in test_set：
        tmp_predict = tree.predict(features)
        result.append(tmp_predict)
    return np.array(result)
class_num = 10   # MINST 数据集有 10 种 labels,分别是"0,1,2,3,4,5,6,7,8,9"
feature_len = 784   # MINST 数据集每个 image 有 28 * 28＝784 个特征(pixels)
epsilon = 0.001   # 设定阈值
if __name__ == '__main__'：
    print("Start read data...")
    time_1 = time.time()
```

```
raw_data = pd.read_csv('../data/train.csv', header=0)   # 读取 csv 数据
data = raw_data.values
imgs = data[::, 1::]
features = binaryzation_features(imgs) # 图片二值化(很重要,不然预测准确率很低)
labels = data[::, 0]
# 避免过拟合,采用交叉验证,随机选取 33% 数据作为测试集,剩余为训练集
train_features, test_features, train_labels, test_labels = train_test_split(features, labels, test_size=0.33,
random_state=0)
time_2 = time.time()
print('read data cost %f seconds' % (time_2 - time_1))
# 通过 C4.5 算法生成决策树
print('Start training...')
tree = train(train_features, train_labels, list(range(feature_len)))
time_3 = time.time()
print('training cost %f seconds' % (time_3 - time_2))
print('Start predicting...')
test_predict = predict(test_features, tree)
time_4 = time.time()
print('predicting cost %f seconds' % (time_4 - time_3))
# print("预测的结果为:")
# print(test_predict)
for i in range(len(test_predict)):
    if test_predict[i] == None:
        test_predict[i] = epsilon
score = accuracy_score(test_labels, test_predict)
print("The accruacy score is %f" % score)
```

参 考 文 献

[1] 崔伟群.大数据时代的计量与计量的大数据时代[J].中国计量,2017(09)：10－13

[2] Fuchs M，Höpken W，Lexhagen M. Big data analytics for knowledge generation in tourism destinations — A case from Sweden[J]. Journal of Destination Marketing & Management，2014，3(4)：198－209

[3] Irudeen R，Samaraweera S. Big data solution for Sri Lankan development：A case study from travel and tourism[C]//Advances in ICT for Emerging Regions（ICTer），2013 International Conference on. IEEE，2013：207－216.

[4] Gretzel U，Fesenmaier D R. Experience-based internet marketing：An exploratory study of sensory experiences associated with pleasure travel to the Midwest United States[M]. 2003.

[5] Xiang Z，Du Q，Ma Y，et al. A comparative analysis of major online review platforms：Implications for social media analytics in hospitality and tourism[J]. Tourism Management，2017，58：51－65.

[6] Shoval N，Ahas R. The use of tracking technologies in tourism research：the first decade[J]. Tourism Geographies，2016，18(5)：587－606.

[7] Pan B，Xiang Z，Law R，et al. The dynamics of search engine marketing for tourist destinations[J]. Journal of Travel Research，2011，50(4)：365－377.

[8] Guo Y，Barnes S J，Jia Q. Mining meaning from online ratings and reviews：Tourist satisfaction analysis using latent dirichlet allocation[J]. Tourism Management，2017，59：467－483.

[9] Crotts J C，Mason P R，Davis B. Measuring guest satisfaction and competitive position in the hospitality and tourism industry：An application of stance-shift analysis to travel blog narratives[J]. Journal of Travel Research，2009，48(2)：139－151.

[10] 尹书华,傅城州.基于百科大数据的旅游景点推荐系统应用研究[J].旅游论坛,2017,10(3)：107－115.

[11] 郭毅.市场营销学原理[M].电子工业出版社.2008

[12] 王璐明.市场调研在营销企业中的作用[J].中国管理信息化,2011,14(02)：59－60.

[13] 纳雷希.K.马尔霍特拉.市场营销研究应用导向(第3版)[M].电子工业出版社.2002

[14] 李君轶.旅游市场调查与预测[M].科学出版社.2012

[15] 吴必虎,徐斌,邱扶东.中国国内旅游客源市场系统研究[M].上海：华东师范大学出版社,1999：108－142.

[16] 王淑华.旅游市场调研重要性再议——市场调查还要被忽视到何时[J].商场现代化,2005(24)：66－67.

[17] 冯花兰.市场调研与预测.[M].中国铁道出版社.2013

[18] 龚秀芳,杭爱明,康正发.统计学基础.[M].立信会计出版社.2014.7

[19] 梁吉业,冯晨娇,宋鹏.大数据相关分析综述[J].计算机学报,2016,39(01)：1－18.

[20] 茆诗松、程依明、濮晓龙主编,概率论与数理统计教程,高等教育出版社,2010年,第二版

[21] 南京大学金陵学院大学数学教研室编著.概率论与数理统计简明教程：东南大学出版社,2014.06

[22] 李卫东主编.应用统计学.北京：清华大学出版社,2014：55－56

[23] Jiawei Han；Micheline Kamber；Jian Pei 著；范明 孟小峰译.《数据挖掘与技术第三版》：机械工业出版社,2012年：P356－P369

[24] Anomaly Detection：A Survey VARUN CHANDOLA，ARINDAM BANERJEE，and VIPIN KUMAR 2009

[25] 倪巍伟,陆介平,陈耿,等.基于 k 均值分区的数据流离群点检测算法[J].计算机研究与发展,2006,
      43(9):1639 - 1643.

[26] 张建同,孙昌言,王世进.应用统计学[M].清华大学出版社,2010.

[27] 杨剑锋,刘玉敏,贺金凤.基于 Box - Cox 幂转换模型的非正态过程能力分析[J].系统工程,2006,
      24(8):102 - 106.

[28] 贾俊平,何晓群,金勇进著.统计学:中国人民大学出版社,2015

[29] 贾俊平、何晓群、金勇.统计学(第四版):中国人民大学出版社,2009 年:66 - 67

[30] Beckers J M, Rixen M. EOF Calculations and Data Filling from Incomplete Oceanographic Datasets * [J].
      Journal of Atmospheric & Oceanic Technology, 2003, 20(12):1839 - 1856.

[31] 赵蔷.主成分分析方法综述[J].软件工程,2016,19(6):1 - 3.

[32] 曹怀信,赵建伟.小波分析发展综述[J].咸阳师范学院学报,2002,17(6):5 - 8.

[33] 郭金玉,张忠彬,孙庆云.层次分析法的研究与应用[J].中国安全科学学报,2008,18(5):148 - 153.

[34] 钱贺斌.层次分析法在 MATLAB 中的应用与实现[J].中国科技信息,2014(z2):200 - 201.